노인상담의 이해

노인상담의 이해

COUNSELING FOR SENIOR CITIZEN

김희수 저

동문사

머리말

우리나라도 초고령화 사회에 진입함으로써 노인문제는 새로운 사회적 이슈로 크게 부각되고 있다. 이에 노년의 삶을 안정적이고 의미 있게 제공하기 위한 정부와 지방자치단체의 다양한 지원노력이 요구되고 있다. 그중의 하나가 노인을 직접 케어하고 지원할 노인전문상담사, 간병사, 사회복지사, 그리고 요양보호사 등의 전문가(또는 준전문가)를 양성하는 일이다. 이에 필자는 장차 노인문제의 중요 영역이라 할 수 있는, 노인의 정서적 · 신체적 · 경제적 · 사회법률적 영역의 상담을 원활하게 지원해 줄 노인전문상담사 양성이 필요하다고 생각하였다.

이에 노인전문상담사 양성에 필요한 좋은 책을 만들어 내는 것이 우선이라 생각하고, 그동안 경험했던 현장의 다양한 지식과 경험을 바탕으로 책 개발에 착수하게 되었다. 하지만 아직까지 우리나라는 노인전문상담 관련 책이나 자료가 턱없이 부족하여 책 내용을 구성하고 조직함에 어려움이 적지 않았다. 다행히도 이 책의 내용을 구성하고 조직하는 데 현장경험이 많은 도움이 되었다. 앞으로 이 책을 통해서 노인전문상담을 진행하고 있거나 노인전문상담사가 되기 위해 준비하시는 분들에게 조금이라도 도움이 되었으면 한다.

특히, 2009년도 초판과 2014년 개정판 발행 시에는 턱없이 부족한 자료와 촉박한 발간 일정 등에 제한을 받아 미처 반영하지 못한 내용들이 있었다. 이번 재개정판을 통해 누락된 내용들을 추가하고 보완할 수 있어 무엇보다 기쁘다.

이 책은 노인전문 상담에 선행하여 상담에서 요구되는 상담의 기초지식을 〈Part 01〉에 담았고, 이를 바탕으로 〈Part 02〉에서는 노인상담에 요구되는 기초이론과 실제를 담았다. 이 책은 총 2부 13장으로 구성되어 있다. 세부 구성 내용으로 〈Part 01〉에서는 노인상담사가 꼭 알아야 할 상담의 공통 지식을 담았으며 제1장은 상담사가 꼭 알아야 할 상담의 개념과 기본원리를, 제2장은 상담사에게 요구되는 역할, 자질 및 윤리를, 제3장부터 제6장까지는 상담의 기초이론인 정신분석 상담, 행동주의 상담, 인간중심 상담, 인지행동 상담을, 제7장은 실제 상담 진행에 필요한 상담의 전개과정과 방법을 포함하고 있다. 그리고 〈Part 02〉에서는 노인전문상담을 위한 노인상담의 기초이론과 실제를 담았으며 제8장은 노인과 노화의 이해를, 제9장은 노인상담의 기초지식을, 제10장은 노인상담의 영역을, 제11장은 노인상담의 유형을, 제12장은 노인의 성격 특징과 상담 방법을, 제13장은 노인문제와 상담 방법을 포함하고 있다.

마침내 원고의 탈고를 하고 나니 후련함도 있지만 책임감이 짓누른다. 앞으로도 독자와 현장에서 요구하는 목소리에 귀기울이고 반영하여, 거듭 좋은 책으로 진화할 수 있도록 노력할 것임을 약속드린다. 지금까지 이 책이 발간될 수 있도록 물심양면으로 도움을 주신 대학 선・후배, 동료 교수님, 현장 전문가님에게 깊이 감사드린다.

끝으로, 이 책이 세상에 빛을 볼 수 있도록 출판을 흔쾌히 허락해 주신 동문사 이중수 대표님과 관계자 여러분에게도 감사드린다. 귀사의 무궁한 발전을 기원한다.

2022년 2월

저자 김희수

차 례

차 례

부 록

PART 01

상담의 기초 이해

CHAPTER 01

상담의 기초

01 상담의 개념

상담(counseling)이란 언어 또는 비언어적 커뮤니케이션을 통해 타인의 행동변화를 시도하는 인간관계이다. 좀 더 구체적으로 진술하면, 상담이란 언어 및 비언어적 커뮤니케이션을 통해 타인의 행동변화를 목적으로 한 인간관계이다. 그래서 상담에는 부적응의 개선이라고 하는 치료적 측면과 자신의 생활을 돌아보면서 보다 성숙한 인격적 성장을 지향하는 개발적 상담의 측면을 갖고 있다.

상담을 하기 위해서는 두 존재가 있어야 하는데, 한쪽은 개인적 문제에 대하여 이야기하는 사람이다. 개인적 문제란 정서적 문제나 자신의 삶의 방식에 관련된 문제의식 등, 그 사람의 적응이나 성장을 촉진하기 위한 것이다. 이런 문제로 찾아온 사람을 내담자(client, 상담을 받기 위해 찾아온 손님)라고 부른다. 다른 한쪽은 상대방의 이야기를 듣고 그 사람의 문제해결에 도움을 주는 역할을 하는 사람이다. 상담에 응하는 이런 사람을 상담자(counselor)라고 한다.

결국 상담이란 정서적 문제를 갖고 있는 사람, 기본적으로 자신의 삶의 방식에 문제의식을 갖고 있는 사람(의식적 · 의도적이든 혹은 무의식적 · 무의도적이든), 여기에는 아동, 청소년, 성인, 노인을 망라하고 있으며 이런 사람들에게 심리적 의사소통을 통해 도움을 주는 인간적 노력이라고 말할 수 있다.

02 상담의 필요성과 목적

1) 상담의 필요성

현대사회는 산업화, 기계화, 도시화, 정보화, 세계화로 특징지어지고 있으며, 오늘의 지식산업사회를 살아가고 있는 우리 모두에게는 삶의 복잡성, 장래에 대한 불확실성, 가치관의 혼란, 부정과 비리가 판치는 세상, 의사결정과 선택의 곤란성, 취업의 곤란과 실직의 문제, 결혼 또는 가정의 문제, 한층 복잡하고도 심각해진 입시 위주의 교육문제, 피상적 인간관계에 따른 소외감과 고독의 문제, 세대 간의 갈등과 격차, 성 문제, 빈부의 격차로 인한 상대적 박탈감, 출세주의에 따른 일류병, 노인문제 등 옛사람들이 전혀 상상도 경험도 하지 못한 여러 가지 문제들에 직면하게 됨으로써 한층 더 고조된 심적 불안과 긴장, 크나큰 정신적 고통을 겪고 있다. 다시 말해서 현대인이 경험하는 이런 문제들은 그 양(量)에 있어서나 질(質)에 있어서 그 심각성이 날로 더해 가고 있다.

그러므로 많은 현대인에게는 스스로의 힘으로나 부모, 교사, 동료, 친척과 같은 비전문가의 상식적 도움으로는 도저히 감당할 수 없는 그들의 일상생활에서 직면하는 어려운 문제가 산더미처럼 쌓여 있다. 이러한 문제를 원만하게 해결하고 선택하며 적응하려면 무엇보다도 상담전문가의 적극적 도움이 필요하다.

2) 상담의 목적

상담의 일반적 목적은 장래에 개인의 발달에 영향을 미치는 것들에 대하여 현명한 선택을 하도록 촉진시키는 것이다. 그러기 위해서는 첫째, 내담자의 자기노출이 요구된다. 둘째, 내담자의 자기이해를 발전시켜야 한다. 셋째, 내담자의 행동변화를 가져와야 한다. 따라서 상담의 궁극적 목적은 상담자로 하여금 자기 자신과 자신의 문제를 이해하고, 그것을 해결할 수 있는 능력을 배양하고 최대한의 자율적 성장을 할 수 있도록 돕는 데 있다. 또한 상담은 다음과 같은 종합적 목적을 갖는다.

① 행동의 긍정적 변화
② 내담자의 잠재력 촉진과 개인의 효율성 증진
③ 문제해결과 증상 제거
④ 의사결정의 기초
⑤ 자아정체감 확립과 긍정적 자아개념 형성

03 상담의 기본원리

상담의 과정은 어떤 문제의 수집을 토대로 하여 개인의 문제해결 실마리를 찾도록 하는 데 상담의 초점이 맞춰진다. 이 과정에서 상담자는 인간의 기본욕구를 이해할 수 있어야 하고 또 상담자로서의 기본태도를 지녀야 한다. 예컨대, 인간 가치의 존중, 인간의 가능성에 대한 신념, 개인 선택의 자유와 책임을 인정하고 상담에 임하여야 한다. 따라서 상담자는 다음과 같은 상담의 기본원리(김충기·강봉규, 2001)를 염두에 두고 상담을 진행해야 한다.

1) 개별화의 원리

인간은 개인차가 있으므로 개인의 욕구충족에 따르는 행동의 권리를 갖고 의무를 다하는 개인을 존중하는 데 의미가 있다. 상담자는 개인의 개성과 개인차를 인정하는 범위 내에서 상담이 전개되도록 관심을 기울여야 한다.

2) 수용의 원리

상담자는 내담자에게 따뜻하고 명랑하며 친절하면서도 수용적이어야 한다. 내담자를 하나의 인격체로서 존중하고 말로나 행동으로, 특히 비언어적 단서인 얼굴 표정에 잘 전달되어야 한다. 상담자는 내담자의 의견에 동의하지 못할 경우에는 동의하지 않는다는 사실을 분명히 전달하고, 그 표현이나 태도는 어디까지나 온화해야 한다. 이를테면 상담자와 내담자 간에 의견이 일치하지 않는 것과, 내담자를 수용하지 않거나 거부하는 것과는 구분되어야 한다.

3) 자기결정의 원리

상담은 상담자가 개인의 가치와 존엄성을 존중하고 자기 힘으로 문제를 해결해 나갈 수 있다는 신념의 기초에서 출발하여야 한다. 또한 상담자의 어떠한 지도와 충고에도 내담자는 무조건적으로 응하기보다는 자기판단을 토대로 자신의 방향과 태도를 결정하여야 한다. 그렇게 하기 위해서 상담자는,

① 내담자가 자기수용을 잘할 수 있도록 도와주어야 하고

② 내담자의 잠재능력, 즉 장점과 능력을 발견하고 활용함으로써 인격적 발달을 도모할 수 있게 자극해 주어야 하며

③ 내담자에게 법률, 제도, 사회시설 등의 광범위한 사회적 자원을 알게 함으로써 자기선택, 자기결정의 참고자료로 삼도록 해야 한다.

4) 비심판적 태도의 원리

내담자는 자기의 잘못이나 문제에 대하여 결과를 나무라거나 책임을 추궁하거나 잘못을 질책하는 것을 두려워한다. 그들은 죄책감, 열등감, 불만감, 고독감 등을 가지고 있기 때문에 타인의 비판에 예민하여 그들 자신을 방어하려 하거나 안전을 추구하려는 것은 당연한 일인지도 모른다. 따라서 상담자는 객관적으

로 내담자의 행동·태도·가치관을 평가하여야 하며, 어떤 문제에 대하여 '유죄이다, 무죄이다, 책임져야 한다, 나쁘다 등'의 과격한 언어로 다루어서는 안 된다. 이에 상담자는,

① 선입감의 지배를 받아서는 안 되고
② 내담자의 발언을 자주 가로막고 성급한 결론으로 이끌어서도 안 되며
③ 내담자를 어떤 유형의 틀로 집어넣으려는 생각을 갖지 말아야 하고
④ 내담자가 상담자에게 부정적 감정을 가질 수 있다는 생각도 해야 한다.

5) 정서관여의 원리

상담자는 내담자의 정서의 변화에 민감하게 반응하여 이해하고 적절한 대응책을 마련할 태세를 갖추고 적극적 관여가 요구된다.

6) 감정 표현의 원리

상담자는 내담자의 감정 표현을 비난하거나 내담자를 낙심시켜서는 안 되고, 인내로써 경청해야 한다. 내담자의 자기표현을 유감없이 발휘할 수 있도록 상담자는 최선의 노력으로 감정 표현에 민감해야 한다.

7) 비밀보장의 원리

상담과정 중 가장 중요하게 명심해야 할 사실은 상담자가 내담자의 대화 내용을 아무에게나 이야기하는 습관을 버리고 반드시 비밀을 지켜야 한다는 것이다. 상담은 기본적으로 내담자가 상담자를 믿고 신뢰하는 가운데에서 출발한다. 즉, 상담자는 비밀을 지켜 줄 윤리적 의무가 있다. 따라서 상담자의 윤리 가운데 가장 중요한 것은 무조건 내담자의 비밀을 보장하는 것이다.

04 상담의 형태

1) 위기상담

이 상담은 상담자가 거의 파멸상태에 도달한 내담자를 대할 때 행하게 된다. 위기상태에 이른 내담자는 자기의 일을 제대로 대응할 수 없으므로 자기의심, 불안, 죄책감 등의 파괴적 감정(정서)에 따라 파멸 직전에 이르고 자신을 해치는 행동을 하게 된다. 이러한 위기는 즉시 주목되어야 하며 보살펴 주어야 한다. 그렇지 않으면 더 심각한 장애가 초래된다. 그러므로 일반적 위기는 가족의 사망, 배우자의 사망, 절박한 이혼, 배신, 약물이나 알코올 남용, 자녀의 가출, 비행, 실직, 심각한 병증 등에서 출발한다.

2) 촉진상담

이 상담은 학생들이 장차 미래의 탐색, 즉 진로탐색이나 문제를 걱정하는 것과 같이 비교적 명백한 활동을 성취하도록 도와주는 것이다. 예컨대, 학업문제, 진학문제, 이성문제, 그 밖에 개인에게 부딪치는 여러 가지 문제를 자기의 입장과 능력에 맞게 선택하고 결정하며, 대응해 나갈 수 있는 적응력을 기르도록 촉진해 주는 상담이다.

3) 예방상담

이 상담은 내담자에게 장차 일어나게 될 여러 가지 문제를 사전에 요구되는 행동을 취해서 방지하는 상담이다. 생활지도원리에서도 치료보다는 예방지도에 역점을 두어야 하는 것처럼 예방상담도 미리 사건이 발생하기 전에 예방하는 것이다. 예컨대, 약물교육(필로폰·대마초·마약중독, 부탄가스나 본드 흡입 등)이나 성교육 프로그램 등은 장차 이런 문제가 발생할 것을 예방하기 위한 시도로 교육현장에서 지도되는 것이다. 여기서는 상담자가 직접 내담자에게 관계되는 정보를 제공하거나 적합한 프로그램에 내담자를 위탁하기도 하며, 상담은 계속 접촉·진행하면서 이러한 문제에 대한 인식과 이해를 높여 주는 개별상담까지를 망라한다.

4) 발달상담

이 상담은 개인의 전 생애를 통해서 이루어지는 상담유형이다. 상담자는 각 연령층에 속하는 내담자로 하여금 이완되고 압력을 느끼지 않고 위기를 느끼지 않는 상황에서 개인적 성장이 일어나도록 돕는 것이다. 주로 초등학교 시기에는 적극적 자아개념의 발달을 촉진하는 문제가 다루어져야 하고 중·고등학교 시기에는 정체감(identity)의 확립과 생업(직업)의 선택과 적응문제가 다루어져야 한다. 그리고 성인의 경우에는 직업문제, 가족문제, 건강문제, 생애목표문제 등의 변화를 수용하는 문제가 다루어진다. 발달상담에서는 이 같은 문제들이 위기상황에서 이루어지는 게 아니라 편안한 분위기에서 다루어진다.

이와 같은 네 가지 유형의 상담형태를 종합하여 제시하면 〈표 1-1〉과 같다.

〈표 1-1〉 상담상황의 일반적 형태

형태	시간	상담문제	상담자 활동
위기상담	즉시	•자살기도 •약물불안 •실연	•개인적 지지 •직접적 거입 •더 필요한 지지의 집중 •개인상담이나 적합한 의료원·기관에 의뢰
촉진상담	단기간에서 장기간에 이르기까지 다양함	•직업정치 •학업문제 •결혼에의 적응	•개인상담 –내용과 감정의 반영 –정보제공 –해석 –직면 –행동지시 등을 포함

예방상담	문제별로 일정한 기간	•성교육 •자아와 진로의식 •약물인식	•정보제공 -적합한 프로그램에 의뢰 -프로그램 내용과 과정에 관한 개인상담
발달상담	일생 동안 계속	•초등학교에서 긍정적 자아개념 발달 •중년이후의 진로변경 : 죽음의 수용	•가치관의 명료화 •의사결정 검토 •중요 인물과 환경적 정치에 관련된 개인적 발달에 관한 개인상담

자료 출처: 김충기 · 강봉규(2001)

05 상담의 구분

상담은 크게 생활지도, 상담, 심리치료로 분류된다. 생활지도는 사전활동으로 예방적 의미를 가지며 상담은 주로 사후활동으로 정의된다. 그리고 상담은 다시 일반적 상담과 심리치료로 구분된다.

1) 생활지도

생활지도는 학생(교육생 포함)에게 각 교과활동 이외에 일상생활에 필요한 제반 문제를 현명하게 해결할 수 있도록 베푸는 봉사활동이며, 학생(교육생 포함)지도 봉사활동이라고도 한다. 이런 생활지도의 관심 영역들로서는 일반적으로 그 기능에 따라 다음과 같은 영역으로 구분된다. 여기서는 활동내용에 따른 분류와 활동영역에 따른 분류로 세분화하여 살펴보기로 한다(김희수 · 홍성훈 · 이정호, 2008).

(1) 활동내용에 따른 분류

① **교육지도**(educational guidance)

일반적으로 교육지도(educational guidance)는 학생의 학업지도와 관련된 활동으로 신입생 지도, 학생의 학교생활, 각종 검사 및 교육정보의 제공, 진학이나 장학과 관련된 지도, 또는 학습방법 및 기술의 지도 등이 해당한다. 즉, 학생이 학교생활에 보다 잘 적응하고 이를 효과적으로 지속해 가도록 하는 것을 목적으로 한 일체의 학교 내 생활지도 영역을 총괄한다.

② **직업지도**(vocational guidance)

학생의 장래직업과 관련된 직업준비, 진로, 직업정보의 제공 혹은 직업알선 등의 활동이다. 이 같은 진로지도는 크게 진학지도와 직업지도로 나뉜다. 진로지도는 학생 개개인의 적성, 능력, 흥미, 환경적 조건에 따라 상급학교 진학이나 직업의 선택, 계획, 적응을 돕는 활동이고, 직업지도는 상급학교에 대한 정보와 직업세계에 대한 정보게공, 진학 및 취업을 위한 상담, 개인에 대한 인적조사, 기능계발, 현장지도, 실습지도, 추수지도 등을 포함한다.

③ **인성지도**(personality guidance)

개인의 심리적·인성적 문제를 다루어 적응에 도움을 주는 것을 말한다. 학생의 건전한 성격의 형성, 발달과 관련된 활동 또는 특수한 경우에는 문제성격의 지도가 이 영역에 속하는 것으로 고도의 전문성과 기술이 요구되는 활동영역이다. 이를테면 개인이 원만한 성격의 소유자로 발달하도록 지도하는 것으로 개인적 습관과 태도, 생활의 목표와 계획, 개인의 적응 문제에 관한 지도를 말한다.

④ **건강지도**(health guidance)

건강지도에는 신체적 건강과 정신적 건강에 관한 지도가 모두 포함된다. 신체적 건강을 위한 지도에는 신체적 장애에 대한 상담, 각종 질병의 예방 및 허약체질 개선과 건강한 신체 유지를 위한 보건 및 건강교육, 사고의 예방을 위한 안전지도 및 교육이 있다. 정신적 건강을 위한 지도에는 극심한 불안, 노이로제, 정신질환에 대한 이해 및 예방을 위한 정신위생 및 정신건강교육이 있다. 또한 신체적·정신적 건강 모두에 관련된 흡연, 음주, 약물복용에 대한 지도도 여기에 속한다. 즉 학생의 신체적 혹은 정신적 건강의 지도와 이와 관련된 지도가 이 영역의 활동이다.

⑤ **사회성 지도**(social guidance)

학생의 사회적 관계에서 갖게 되는 여러 문제들, 교우관계나 이성관계, 가족 혹은 대인관계에서 나타나는 문제들에 대한 지도가 이 활동 속에 포함된다.

⑥ **여가지도**(leisure-time guidance)

일반적으로 학교에서 주어지는 교과활동 이외의 일체의 개인적 혹은 집단적으로 행해지는 과외활동이 주된 내용이며 최근에 주목을 받고 있다. 이는 단순히 쉬는 게 아니라 자기발견 및 창조를 통한 자아실현의 기회이기도 하기 때문이다.

(2) 활동영역에 따른 분류

① **학생이해활동**(student appraisal services)

학생이해의 기초자료를 수집하는 활동으로 학생조사활동이라고도 한다. 생활지도가 개인지도이든 집단지도이든 간에 본래의 관심은 개인의 이상적 생활을 도우려는 것이다. 성공적이고 효과적인 생활지도를 위해서는 교사나 상담자가 학생 개개인을 이해하는 것은 물론 스스로의 이해에 도움이 될 정보나 자료를 필요로 한다.

실제 학습이해방법은 매우 다양하다. 각종 표준화 심리검사, 학업성취도 검사, 환경조사, 교우관계, 질병검사, 행동의 관찰기록 및 기타 필요하다고 생각되는 자료수집방법이 활용되고 있다. 그러나 생활지도 장면에서는 하나의 방법만 사용되는 게 아니라 여러 가지 방법을 함께 활용한다. 학생이해활동에서 유의해야 할 점은 다음과 같다.

첫째, 객관적이고 신뢰도가 높은 방법을 사용한다.

둘째, 생활지도의 목적에 일치해야 한다.

셋째, 여러 가지 가능한 방법이나 기법을 종합적으로 활용해야 한다.

넷째, 조사결과를 기록, 정리, 보관하여 실제 지도에 활용될 수 있도록 한다.

② **정보활동**(information services)

학생이 요구하는 일체의 교육적·직업적 정보를 수집, 정리, 보관할 뿐만 아니라 그들의 요구에 부응하여 그것을 제공하고 조언하는 활동방법을 말한다. 여기에는 교육정보, 직업정보, 개인 및 사회정보가 있다.

- **교육에 관한 정보**
  - 상급학교 진학에 관한 정보
  - 장학금 지급에 관한 정보
  - 학습방법 및 전략에 관한 정보
  - 학교생활에 관한 정보
  - 도서관 이용에 관한 정보
- **직업에 관한 정보**
  - 직업적성에 관한 정보
  - 직업전망에 관한 정보
  - 직업의 분류 혹은 직업의 종류에 관한 정보
- **개인 및 사회적응에 관한 정보**
  - 자기이해에 관한 정보
  - 성에 관한 정보
  - 가족관계에 관한 정보
  - 대인관계에 관한 정보

③ 상담활동(counseling services)

학생이 당면한 개인적 문제를 상담과정을 통하여 스스로 해결할 수 있도록 지도하는 방법이다. 오늘날 상담활동은 직업지도, 개인 및 사회지도, 직업지도 등으로 확대되어 가고 있으며 상담활동이 생활지도에서 차지하는 비중이 매우 커지고 있다.

④ 정치활동(placement services)

학생의 교육적, 직업적, 혹은 사회적 배치와 관련된 문제는 허다하게 많다. 이를테면 진학, 학급편성, 학급배치와 같은 교육적 정치(educational placement)나 직업선정 및 알선, 취업하게 하는 등의 직업적 정치(vocational placement) 등이 이 영역에 속한다. 이 같은 정치활동은 개인과 사회의 요구에 따라 이루어지기 때문에 각종 조사활동, 정보활동에서 얻은 자료를 근거로 해야만 합리적 정치활동을 기대할 수 있다.

⑤ 추수활동(follow-up services)

교육적 측면에서 재학생, 졸업생, 그리고 중도탈락자나 포기자들을 대상으로 시행한 생활지도활동의 효과에 대한 정보수집 및 계속 지도활동을 말하며, 과거의 지도받은 결과에 대한 평가노력도 요구된다. 다시 말해서 추수활동이란 일정 기간 생활지도를 받았던 학생이 진학하거나 졸업한 후 건전하게 사회적응을 잘하고 있는지를 지속적으로 확인해 보고 지도・평가하는 활동이다. 또한 추수활동은 학생의 계속적 발전에 관심을 가진 상담자와 학교에서 생활지도의 효과성을 알아보기 위하여 실시되기도 한다.

2) 상담과 심리치료

상담은 일반적 상담과 심리치료로 구분되는데 그 개념은 〈표 1－2〉와 같다.

〈표 1-2〉 상담과 심리치료의 비교

구분	상담	심리치료
대상	정상적 학생, 내담자	개인 환자, 내부적 갈등
장소	학교, 지역사회, 봉사기관, 상담기관	환자, 가정, 병원, 진료기관
형태	교육적·상황적 문제해결, 의식내용의 자각에 주력	재구성적·심층분석적 문제해결, 무의식적 동기의 자각(통찰)에 역점
문제의식	당면한 문제의 선택, 결정, 해결, 적응문제	신경증 같은 정서적 장애나 심각한 이상행동에 관여하여 인성의 변화촉진
방법	일시적 욕구불만이나 갈등의 해결, 면접 중 조언	성격장애인의 치료와 교정
자료	현재적, 의식자료	과거의 역사적 사실과 무의식적 자료
시간	단시간 소요, 1~20회	장시간 소요, 20~100회
전문가	카운슬러, 상담심리전문가	정신과 의사, 임상심리전문가
기타 비용	무료 혹은 유료	유료

자료 출처: 김충기·강봉규(2001).

06 상담과정의 특징

상담은 기본적으로 두 사람 간의 대화를 통해 상호 영향을 미치는 과정이며, 일반적 대화와는 차별화된 특징을 갖는다. 그 특징을 살펴보면 다음과 같다(현정환·후쿠시마, 2002).

① 상담에서의 커뮤니케이션은 내담자가 자신의 문제의식에 따라 자신의 문제를 스스로 이해하고 해결하는 과정에서 상담자가 조력해 주는 것으로, 대화의 초점은 항상 내담자를 향하고 있다. 즉, 내담자가 주연이고 상담자

는 조연의 역할을 수행한다. 한편 일반적 대화에서는 둘 다 주연의 역할을 하면서 자기 자신에 대해서 이야기하고 서로에 대한 생각의 차이나 공통점, 이해(利害)를 둘러싼 입장표현, 의견의 조정 등을 하게 된다.

② 상담자의 역할은 내담자가 자신의 문제를 이해하고, 자기 나름의 방식에 의거 해결하려는 노력에 대하여 측면적 지원을 하는 것이다. 이에 상담자의 기본활동은 내담자의 입장, 느낌, 생각을 수용하고, 이해한 것을 전하는 것이다.

③ 내담자가 필요로 하는 정보를 제시하거나 설명하는 경우에도 단지 정보제공만으로 끝나는 것이 아니라, 그것을 내담자가 어떻게 받아들이고 어떤 감정과 사고를 환기시켰는지에 초점을 맞추게 된다. 이것은 곧 두 사람 사이의 역동적 대화 소재가 되기도 한다.

④ 문제를 해결하는 사람은 다름 아닌 내담자 자신이며 상담자가 아니다. 사람은 누구든지 자신의 인생을 자신이 선택하고 창조하며 그 책임을 지게 된다. 따라서 상담 중에 상담자는 내담자의 자율성과 주체성을 최대한 존중해야 하므로 격려, 동정, 위로, 질책이나 꾸중 등 내담자의 주체성을 손상시키는 태도는 주의해야 한다.

⑤ 상담은 타인의 개인적 문제에 개입하는 과정이기 때문에 비교적 긴 시간 동안 세심한 관심이 요구되며 의미 있는 일이라 볼 수 있다. 그리고 상담과정이 원만히 진행되도록 다양한 이론과 방법을 제시해야 하며, 이런 이론과 기법들의 선택은 상담과정 가운데 결정하는 것이 바람직하다.

⑥ 상담에는 다양한 이론적 입장과 기법이 있지만, 그 무엇보다 중요한 것은 따뜻하고 친밀한 관계, 상호 신뢰와 존경, 그리고 감정과 사고과정의 절대적 존중이 중심이 되어야 한다는 것이다.

생각나무 사람의 문을 여는 열쇠는 무엇일까요?

사람을 움직이는 무기는 입이 아니라 귀다. 대화의 질은 서로 상대방의 이야기를 얼마나 잘 들어주는가에 달려 있다. 같은 요구라 할지라도 자기 말을 잘 들어주는 사람의 요구에 더 잘 따른다. 설득력을 가지기 위해서는 무엇보다 상대의 입장을 생각하고 공감할 수 있는 태도가 전제되어야 한다.

학교에서 일등을 했던 사람이 사회에서 가장 성공하지 못하는 이유가 무엇인가? 가장 중요한 이유 중의 하나는 자신의 감정을 조절하고 남의 감정을 이해하려는 능력이 부족하기 때문일 것이다.

삶을 풍요롭게 하는 것은 지적 능력이 아니라 자신과 타인의 감정을 이해하고 이를 조화롭게 조절할 수 있는 능력이다.

① 들어주어야 마음을 연다.
② 들어주면 호감이 생긴다.
③ 들어주면 상처받은 사람의 감정적 정화(catharsis)를 가져오게 한다.
④ 잘 들어주는 사람이 있으면 그것을 보고 배운다.
⑤ 들어주는 사람에게는 반항하지 않는다.
⑥ 열심히 들어준 사람은 말하는 사람보다 후회할 일이 없다.

사람과 사람 사이의 '공감'은 대화의 시작입니다.

－이민규의 『성각을 바꾸면 세상이 달라진다』 중에서－

CHAPTER 02

상담자의 역할, 자질 및 윤리

01 상담자의 역할

사회환경의 다변화로 개인의 내적 변화 및 심리적 갈등, 소외 등 내담자가 처한 생활환경에 따라 상담자의 역할도 종전에 비하여 한층 복잡하고 다양해졌다. 오늘날의 상담자는 초·중·고등학교나 대학 같은 교육기관뿐만 아니라, 상담활동이 예방과 발달에 초점을 두게 되면서 자살 기도자, 약물 또는 알코올중독자 등 응급치료를 요하는 사람을 위한 여러 봉사시설, 일반병원, 정신병원, 양로원, 장애인 수용소 같은 다양한 보호 및 치료시설, 취업 및 재활을 위한 상담소, 산업체, 교회, 정부 산하의 정신건강 및 복지 관련 부처, 그리고 개인사업 등의 시설과 기관에서 활동한다. 이에 상담자는 인간발달, 정신건강 및 사회개선운동에 적극적 참여를 요구받고 있다.

이 같은 상담자는 여러 측면에서 해야 할 일이 많다. 여기서는 상담자의 특성, 상담자의 역할 및 책임을 구분하여 살펴본다.

1) 상담자의 개인적 특성

니스툴(Nystul, 1999)이 제시하는 상담자의 일반적 특성을 살펴보면 다음과 같다.

(1) 격려해야 한다.

효율적 상담자의 가장 중요한 질적 요인은 격려하는 일이다. 격려한다는 의미는 내담자의 성장과 발달을 가져오도록 하기 위해 잠재력을 깨닫게 해 주는 데 있다.

(2) 예술적이어야 한다.

바람직한 상담자는 내담자에게 예민하고 신뢰를 받을 수 있어야 한다. 예술적이 되는 일은 내담자의 유일한 욕구에 대하여 창조적이고 융통성이 있어야 하며 상담의 높은 기술을 적용할 수 있어야 한다.

(3) 정서적으로 안정되어야 한다.

정서적으로 균형이 잡히지 않은 상담자는 내담자에게 선(善)보다는 해(害)를 끼치게 된다. 그러므로 상담자는 정서적으로 안정되어야 한다.

(4) 공감적이고 보살핌이 있어야 한다.

효율적 상담자는 사람을 돌보고 필요한 사람을 돌보는 욕구가 있어야 한다. 내담자는 상담자로부터 지지받고 친절성을 경험하게 된다. 이 같은 행동은 현실적으로 생활에 직면할 수 있는 용기와 새로운 방향과 가능성을 탐색할 수 있게 한다.

(5) 자아인식이 있어야 한다.

주제를 파악하는 일이다. 자아인식이란 상담자의 한계점을 인식시켜 주는 것이다. 자아인식은 상담자에게 꾸준한 노력을 요구하며 자아수용, 자존감, 자아실현과 같은 자아 관련 다른 개념과도 연결되어 있다. 사람들이 자신을 보다 잘 알면 알수록 잘 받아들일 수 있는 위치를 갖게 된다.

(6) 자아수용을 하여야 한다.

자아수용은 상담자 자신이 평안해야 함을 말한다. 다행히도 상담자가 내담자의 성장과 발달이 증진되도록 조력하였다면, 현실 자아와 이상 자아 간의 불일치에도 불구하고 주어진 고민을 유발하지 않게 된다.

(7) 적극적 자존감을 가져야 한다.

적극적 자존감은 상담자로 하여금 개인적이고 전문적인 삶을 영위하는 데 도움을 주고, 자기 직무의 핵심이 되는 정서적 안정감을 유지시켜 준다.

(8) 자아실현의 인간이 되어야 한다.

효율적 상담자는 긍정적 자세로 새로운 방향에 도전하고 새로운 지평을 탐색할 수 있는 사람이어야 한다. 그리하여 다양한 경험과 노하우를 축적할 수 있으면 좋다.

(9) 자기노출이 있어야 한다.

효율적 상담자는 구조적으로 사고와 감정에 개방적이어야 한다. 상담자가 개방적이면 내담자도 개방될 수 있도록 격려하게 된다.

(10) 용감해야 한다.

상담 중에 상담자는 내담자로부터 신뢰감을 얻는 것이 중요하다. 그러나 상담자는 인격적 · 성격적으로 완전하지만은 않으므로, 지나치게 자신을 완전하다고 판단하거나 우쭐대서는 안 된다. 오히려 자신의 장점과 약점을 충분히 이해하고 토로하는 데 용감해야 하며, 상담자는 자신의 진솔한 면을 드러냄으로써 내담자와의 신뢰감 형성에 도움이 될 수 있다.

(11) 인내심이 있어야 한다.

인내는 상담과정에서 가장 가치 있는 것이다. 상담자는 전체적인 큰 틀에서 상담을 전개하고 적극적 치료활동을 해야 하므로 지나치게 지엽적인 문제에 대하여 감정적이어서는 안 된다. 보다 큰 관점의 상담목표달성을 위해 인내심이 요구된다.

(12) 비판해서는 안 된다.

상담자는 내담자에게 자신의 가치관이나 신념을 강요하지 않아야 한다. 비판하지 않는 것은 내담자를 존중한다는 의미이고, 이는 곧 내담자의 잠재력을 실현하도록 허용하는 것이다.

(13) 모호성에 대한 관용이 있어야 한다.

모호성은 상담의 기술과 관련이 있다. 예컨대 상담자는 내담자를 위해 어떤 것이 가장 좋은 기술인지 확실하게는 모른다. 또 상담과정에서 무엇이 성취되어야 할지도 정확히 모를 수 있다. 그러므로 상담자는 모호성에 대하여 관용할 수 있어야 한다.

2) 상담자의 역할 및 책임

힐(Hill, 1965)은 상담자의 역할을 크게 네 가지로 대별하고 있다.

① 후원자로서의 역할
② 상담논의자로서의 역할
③ 조사연구자로서의 역할

④ 사회봉사자로서의 역할

또 상담자의 전문적 책임의 한계에 대해서는 일정한 합의를 찾기 어려우나, 1961년 미국의 APGA의 윤리강령제정위원회가 발표한 상담자의 책임을 소개하면 다음과 같다.

① 상담자의 기본의무는 상담자가 도움을 주려는 내담자의 복지를 증진시키고 그의 인격을 존중해 주는 것이다.
② 상담관계와 그 관계를 통하여 얻은 정보는 전문인으로서의 의무에 비추어 그 비밀이 유지되도록 해야 한다.
③ 면접기록, 조사자료, 녹음테이프 등을 포함하는 상담에서 얻어진 제반 자료는 연구와 상담자 교육 외에는 사용될 수 없으며, 그것이 정당하게 사용될 때에도 내담자의 이름을 식별할 수 없도록 적절한 조치가 강구되어야 한다.
④ 상담관계에 들어가기 전에 상담자는 어떤 조건하에서 상담이 실시된다는 것을 내담자에게 알려 주어야 한다.
⑤ 상담자는 내담자의 문제에 관하여 타인의 전문적 자문을 받을 수 있다. 그러한 자문위원을 정할 때에는 자문위원의 자격을 충분히 고려하여야 한다.
⑥ 상담자는 자신의 능력을 한계로 느끼거나 더 이상 전문적 도움을 줄 수 없다고 판단할 때 상담관계를 종결지을 수 있다. 그러한 경우 상담자는 다른 적절한 전문가에게 위탁하여야 한다.
⑦ 상담과정에서 내담자가 타인을 해롭게 할 수 있는 조건을 발견하면 그 사람에 대하여 책임 있는 기관의 장에게 그 사실을 보고하여야 한다. 그러나 내담자의 신분은 밝혀지지 않도록 해야 한다.
⑧ 내담자가 명백히 위급한 상황에 있게 될 때, 상담자는 해당 기관의 장에게 이 사실을 보고하여야 하며, 또 상황에 따라서는 응급조치를 취하여야 한다.

02 상담자의 자질

내담자가 상담자를 만나 상담을 시작할 때 마음이 편안하고 상담자에 대한 인격적 신뢰감이 생기면 내담자는 마음의 문을 열게 되고 대화를 계속 나누고 싶어지게 되는데, 이런 경우에 상담은 성공적이라 볼 수 있을 것이다. 그러므로 상담을 하는 데 있어서 상담자의 자질은 그 어느 것보다도 중요한 역할을 한다. 여기서는 상담자의 자질을 인간적 자질과 전문가적 자질로 구분하여 살펴본다(이장호 · 정남운 · 조성호, 2005).

1) 인간적 자질

(1) 상담자의 진실성

상담은 매우 개인적이고 깊이 있고 친밀한 관계에서 일어나는 학습이기 때문에 상담자는 상담자라는 틀에 박힌 역할을 벗어나 내담자와의 관계에서 진실한 인간임을 보여줄 수 있는 상담자가 되어야 한다.

(2) 인간에 대한 깊은 관심

상담자의 공통된 요소는 인간에 대한 따뜻한 관심이다. 이는 인간 자체를 하나의 성장하는 완전한 유기체로 보고 인간 개개인을 존중하고 존엄히 여기는 기본철학에 바탕을 두고 있다. 그러므로 상담자는 내담자의 건전한 인격변용을 위하여 내담자에 대해서 무조건적 긍정적 존중을 하는 것이 필요하다.

(3) 정서적 성숙

상담자는 내담자와의 상담장면에서 다양한 문제와 예민한 정서의 변화에 직면하게 되는데 어떠한 경우에서도 상담자는 자신의 정서를 통제하여 내담자로

하여금 안심하고 이야기를 꺼낼 수 있는 침착성과 포용성, 그리고 따스함이 요구된다. 이같이 내담자로 하여금 안심하고 무엇이든 이야기할 수 있도록 하는 사람이야말로 상담자로서 적격일 것이다.

(4) 심리적 안정감

내담자 중에는 여러 가지 공격과 방어의 수단을 꾸며서 상담자를 골탕 먹이려는 경우가 종종 있다. 어떤 내담자는 몹시 초조·불안한 몸짓을 하거나 묵비권을 행사하거나 때로는 상담자를 믿지 않는다거나 애달픈 표정으로 상담자를 시험해 보려는 등의 예들이 있다. 상담자에게는 이 같은 시험에 말려들지 않을 정도의 강한 심리적 안정감이 필요하다.

(5) 민감성

민감성은 상대방에 대한 단순한 동정이나 염려와는 다른 것이다. 내담자의 입장에서 같이 느끼고 같이 생각하는 것으로, 이는 마치 사랑하는 사람에 대한 마음 씀씀이와 같다. 다른 사람의 아픔을 내 아픔으로 받아들이는 마음 씀씀이라고 할 수 있다. 이 같은 마음의 염려는 모든 평가를 초월한 것으로 무조건 상대방을 존중하는 데서 출발한다.

2) 전문가적 자질

(1) 성격에 관한 이해

이 영역에 포함되는 지식은 성격이론, 성격의 발달, 이상성격의 특징, 성격과 사회적·문화적 요인과의 관계 등이다.

(2) 사회환경에 관한 지식

상담자는 내담자와 좋은 상담을 이끌어 가기 위해 사회환경에 관한 해박한 지식과 이해를 요구받는다. 예컨대 직업세계에 관한 이해, 사회복지기관의 활동에 관한 지식과 정보, 다양한 심리검사 이해 및 적용, 아동·청소년·성인·노인 등의 발달 문제 등과 관련된 전문지식을 포함한다.

(3) 개인의 진단평가

상담자는 상담에 관해 객관적으로 이해해야 하며 그러기 위해서는 개인의 여러 가지 심리적 특성을 객관적으로 측정하고 평가할 수 있는 능력이 필요하다. 이 일을 위하여 개인차의 이해, 측정이론, 각종 심리검사의 실시와 이해, 투사법 등에 관한 지식과 기술을 갖추어야 한다.

(4) 상담의 이론과 실제

상담의 과정에서 요구되는 상담의 원리, 상담의 과정과 절차, 상담사례연구, 면접방법 등의 과목을 이수해야 한다.

(5) 상담실습

상담자에게는 궁극적으로 상담을 진행할 수 있는 능력이 요청되기 때문에 상담실습이 필요하다. 상담은 이론의 이해와 학문적 지식만으로 가능한 것이 아니기 때문이다. 엄격한 감독을 받는 실습에 의해서 상담과정에 대해 익숙해져야 함은 물론 상담과정에서 일어나는 여러 가지 위급상황을 극복할 수 있는 경험을 갖는 것이 필요하다.

(6) 연구방법과 통계적 기술

이 분야의 지식과 기술이 상담자 모두에게 요구되는 것은 아니다. 하지만 상담자 중에는 상담의 원리와 기술에 관한 계속적 연구를 해야 할 사람이 필요하며, 그들에게는 연구방법에 관한 지식과 과학적 연구를 할 수 있는 수량적 기술이 요구된다.

(7) 책임과 윤리

모든 전문직에서 그렇듯이 상담자에게도 일정한 책임이 있고 상담자로서 지켜야 할 윤리강령이 있다. 이러한 책임과 지켜야 할 윤리에 관한 이해는 전문인으로서 소양을 구성하는 것이다. 그러므로 상담에 수반되는 전문적 윤리가 무엇인가를 이해하고 실천하는 것이 필요하다.

03 상담자의 윤리

여기에 소개되는 상담자의 윤리강령은 한국심리학회 산하 한국상담심리학회에서 2003년 5월에 제정한 것이다. 한국상담심리학회는 1948년에 설립된 한국심리학회를 구성하는 유력한 분과학회의 하나로 대내·외적으로 전문상담자와 상담심리학자를 대표하는 국내 최고 및 최대의 전문 학술단체이다. 이런 점에서 한국상담심리학회에서 제정한 상담자 윤리강령은 국내에서 전문상담활동을 하는 모든 상담자에게 상담활동의 윤리적 측면과 관련하여 하나의 중요한 지침서가 되고 있다.

이 윤리강령은 전문과 더불어 상담자의 전문가토서의 태도, 사회적 책임, 내담자의 권리와 존엄성에 대한 존중, 상담관계, 내담자 정보의 보호, 상담연구, 심리검사, 윤리문제의 해결절차 등 총 8개장으로 구성되어 있다. 상담심리사 윤리강령을 소개하면 다음과 같다.

1) 전문가로서의 태도

(1) 전문적 능력

① 상담심리사는 자기 자신의 교육과 수련, 경험 등에 의해 준비된 범위 안에서

전문적 서비스와 교육을 제공한다. 상담심리사는 자신의 능력의 한계를 인정하고 교육이나 훈련, 경험을 통해 자격이 주어진 상담활동만을 한다.

② 상담심리사는 자신이 가진 능력 이상의 것을 주장하거나 암시해서는 안 되며, 타인에 의해 능력이나 자격이 오도되었을 때에는 수정해야 할 의무가 있다.

③ 상담심리사는 자신의 활동분야에 있어서 최신의 과학적이고 전문적인 정보와 지식을 유지하기 위해 지속적 교육과 연수의 필요성을 인식하고 참여한다.

④ 상담심리사는 정기적으로 전문인으로서의 능력과 효율성에 대한 자기반성이나 평가가 있어야 하며, 필요한 경우 자신의 효율성을 증진시키기 위해 지도·감독을 받을 책무가 있다.

⑤ 상담심리사는 윤리강령과 시행세칙을 준수할 책임이 있다.

⑥ 상담기관에 상담심리사를 고용할 때에는 전문능력을 갖춘 이를 선발해야 한다.

(2) 성실성

① 상담심리사는 자신의 신념체계, 가치, 제한점 등이 상담에 미칠 영향력을 자각하고 내담자에게 상담의 목표, 기법, 한계점, 위험성, 상담의 이점, 자신의 강점과 제한점, 심리검사와 보고서의 목적과 용도, 상담료, 상담료 지불방법 등을 명확히 알린다.

② 상담심리사는 개인의 이익을 위해 상담전문직의 가치와 권위를 훼손하는 행동을 해서는 절대 안 된다.

③ 상담심리사는 능력의 한계나 개인적 문제로 내담자를 적절하게 도와줄 수 없을 때에는 상담을 시작해서는 안 되며, 다른 상담심리사나 정신건강전문가에게 의뢰하는 등 내담자를 도와줄 수 있는 방법을 강구한다.

④ 상담심리사는 자신의 질병, 죽음, 이동 또는 내담자의 이동이나 재정적 한

계 등과 같은 요인에 의해 상담이 중단될 경우, 이에 대한 적절한 조치를 취해야 한다.

⑤ 상담을 종결하는 데 있어서 어떤 이유보다도 우선적으로 내담자의 관점과 요구에 대해 논의해야 하며, 내담자가 다른 전문가를 필요로 하는 경우에는 적절한 과정을 거쳐서 의뢰한다.

⑥ 상담심리사는 내담자나 학생, 연구 참여자, 동료들이 피해를 입지 않도록 적절한 조치를 취한다.

⑦ 상담심리사는 자신의 기술이나 자료가 다른 사람들에 의해 오용될 가능성이 있거나, 개선의 여지가 없는 활동에 참여해서는 안 되며, 이런 일이 일어난 경우에는 이를 바로잡거나 최소화하는 조치를 취한다.

(3) 상담심리사 교육과 연수

① 상담심리사 교육은 학술적 연구와 지도・감독하의 실습을 통합하는 과정으로 설정되어야 하며, 교육 프로그램은 교육생들이 상담기술, 지식, 자기 이해를 넓힐 수 있는 방향으로 설정되어야 한다.

② 상담심리사 교육에 들어가기 전에 교육 프로그램의 내용, 기본적 기술개발, 진로 전망에 대해 알려 준다.

③ 교육 프로그램은 개인과 사회를 위하는 상담의 이상적 가치를 교육생에게 고무해야 하며, 따라서 재정적 보상이나 손실보다는 직업애와 인간애에 더 가치를 두도록 한다.

④ 교육생에게 다양한 이론적 입장을 제시하여, 교육생이 이 이론들의 비교를 통해서, 스스로 자신의 입장을 선택할 수 있도록 한다.

⑤ 교육 프로그램은 학회의 최근 관련 지침과 보조를 맞추어 진행되어야 한다.

⑥ 상담심리사 교육에서는 교육생에 대한 지속적 평가를 통해, 장래의 상담 활동을 수행하는 데 장애가 될 수도 있는, 교육생의 한계를 알아내야 한다. 지도교육하는 상담심리사는 교육생이 상담자로서 성장할 수 있도록

도와주는 한편, 교육 프로그램을 통해서 바람직한 상담활동을 할 수 없는 사람을 가려낼 수 있어야 한다.

⑦ 상담심리사는 상담심리사 교육과 훈련 프로그램을 전문적으로 실시하고, 윤리적 역할모델이 되어 교육생이 윤리적 책임과 윤리강령을 잘 인식하도록 돕는다.

⑧ 상담심리사는 상담성과나 훈련 프로그램을 홍보하기 위해 내담자 또는 수련생과의 관계를 이용하지 않는다.

⑨ 상담심리사가 교육목적으로 저술한 교재는 교육과 연수과정에 채택할 수 있다.

(4) 자격증명서

① 본 학회에서 인증한 상담심리사는 자신의 자격을 일반 대중에게 알릴 수 있다.

② 상담심리사는 자격증에 명시된 것 이상으로 자신의 자격을 과장하지 않는다.

③ 상담이나 정신건강 분야에 관련된 석사학위를 가지고 있으나 박사학위는 그 이외의 분야에서 취득한 상담심리사는 그들의 상담활동에서 '박사'라는 말을 사용하지 않으며, 그 상담활동이나 지위와 관련하여 박사학위를 가진 상담심리사인 것처럼 대중에게 알리지 않는다.

2) 사회적 책임

(1) 사회와의 관계

① 상담심리사는 사회의 윤리와 도덕기준을 존중하고, 사회공익과 자신이 종사하는 전문직의 바람직한 이익을 위해 최선을 다한다.

② 상담심리사는 경제적 이득이 없는 경우에도 자신의 전문적 활동에 헌신함으로써 사회에 공헌한다.

③ 상담비용을 책정할 때 상담심리사는 내담자의 재정상태와 지역성을 고려하여야 한다. 책정된 상담료가 내담자에게 적절하지 않을 때에는, 가능한 비용에 적합한 서비스를 받을 수 있는 방법을 찾아 줌으로써 내담자를 돕는다.

④ 상담전문가가 되기 위해 수련하는 학회 회원에게는 상담료나 교육비 책정에 있어서 특별한 배려를 한다.

(2) 고용기관과의 관계

① 상담심리사는 자신이 종사하는 기관의 목적과 방침에 공헌할 수 있는 활동을 할 책임이 있다. 만일 자신의 전문활동이 기관의 목적과 모순되고, 직무수행에서 갈등이 해소되지 않을 때에는 기관과의 관계를 종결해야 한다.

② 상담심리사는 근무기관의 관리자 및 동료와의 관계를 통해서 상담업무, 비밀보장, 공적 자료와 개인자료의 구별, 기록된 정보의 보관과 처분, 업무량, 책임에 대한 상호 간의 동의가 이루어져야 한다. 이러한 동의는 구체적이어야 하며, 관련된 모든 사람이 알고 있어야 한다.

③ 상담심리사는 그의 고용주에게 손해를 끼칠 수 있는 상황이나, 기관의 효율성에 제한을 줄 수 있는 상황에 대해 미리 경고해 주어야 한다.

④ 상담심리사의 인사배치는 내담자의 권리와 복지를 보장하고 증진시킬 수 있도록 해야 한다.

⑤ 상담심리사는 수련생에게 적절한 훈련과 지도감독을 제공하고, 수련생이 이 과정을 책임 있고 유능하게 수행할 수 있도록 도와야 하며, 만일 기관의 정책과 실제가 이런 의무의 수행을 막는다면, 가능한 범위에서 그 상황을 바로잡도록 노력한다.

(3) 상담기관 운영자

① 상담기관 운영자는 다음 목록을 작성해 두어야 한다. 기관에 소속된 상담심리사의 증명서나 자격증은 그중 최고 수준의 것으로 하고, 자격증의 유

형, 주소, 연락처, 직무시간, 상담의 유형과 종류, 그와 관련된 다른 정보 등이 정확하게 기록되어야 한다.

② 상담기관 운영자는 자신과 현재 종사하고 있는 직원의 발전에 책임이 있다.

③ 상담기관 운영자는 직원에게 기관의 목표와 상담 프로그램에 대해 알려 주어야 한다.

④ 상담기관 운영자는 고용, 승진, 인사, 연수 및 지도 시에 나이, 문화, 장애, 성, 인종, 종교, 혹은 사회경제적 지위 등을 이유로 어떤 차별적 행동을 해서는 안 된다.

⑤ 상담기관 운영자는 직원이나 학생, 수련생, 동료 등을 교육, 감독하거나 평가 시에 착취하는 관계를 가져서는 안 된다.

⑥ 상담심리사가 개업상담가로서 상담을 홍보하고자 할 때에는 일반인에게 상담의 전문적 활동, 전문지식, 활용할 수 있는 상담기술 등을 정확하게 알려 주어야 한다.

⑦ 기관에 재직 중인 상담심리사는 상담개업활동에 적극적으로 종사하고 있지 않다면, 자신의 이름이 상업광고에 사용되도록 해서는 안 된다.

⑧ 상담심리사는 다른 상담심리사나 정신건강전문가와 협력체제를 맺을 수 있는데, 이럴 때 기관의 특수성을 분명히 인지하고 있어야 한다.

⑨ 상담심리사는 자신의 개업활동에 대해 내담자에게 신뢰감을 주기 위해 학회나 연구단체의 회원임을 거론하는 것은 비윤리적이다.

⑩ 내담자나 교육생을 모집하기 위해, 개인상담소를 고용이나 기관 가입의 장소로 이용해서는 안 된다.

(4) 다른 전문직과의 관계

① 상담심리사는 자신의 방식과 다른 전문적 상담 접근을 존중해야 한다. 상담심리사는 함께 일하는 다른 전문적 집단의 전통과 실제를 알고 이해해야 한다.

② 공적 자리에서 개인 의견을 말할 경우, 상담심리사는 그것이 자기 자신의 관점에서 나온 것이고, 모든 상담심리사의 견해를 대변하는 것이 아님을 분명히 해야 한다.

③ 내담자가 다른 정신건강전문가의 서비스를 받고 있음을 알게 되면, 내담자의 동의에 상담 사실을 그 전문가에게 알리고, 긍정적이고 협력적인 치료관계를 맺도록 노력한다.

④ 상담심리사는 다른 전문가로부터 의뢰비용을 받으면 안 된다.

(5) 자 문

① 자문이란 개인, 집단, 사회단체가 전문적 조력자의 도움이 필요하여 요청한 자발적 관계를 말하는데, 상담심리사는 자문을 요청한 내담자나 기관의 문제 혹은 잠재된 문제를 규명하고 해결하는 데 도움을 준다.

② 상담심리사와 내담자는 문제규명, 목표변경, 상담성과에 서로의 이해와 동의를 구해야 한다.

③ 상담심리사는 자신이 자문에 참여하는 개인 또는 기관에게 도움을 주는 데 필요한, 충분한 자질과 능력을 갖추었는지를 합리적 방법으로 명시해야 한다.

④ 자문을 할 때 개인이나 기관의 가치관을 바꾸는 데 도움을 주고자 한다면 상담심리사 자신의 가치관, 지식, 기술, 한계성이나 욕구에 대한 깊은 자각이 있어야 하고, 자문의 초점은 문제를 가진 사람이 아니라 풀어나가야 할 문제 자체에 두어야 한다.

⑤ 자문관계는 내담자가 스스로 성장해 나가도록 격려하고 고양하는 것이어야 한다. 상담심리사는 이러한 역할을 일관성 있게 유지해야 하고, 내담자가 스스로의 의사결정자가 되도록 도와주어야 한다.

⑥ 상담활동에서 자문의 활용에 대해 홍보할 때는 학회의 윤리강령을 성실하게 준수해야 한다.

(6) 홍 보

① 상담심리사는 전문가로서의 자신의 자격과 상담활동에 대해 대중에게 홍보하거나 설명할 수 있으나, 그 내용은 정확해야 하며, 오해를 일으킬 수 있거나 거짓된 내용이어서는 안 된다.

② 상담심리사는 상담 수주를 위해 강연, 출판물, 라디오, 텔레비전 혹은 다른 매체의 홍보에 대해 보수를 지급해서는 안 된다.

③ 내담자의 추천을 통해서 새로운 내담자의 신뢰를 얻고자 할 때에는, 상황이 특수한 상태이거나, 취약한 상태인 내담자에게는 추천을 의뢰해서는 안 된다.

④ 상담심리사는 출판업자, 언론인, 혹은 후원자 등이 상담의 실제나 전문적 활동과 관련된 잘못된 진술을 하는 경우 이를 시정하고 방지하도록 노력한다.

⑤ 상담심리사가 워크숍이나 훈련 프로그램을 홍보할 때에는 소비자의 선택을 위해서 적절한 정보를 제공하고 정확하게 홍보해야 한다.

3) 인간권리와 존엄성에 대한 존중

(1) 내담자의 복지

① 상담심리사의 일차적 책임은 내담자의 복리를 증진하고 존엄성을 존중하는 것이다.

② 상담심리사는 내담자의 잠재력을 개발하여 건강한 삶을 영위하도록 도움을 주며, 어떤 방식으로도 해를 끼치지 않는다. 상담심리사는 내담자로 하여금 의존적 상담관계를 형성하지 않도록 노력하여야 한다.

③ 상담심리사는 상담관계에서 오는 친밀성과 책임감을 인식하고, 상담심리사의 개인적 욕구충족을 위해서 내담자를 희생시켜서는 안 된다.

④ 상담심리사는 내담자의 가족이 내담자의 삶에 중요하다는 것을 인식하고, 필요하다면 가족의 이해와 참여를 얻기 우해 노력한다.

⑤ 상담심리사는 직업 문제와 관련하여 내담자의 능력, 일반적 기질, 흥미, 적성, 욕구, 환경 등을 고려하면서 내담자와 함께 노력하지만, 내담자의 일자리를 찾아 주거나 근무처를 정해 줄 의무가 있는 것은 아니다.

(2) 다양성 존중

① 상담심리사는 모든 인간의 기본적 권리, 존엄성, 가치를 존중하며 연령이나 성별, 인종, 종교, 성적인 선호, 장애 등을 이유로 내담자를 차별하지 않는다.

② 상담심리사는 내담자의 다양한 문화적 배경을 이해하려고 적극적으로 시도해야 하며, 상담심리사 자신의 고유한 문화적 정체성이 상담과정에 어떤 영향을 주는지를 인식해야 한다.

③ 상담심리사는 자신의 고유한 가치, 태도, 신념, 행위를 인식하여 그것이 어떻게 다양한 사회에서 적용되는지를 깨닫고 있어야 하고, 내담자에게 자신의 가치를 강요하지 않는다.

(3) 내담자의 권리

① 내담자는 비밀유지를 기대할 권리가 있고 자신의 사례기록에 대한 정보를 가질 권리가 있으며, 상담계획에 참여할 권리, 어떤 서비스에 대해서는 거절할 권리, 그런 거절에 따른 결과에 대해 조언을 받을 권리 등이 있다.

② 상담심리사는 내담자에게 상담에 참여 여부를 선택할 자유와 어떤 전문가와 상담할 것인지를 결정할 자유를 주어야 한다. 내담자의 선택을 제한하는 제한점은 내담자에게 모두 설명해야 한다.

③ 미성년자 혹은 자발적 동의를 할 수 없는 사람이 내담자일 경우, 상담심리사는 이런 내담자의 최상의 복지를 염두에 두고 행동한다.

4) 상담관계

(1) 이중관계

① 상담심리사는 객관성과 전문적 판단에 영향을 미칠 수 있는 이중관계는 피해야 한다. 가까운 친구나 친인척 등을 내담자로 받아들이면 이중관계가 되어 전문적 상담의 성과를 기대할 수 없으므로, 다른 전문가에게 의뢰하여 도움을 준다.

② 상담심리사는 상담할 때에 내담자와 상담 이외의 다른 관계가 있다면, 특히 자신이 내담자의 상사이거나 지도교수 혹은 평가를 해야 하는 입장에 놓인 경우라면 그 내담자를 다른 전문가에게 의뢰한다. 그러나 다른 대안이 불가능하고, 내담자의 상황을 판단해 볼 때 상담관계 형성이 가능하다고 여겨지면 상담관계를 유지할 수도 있다.

③ 상담심리사는 특별한 경우를 제외하고는, 내담자와 상담실 밖에서 사적인 관계를 유지하지 않도록 한다.

④ 상담심리사는 내담자와의 관계에서 상담료 이외의 어떠한 금전적·물질적 거래관계도 맺어서는 안 된다.

(2) 성적 관계

① 상담심리사는 내담자와 어떠한 종류이든 성적 관계는 피해야 한다.

② 상담심리사는 이전에 성적 관계를 가졌던 사람을 내담자로 받아들이지 않는다.

③ 상담심리사는 상담관계가 종결된 이후 최소 2년 내에는 내담자와 성적 관계를 맺지 않는다. 상담종결 이후 2년이 지난 후에 내담자와 성적 관계를 맺게 되는 경우에도 상담심리사는 이 관계가 착취적 특성이 없다는 것을 철저하게 검증해야 한다.

(3) 여러 명의 내담자와의 관계

① 상담심리사가 서로 관계를 맺고 있는 둘 혹은 그 이상의 내담자(예: 남편과 아내, 부모와 자녀)에게 상담을 제공할 것을 동의할 경우, 상담심리사는 누가 내담자이며 각 사람과 어떠한 관계를 맺게 될지 그 특성에 대해 명확히 하고 상담을 시작해야 한다.

② 만약 그러한 관계가 상담심리사로 하여금 잠재적으로 상충되는 역할을 수행하도록 요구한다면, 상담심리사는 그 역할에 대해서 명확히 하거나, 조정하거나, 그 역할로부터 벗어나도록 한다.

5) 정보의 보호

(1) 사생활과 비밀보호

① 상담심리사는 사생활과 비밀유지에 대한 내담자의 권리를 최대한 존중해야 할 의무가 있다.

② 내담자의 사생활보호에 대한 권리는 내담자나 내담자가 의임한 법적 대리인에 의해 유예될 수 있다.

③ 상담심리사는 내담자의 사생활침해를 최소화하기 위해서 문서 및 구두상의 보고나 자문 등에서 실제 의사소통된 정보만을 포함시킨다.

④ 상담심리사는 고용인, 지도감독자, 사무보조원, 그리고 자원봉사자들을 포함한 직원에게도 내담자의 사생활과 비밀이 보호되도록 주지시켜야 한다.

(2) 기 록

① 법, 규제 혹은 제도적 절차에 따라, 상담심리사는 내담자에게 전문적 서비스를 제공하기 위해서 반드시 기록을 보존한다.

② 상담심리사는 녹음 및 기록에 관해 내담자의 동의를 구한다.

③ 상담심리사는 면접기록, 심리검사자료, 편지, 녹음·녹화 테이프, 기타 문서기록 등 상담과 관련된 기록들이 내담자를 위해 보존된다는 것을 인식하며, 상담기록의 안전과 비밀보호에 책임진다.

④ 상담기관이나 연구단체는 상담기록 및 보관에 관한 규정을 작성해야 하며, 그렇지 않을 경우 상담기록은 상담심리사가 속해 있는 기관이나 연구단체의 기록으로 간주한다. 상담심리사는 내담자가 기록에 대한 열람이나 복사를 요구할 경우, 그 기록이 내담자에게 잘못 이해될 가능성이 없고 내담자에게 해가 되지 않으면 응하는 것이 원칙이다. 단, 여러 명의 내담자를 상담하는 경우, 다른 내담자와 관련된 사적 정보는 제외하고 열람하도록 한다.

⑤ 상담심리사는 기록과 자료에 대한 비밀보호가 자신의 죽음, 능력상실, 자격박탈 등의 경우에도 보호될 수 있도록 미리 계획을 세운다.

⑥ 상담심리사는 상담과 관련된 기록을 보관하고 처리하는 데 있어서 비밀을 보호해야 하며, 이를 타인에게 공개할 때에는 내담자의 직접적 동의가 있을 때에만 가능하다.

⑦ 상담심리사는 다음에 정한 바와 같이 비밀보호의 예외가 존재하는 경우를 제외하고는, 내담자의 서면 동의 없이는 제3의 개인, 단체에게 상담기록을 밝히거나 전달하지 않는다.

(3) 비밀보호의 한계

① 내담자의 생명이나 사회의 안전을 위협하는 경우가 발생한 경우에 한하여 내담자의 동의 없이도 내담자에 대한 정보를 관련 전문인이나 사회에 알릴 수 있다. 이런 경우 상담 시작 전에 이러한 비밀보호의 한계를 알려 준다.

② 내담자가 감염성이 있는 치명적 질병이 있다는 확실한 정보를 가졌을 때, 상담심리사는, 그 질병에 위험한 수준으로 노출되어 있는 제삼자(내담자와 관계 맺고 있는)에게 그러한 정보를 공개할 수 있다. 상담심리사는 제삼자에

게 이러한 정보를 공개하기 전에, 내담자가 자신의 질병에 대해서 그 사람에게 알렸는지, 아니면 조만간에 알릴 의도가 있는지를 확인한다.

③ 법적으로 정보의 공개가 요구될 때에는 비밀보호의 원칙에서 예외이지만, 법원이 내담자의 허락 없이 사적인 정보를 밝힐 것을 요구할 경우, 상담심리사는 내담자와의 관계를 해칠 수 있기 때문에 정보를 요구하지 말 것을 법원에 요청한다.

④ 상황들이 사적인 정보의 공개를 요구할 때 오직 기본적 정보만을 밝힌다. 더 많은 사항을 밝히기 위해서는 사적인 정보의 공개에 앞서 내담자에게 알린다.

⑤ 만약 내담자의 상담이 여러 전문가로 구성된 팀에 의한 지속적 관찰을 포함하고 있다면, 팀의 존재와 구성을 내담자에게 알린다.

⑥ 상담이 시작될 때와 상담과정 중 필요한 때에, 상담심리사는 내담자에게 비밀 보호의 한계를 알리고 비밀보호가 불이행되는 상황에 대해 인식시킨다.

⑦ 비밀보호의 예외 및 한계에 관한 타당성이 의심될 때에 상담심리사는 동료 전문가의 자문을 구한다.

(4) 집단상담과 가족상담

① 집단상담에서 상담심리사는 비밀보호의 중요성을 설명하고, 집단에서의 비밀보호와 관련된 어려움을 토론한다. 집단구성원에게 비밀보호가 완벽하게는 보장될 수 없음을 알린다.

② 가족상담에서 한 가족구성원에 대한 정보는, 허락 없이는 다른 구성원에게 공개될 수 없다. 상담심리사는 각 가족구성원의 사생활에 대한 권리를 보호한다.

③ 자발적 언행이 불가능하거나 미성년인 내담자를 상담할 때, 상담의 과정에서 필요하면, 부모나 보호자가 참여할 수 있음을 알린다. 그러나 상담심리사는 내담자의 이익을 위해 최선을 다한다.

(5) 기타 목적을 위한 내담자 정보의 사용

① 교육이나 연구 또는 출판을 목적으로 상담관계로부터 얻어진 자료를 사용할 때에는 내담자의 동의를 구해야 하며, 각 개인의 익명성이 보장되도록 자료 변형 및 신상정보의 삭제와 같은 적절한 조치를 취하여 내담자의 신상에 피해를 주지 않도록 한다.

② 다른 전문가의 자문을 구할 경우, 상담심리사는 사전에 내담자의 동의를 구해야 하며, 적절한 조치를 통해 내담자의 사생활과 비밀을 보호하도록 노력한다.

(6) 전자정보의 비밀보호

① 컴퓨터를 사용하면 광범위하게 자료를 보관하고 조사·분석할 수 있지만, 정보를 관리하는 데 한계가 있다는 사실을 알아야 한다.

② 내담자의 기록이 전자정보 형태로 보존되어 제삼자가 내담자의 동의 없이 접근할 수 있을 때, 상담심리사는 적절한 방법을 통해 내담자의 신상이 드러나지 않도록 조치를 취한다.

6) 상담연구

(1) 연구계획

① 상담심리사는 윤리적 기준에 따라 과학적 방법으로 연구를 계획하고 수행한다.

② 상담심리사는 연구가 잘못될 가능성을 최소화하도록 연구를 계획한다.

③ 연구를 계획할 때, 상담심리사는 윤리강령에 따라 하자가 없도록 한다. 만약 윤리적 쟁점이 명확하지 않다면, 상담심리사는 윤리위원회나 동료의 자문 등을 통해 쟁점을 해결한다.

④ 상담심리사는 최선을 다해 연구대상자의 권리와 복지를 보호하기 위한 적절한 조치를 취해야 한다.

⑤ 상담심리사는 국가의 법과 기준 및 전문적 기준을 준수하는 태도로 연구를 수행한다.

(2) 책 임

① 상담심리사는 연구가 진행되는 동안 연구대상자의 복지에 대한 책임이 있으며, 연구대상자를 심리적·신체적·사회적 불편이나 위험으로부터 보호해야 한다.

② 상담심리사는 자기 자신 혹은 자기 감독하에 수행된 연구의 윤리적 행위에 대해서 책임이 있다.

③ 연구자와 연구 보조자는, 훈련받고 준비된 과제만을 수행해야 한다.

④ 연구를 수행하는 데 있어서, 필요에 따라 숙련된 연구자의 자문을 구한다.

(3) 연구대상자의 참여 및 동의

① 연구에의 참여는 자발적이어야 한다. 비자발적 참여는 그것이 연구대상자에게 전혀 해로운 영향을 끼치지 않거나, 관찰연구가 필요한 경우에만 가능하다.

② 상담심리사는 연구대상자를 구하기 위하여 부적절한 유인가를 제공하지 말아야 한다.

③ 상담심리사는 연구대상자가 이해할 수 있는 언어를 사용하여 연구의 목적, 절차 및 기대되는 효과를 설명한 후에 연구동의를 받아야 한다.

④ 상담심리사는 모든 형태의 촬영이나 녹음에 대해서 사전에 연구대상자의 동의를 받아야 한다.

⑤ 상담심리사는 정보를 숨기거나 사실과 다르게 알리는 것이 연구와 관찰에 필요한 경우를 제외하고는, 모든 연구대상자에게 연구의 목적 및 특성에

대해 사실대로 알려야 한다. 연구의 특성상 사실과 다르게 보고한 경우에는 연구가 끝난 뒤 가능한 한 빨리 사실 그대로를 알려 주어야 한다.

⑥ 상담심리사는 연구대상자의 참여에 영향을 줄 수 있는 물리적 위험, 불편함, 불쾌한 정서적 경험 등에 관하여 반드시 사전에 알려주어야 한다.

(4) 연구결과 및 보고

① 상담심리사는 연구대상자의 요구가 있을 경우, 연구대상자에게 연구의 결과나 결론 등을 제공한다.

② 상담심리사는 연구 결과를 출판할 경우에 자료를 위조하거나 결과를 왜곡해서는 안 된다.

③ 출판된 자신의 자료에서 중대한 오류가 발견된 경우, 상담심리사는 그러한 오류에 대해 수정, 철회, 정정하여야 한다.

④ 상담심리사는 타 연구의 결과나 자료의 일부, 혹은 기본적 내용에 대해서 아무리 자주 인용된다 할지라도 자신의 것으로 보고해서는 안 된다.

⑤ 상담심리사는 자신이 수행한 연구 및 기여한 연구에 대해서만 책임과 공로를 갖는다. 연구에 많은 공헌을 한 자는 공동연구자로 하거나, 공인을 해 주거나, 각주를 통해 밝히거나, 혹은 다른 적절한 수단을 통하여 그 공헌에 맞게 인정해 주어야 한다.

⑥ 전문적이고 과학적인 가치가 있는 것으로 판명된 연구결과는 다른 상담심리사들과 상호 교환해야 하며, 연구결과가 연구소의 프로그램, 상담활동, 기존 관심과 일치하지 않는다는 이유로 철회되어서는 안 된다.

⑦ 상담심리사는 자신의 연구를 제삼자가 반복하고자 하고, 그만한 자격이 있으면, 연구자료를 충분히 이용하도록 할 의무가 있다. 단 연구대상자의 정보를 보호해야 한다.

⑧ 상담심리사는 이미 다른 논문이나 출판물에 전체 혹은 일부분이 수록된 원고를 전 출판사의 승인이나 인가 없이 이중 발표하지 않는다.

7) 심리검사

(1) 기본사항

① 교육 및 심리 평가의 주된 목적은, 객관적이면서 해석이 용이한 평가도구를 제공하는 데 있다.

② 상담심리사는 교육 및 심리평가방법을 활용하여, 내담자의 복리와 이익을 추구하여야 한다.

③ 상담심리사는 평가결과와 해석을 오용해서는 안 되고, 다른 사람들이 평가도구를 개발하고, 출판 또는 사용함에 있어서 정보를 오용하지 않도록 적절한 조치를 한다.

④ 상담심리사는 검사결과에 따른 상담심리사의 해석 및 권유의 근거에 대한 내담자의 알 권리를 존중한다.

⑤ 상담심리사는 규정된 전문적 관계 안에서만 평가, 진단, 서비스, 혹은 개입을 한다.

⑥ 상담심리사의 평가, 추천, 보고, 그리고 심리적 진단이나 평가 진술은 적절한 증거 제공이 가능한 정보와 기술에 바탕을 둔다.

(2) 검사를 사용하고 해석하는 능력

① 상담심리사는 자신의 능력의 한계를 알고, 훈련받은 검사와 평가만을 수행해야 한다. 또한 상담심리사는 지도감독자로부터, 적합한 심리검사도구를 제대로 이용하는지의 여부를 평가받아야 한다.

② 컴퓨터를 이용한 검사를 활용하는 상담심리사는 원 평가도구에 대해 훈련받아야 한다.

③ 수기로 하든지, 컴퓨터를 사용하든지, 상담심리사는 평가도구의 채점, 해석과 사용, 응용에 대한 책임이 있다.

④ 상담심리사는 타당도와 신뢰도, 검사에 대한 연구 및 검사지의 개발과 사

용에 관한 지침 등 교육·심리적 측정에 대해 철저하게 이해하고 있어야 한다.

⑤ 상담심리사는 평가도구나 방법에 대해 언급할 때, 정확한 정보를 제공하고 오해가 없도록 해야 한다. 지능지수나 점수 등이 근거 없는 의미를 내포하지 않도록 특별한 노력을 기울여야 한다.

⑥ 상담심리사는 심리평가를 무자격자에게 맡겨서는 안 된다.

(3) 사전 동의

① 평가 전에 내담자의 동의를 미리 얻지 않았다면, 상담심리사는 그 평가의 특성과 목적, 그리고 결과의 구체적 사용에 대해 내담자가 이해할 수 있는 말로 설명해야 한다. 채점이나 해석이 상담심리사나 보조원에 의해서 되든, 아니면 컴퓨터나 기타 외부 서비스 기관에 의해서 이루어지든지, 상담심리사는 내담자에게 적절한 설명을 하도록 조치를 취해야 한다.

② 내담자의 복지, 이해능력, 그리고 사전 동의에 따라 검사 결과의 수령인을 결정짓는다. 상담심리사는 어떤 개인 혹은 집단 검사결과를 제공할 때 정확하고 적절한 해석을 함께 제공하여야 한다.

(4) 유능한 전문가에게 정보 공개하기

① 상담심리사는 검사결과나 해석을 포함한 평가결과를 오용해서는 안 되며, 다른 사람들의 오용을 막기 위한 적절한 조치를 취한다.

② 상담심리사는 특별한 경우를 제외하고는, 내담자나 내담자가 위임한 법적 대리인의 동의가 있을 경우에만 그 내담자의 신분이 드러날 만한 자료(예를 들면 계약서, 상담이나 인터뷰 기록, 혹은 설문지)를 공개한다. 그와 같은 자료는 그 자료를 해석할 만한 능력이 있다고 상담심리사가 인정하는 전문가에게만 공개되어야 한다.

(5) 검사의 선택

① 상담심리사는 심리검사를 선택할 때 타당도, 신뢰도, 검사의 적절성, 제한점 등을 신중히 고려한다.

② 상담심리사는 다문화집단을 위한 검사를 선택할 때, 사회화된 행동과 인지양식을 고려하지 않은 부적절한 검사를 피할 수 있도록 주의한다.

(6) 검사시행의 조건

① 상담심리사는 표준화된 조건과 동일한 조건에서 검사를 시행한다. 검사가 표준화된 조건에서 시행되지 않거나, 검사시간에 비정상적 행동이 발생할 경우, 그러한 내용을 기록해야 하고, 그 검사결과는 무효 처리하거나 타당성을 의심할 수 있다.

② 상담심리사는 컴퓨터나 다른 전자식 방법을 사용하였을 때, 시행 프로그램이 내담자에게 정확한 결과를 적절히 제공하도록 보장할 책임이 있다.

③ 인사, 생활지도, 상담활동에 주로 활용되는 검사결과가 유의미하기 위해서는 검사내용에 대한 선수지도나 내용을 언급하면 안 된다. 그러므로 검사지를 안전하게 보호하는 것도 상담심리사의 책임이다.

(7) 검사 점수화와 해석, 진단

① 상담심리사는 검사시행과 해석에 있어서 나이, 인종, 문화, 장애, 민족, 성, 종교, 성적 기호, 그리고 사회경제적 지위의 영향을 고려하고, 다른 관련 요인과 통합 비교하여 검사결과를 해석한다.

② 상담심리사는 기술적 자료가 불충분한 평가도구의 경우 그 결과를 해석할 때 신중해야 한다. 그러한 도구를 사용하는 특정한 목적을 내담자에게 명백히 알려 주어야 한다.

③ 정신장애를 진단하기 위해서 상담심리사는 특별한 관심을 가져야 한다.

내담자에 대한 치료장소, 치료유형, 또는 후속조치를 결정하기 위한 개인 면담 및 평가방법을 주의 깊게 선택하고 사용한다.

④ 상담심리사는 내담자의 문제를 정의할 때, 내담자가 속한 문화의 영향을 받는다는 것을 인지한다. 내담자의 정신장애를 진단할 때 사회·경제적 및 문화적 경험을 고려해야 한다.

(8) 검사의 안전성

① 상담심리사는 공인된 검사 또는 일부를 발행자의 허가 없이 사용, 재발행, 수정하지 않는다.

② 상담심리사는 시대에 뒤진 자료나 검사결과를 사용하지 않는다. 다른 사람이 쓸모없는 측정이나 검사 자료를 사용하지 않도록 상담심리사는 도와준다.

8) 윤리문제해결

(1) 윤리위원회와 협력

① 상담심리사는 본 윤리강령 및 적용 가능한 타 윤리강령을 숙지해야 할 의무가 있다. 윤리적 기준에 대해 모르고 있거나, 잘못 이해하고 있다는 사실이 비윤리적 행위에 대한 근거가 되지는 못한다.

② 상담심리사는 윤리강령의 시행과정을 돕는다. 상담심리사는 윤리강령을 위반한 것으로 지목되는 사람에 대해 윤리위원회의 조사, 요청, 소송절차에 협력한다.

(2) 위 반

① 상담심리사가 윤리적으로 행동하는지에 대한 의구심을 유발하는 근거가 있을 때, 윤리위원회는 적절한 조치를 취할 수 있다.

② 특정 상황이나 조치가 윤리강령에 위반되는지 불분명할 경우, 상담심리사는 윤리강령에 대해 지식이 있는 다른 상담심리사, 해당 권위자 및 윤리위원회의 자문을 구한다.

③ 소속 기관 및 단체와 본 윤리강령 간에 갈등이 있을 경우, 상담심리사는 갈등의 본질을 명확히 하고, 소속 기관 및 단체에 윤리강령을 알려서 이를 준수하는 방향으로 해결책을 찾도록 한다.

④ 다른 상담심리사의 윤리 위반에 대해 비공식적 해결이 가장 적절한 개입으로 여겨질 경우에는, 당사자에게 보고하여 해결하려는 시도를 한다.

⑤ 명백한 윤리강령 위반이 비공식적 방법으로 해결되지 않거나, 그 방법이 부적절하다면 윤리위원회에 위임한다.

생각나무 **사람은 왜 자기를 미워하는 자를 미워할까요?**

사람이 미운 것처럼 괴로운 일도 없다. 자제하기가 어렵고 그 내면에는 파괴력이 잠재되어 있는 것이 미움이다. 필자가 가르치는 대학생에게 '미운 사람의 특징'을 말하게 했더니 잘난 체하는 사람을 가장 많이 거론했다. 그러나 토론과정에서 '자기를 미워하는 사람'은 어떻게 생각하느냐고 묻자, 그런 사람은 논의할 필요조차도 없이 밉다고 하였다.

사람들은 자기를 미워하는 사람을 가장 미워하는 것이다. 자신의 결점을 솔직하게 지적해 달라고 부탁한 사람조차도 결점만을 얘기해 주면 내심 괘씸하게 생각하는 것이 사람의 심리이다.

'미운 강아지 보리멍석에 똥 싼다'는 속담이 있다. 미운 사람은 미운 짓만 골라 한다는 얘기다. 어떤 연유로 사람을 미워하든지 일단 사람이 싫어지면 그 사람이 하는 짓은 죄다 밉게 보인다.

여러분도 자기를 미워하는 자를 미워하나요?

-이민규의 『생각을 바꾸면 세상이 달라진다』 중에서-

03 CHAPTER 정신분석 상담이론

정신분석 상담이론은 프로이트(Freud)에 의해 창시되었다. 정신분석적 상담이론은 내담자가 겪는 심리적 문제의 의미와 원인을 보다 근본적이고도 심층적으로 이해할 수 있다는 점에서 다른 이론보다 선호된다. 심리적 문제를 이해하고 해결하는 데 있어서 출생에서 현재에 이르기까지 내담자가 걸어온 거의 모든 삶의 과정을 고려하기 때문이다.

이런 점에서 정신분석 상담이론을 '뿌리 치료'라고 부르기도 한다(이장호 외, 2005). 겉으로 드러난 누렇게 뜬 잎사귀보다는 그러한 불량한 잎사귀를 만들어 낸 뿌리의 문제에 관심을 가지는 것, 즉 외현적인 심리적 문제보다는 그러한 문제를 낳은 근본원인을 찾아서 해소하는 것이 정신분석 상담의 목표이다.

이러한 특징 때문에 정신분석 상담은 장기적으로 진행되는 경향이 있다. 삶의 뿌리를 찾고 그것을 치유하는 데에는 그만큼의 노력과 시간이 뒤따라야 하기 때문이다(김충기·강봉규, 2001). 하지만 이러한 장기간의 투자를 통해 얻게 되는 성과는 크다. 그것은 바로 삶의 방식에서의 근본적 변화다. 자신이 어떠한 삶을 살아 왔는지, 그것이 현재의 모습에 어떤 방식으로 영향을 미치게 되었는지를 깊고도 철저하게 이해하는 것, 그리고 보다 성숙하게 살 수 있도록 자신의 성격을 근본적으로 변화시키는 것이 정신분석 상담론을 통해 얻게 되는 열매이다(이장호, 1995).

01 정신분석 상담의 특징

1) 유소년기의 경험이 성격을 형성(과거지향)

인간이 겉으로 드러난 감정과 행동, 그리고 생각들은 어떤 원인에 의해 미리 결정된 것이다. 프로이트에 따르면 아무런 원인도 없는, 즉 저절로 발생하는 현상이란 없다. 그 어떤 힘, 곧 원인이 작용했기 때문에 사람들은 기쁘고 슬프며, 괴롭고 분노하게 되는 것이다.

다른 상담이론(예: 행동치료이론)에서는 사람들의 희로애락(喜怒哀樂)을 결정하는 것은 사람 외부의 환경적 조건이라고 주장한다. 하지만 프로이트는 이와 정반대의 입장을 유지하여 왔다. 사람들의 일거수일투족을 결정하는 것은 외적인 환경적 조건이 아니라 내적인 그 무엇이라고 하였다(이장호, 1995). 즉 사람들을 웃게도 하고, 울게도 만드는 것은 사람들 마음속에 존재하는 정신적 과정인 것이다.

이를 정신적 결정론(psychic determinism)이라고 하는데, 정신적 결정론은 거의 대부분이 유소년기의 성장과정에 기인하여 정신적 원인으로 작용한다는 것이다. 따라서 상담자는 정신적 작용의 근본원인이 되는 그 무엇을 발견하려는 '분석적 태도'를 갖게 된다(권석만, 2003). 분석적 태도라 함은 내담자의 외적 행동의 이면에 있는 무의식적인 정신적 원인을 찾고 이해하려는 상담자의 태도를 말한다.

2) 무의식이 모든 행동의 원동력(무의식지향)

우리는 종종 '빙산의 일각(一角)에 불과하다.'란 말을 사용한다. 바다에 떠 있는 빙산은 극히 일부분만 겉으로 드러나 있다. 밖에서 보기엔 그것이 전부인 것 같지만, 실제로는 빙산의 거의 대부분은 수면 밑에 가라앉아 있다. 우리의 눈에는 밖으로 드러난 것만 보이고 속에 숨겨진 것은, '마치 그것이 존재하지도 않는 것처럼' 보이지도 않고 알지도 못한다. 프로이트는 인간도 그러하다고 생각하였다. 마음에 담겨져 있는 것 중 사람이 이미 알고 있는 것은 의식이라 하고, 존재하지만 자각하지 못하고 있는 것을 무의식이라 한다(이장호 외, 2005).

정신분석이론에 따르면, 인간은 무의식의 존재이다. 사람들은 자신에 대하여 극히 일부분만을 깨닫고 있을 따름이며, 깨어 있는 의식은 무의식의 지배를 받는다. 사람들이 겪는 심리적 문제는 무의식이 작용한 결과다. 무의식의 저장고에 고이 있어야 할 고통스러운 기억이 마음의 방어력이 약해진 틈을 타고 의식 상태로 올라오려 하는 과정에서 심리적 증상이 형성된다. 이런 의미에서 심리적 증상은 무의식활동의 결과다. 정신분석은 무의식에 대한 건강한 깨달음을 추구한다. 더 이상 무의식에 지배당하지 않고 우리의 마음이 견딜 수 있는 한도 내에서 조금씩, 그러나 꾸준히 무의식에 접근해 나가는 것이 곧 정신분석이다.

그러므로 정신분석 상담은 유・소년기의 체험에서 무의식 층에 억압되어 있는 것을 상기(기억의 재생)시켜 늦게라도 그 체험을 극복하는 것, 즉 '무의식의 의식화'(자유연상, 꿈의 해석, 실언, 잠꼬대)를 중요시한다.

02 정신분석 상담의 인간관

인간행동을 내부에서 충동시키는 원동력이 선천적으로 있다. 프로이트는 이를 본능이라고 하였다. 바람이 불면 갈대가 흔들린다. 그리고 바람이 멈추면 갈대의 흔들림 역시 멈춘다. 빛이 비치면 어둠이 사라지지만 빛이 사라지면 세상은 온통 칠흑 같은 어둠에 묻힌다. 즉 사람의 감정과 행동 역시도 아무런 이유 없이 나타나는 것이 아니라 어떤 원인이 작용했기 때문에 나타난 결과다. 원인이 존재하는 한 결과는 계속 유지되며, 그 원인이 사라지게 될 때에야 비로소 결과도 사라지게 된다.

본능은 내부에서 충동시키는 그 어떤 요인을 갖는다. 본능을 움직이는 에너지를 리비도(libido)라고 하는데, 여기에는 사(死) 본능과 생(生) 본능으로 구분된다. 어떤 본능을 유지하느냐에 따라 인간은 다른 행동과 감정을 갖게 된다(김희수 외, 2008).

본 능

① 생 본능(자기보존 본능-생식 본능): 리비도(life energy, sexual energy)
② 사 본능(자·타 파괴 본능): 자살원망, 타살원망, 후회, 자기비난, 분석욕망, 공격성, 잔인성 등

인생은 본능(생/사)을 표면에 내놓고 해소해 가는 과정이다. 이 본능충족의 원리가 쾌락의 원리(primary/pleasure principle)이고, 이 본능충족의 소원을 억제함이 현실의 원리(secondary/reality principle)이다. 그러므로 정신분석학의 인간관은 기본적으로 생물주의적 인간관이면서도 후천적 환경의 작용(교육, 학습)을 중시한다. 이를테면,

① 유년기의 경험에 의해 인생이 결정된다(인과론 = determinism).
② 실존주의적 접근과 대조된다(정신분석학이 결정론 및 인과론을 주장하나 숙명론은 아니다. 즉 과거의 영향하에서 해방되는 것을 강조).
③ 과거의 영향하에서 벗어나는 방법을 '무의식의 의식화'라고 본다.

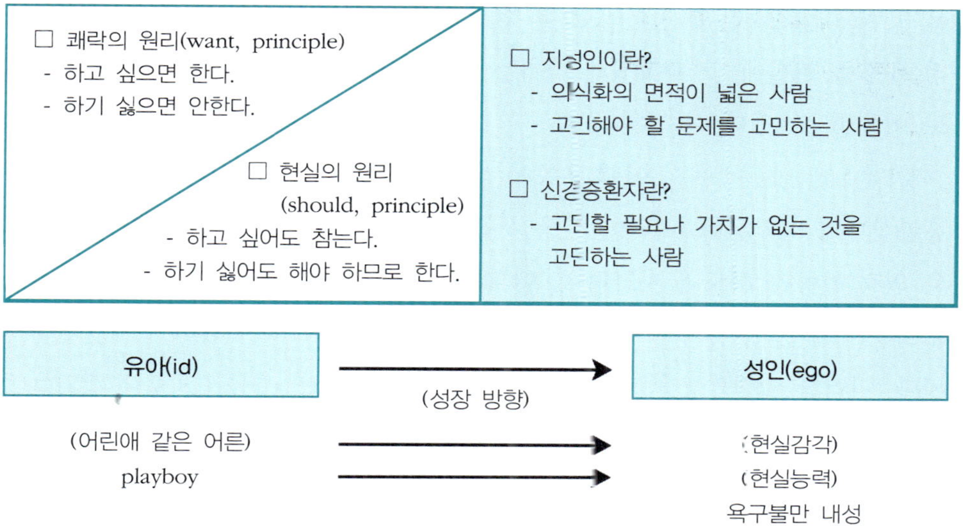

[그림 3-1] 정신분석학적 인간관의 개념

03 정신분석 성격이론

프로이트는 추동(drive)이란 인간으로 하여금 행위를 하게 만드는 정신적 힘으로 봤다. 이는 물리적 세계에 존재하는 에너지와 비슷한 개념으로 우리의 마음이 어떤 정신작용을 하게 되는 데는 이러한 정신적 힘이 존재하기 때문이다. 프로이트는 정신적인 힘, 즉 인간의 기본적 추동을 두 가지로 보았다. 하나는 성적 추동인 리비도(libido)이다. 다른 하나는 공격적 혹은 파괴적 추동인 타나토스(thanatos)이다.

프로이트는 인간의 모든 정신적 행위에는 언제나 두 가지 추동이 연관되어 있다고 보았다. 한편으로는 성적 쾌감을 얻고자 하고 다른 한편으로는 타인을 공격하고 파괴하고자 하는 것이 인간을 움직이게 하는 가장 중요한 원동력이라고 간주하였다. 인간의 발달은 이러한 본능적 추동을 현실에 맞게 조정해 나가는 방법을 체득하는 과정이라고 할 수 있다. 또한 심리적 증상들은 이러한 본능적 욕구를 현실에 맞게 조정해 나가는 데 있어서의 어떤 실패를 반영하는 것으로 이해할 수 있다.

일단 우리 마음속에서 어떤 추동이 발하면, 연이어 긴장이라는 일종의 정신적 흥분상태가 야기된다. 이러한 긴장이나 흥분은 사람으로 하여금 어떤 정신적 혹은 외적 활동을 하도록 자극하며, 이 같은 활동은 이전에 발생했던 긴장이나 흥분을 가라앉힌다. 결과적으로 사람은 쾌락 혹은 만족이라는 심리적 체험을 하게 된다. 이러한 일련의 연쇄과정은 추동이 발하기만 하면 자동적으로 진행되는 정신과정이다.

만일 어떤 활동이 긴장이나 흥분을 해소하는 데 충분하거나 적절하지 않다면, 내적 긴장은 계속 높아지게 되어 나중에는 훨씬 더 강력하거나 극단적인 활동을 통해서야 긴장을 해소하게 된다. 그리고 이는 대개의 경우 일탈적인 것이 되기 쉽다. 프로이트의 이론을 긴장감소이론이라고 부르는 이유는 추동의 작용으로 인해 초래된 긴장을 감소시키는 것이 정신활동의 본질적 측면이라는 점 때문이다.

성격의 변화과정

① 성격은 어떻게 만들어지는가?(리비도의 발달적 입장-성격의 발달과정)
② 성격은 어떻게 작동하고 있는가?(역동적 입장-방어기제)
③ 성격은 어떻게 구성되어 있는가?(국소적 입장-성격구조론)
④ 성격의 문제 증상은 어디서 오는가?(complex론)

정신분석 상담에서 강조되는 성격형성, 작동기제, 성격 구성요소, 성격의 증상에 대하여 살펴본다.

1) 성격의 발달과정

성격의 발달과정에 관한 프로이트의 이론을 심리성적 발달이론이라고 부른다. 이 이론은 성적 욕구가 우리 신체의 어느 부위에 집중되는지에 초점을 맞춰 성격의 발달과정을 설명하고 있다. 프로이트는 각 연령대에 따라 성적 에너지가 집중되는 신체 부위가 다르다는 점에 주목하여 성격의 발달을 다섯 단계로 나누어 설명하였다. 이 단계 중 처음 세 단계에서 어떤 경험을 하느냐에 따라 이후의 성격 발달은 큰 영향을 받게 된다. 정신분석이론에서 한 인간의 현재 모습을 이해하는 데 과거의 삶, 특히 초기 발달과정을 중요시하는 이유가 바로 여기에 있다.

심리성적 성격 발달과 관련해서는 고착과 퇴행이라는 두 가지 용어를 이해할 필요가 있다. 고착이란 특정 발달단계에서 성적 욕구가 과대 충족되거나 과소 충족될 때 그 단계의 잔존물들이 정신적 에너지의 상당 부분을 점유하게 되어 일종의 발달 정지가 일어나는 현상을 말한다. 퇴행이란 말 그대로 이전의 발달단계로 후퇴하는 현상인데, 대개 퇴행의 종착지는 이전에 고착이 형성되었던 발달단계다(이장호 외, 2005).

(1) 구강기

생후 12~18개월에 이르기까지 성적 에너지가 주로 유아의 구강 부위(예: 입술, 혀, 후두 등)에 집중되는 시기를 구강기라고 한다. 이 시기의 유아는 구강 부위를 통한 활동, 즉 빨거나 핥거나 마시거나 물거나 하는 등의 행위를 통해 쾌감을 경험한다(김충기 · 강봉규, 2001). 구강 부위를 통한 성적 욕구의 충족이 심하게 좌절되거나 반대로 지나치게 충족되면 구강기에 고착된 성격이 형성되는데, 이를 구강적 성격이라고 부른다. 구강적 성격은 과도한 의존성, 지나친 낙관주의/비관주의, 탐욕 등의 특징을 지닌다. 예컨대 응석받이, 술꾼, 만성애정기근, 부정적 사고 등이 나타날 수 있다.

(2) 항문기

구강기 이후 만 3세 전후의 기간을 항문기라고 하는데, 이 시기는 성적 욕구가 주로 항문 부위에 집중된다. 유아는 항문이나 대변을 만지거나, 냄새를 맡거나, 변을 참거나 배설하는 등의 행위를 통해 쾌감을 경험한다. 이 시기의 가장 큰 특징은 배변훈련이 행해진다는 것이다. 배변훈련을 통해 유아는 언제 어떤 상황에서 어떤 행동을 해도 되는지, 어떤 행동은 하면 안 되는지에 관해 부모가 제시하는 규칙을 학습한다. 이를 통해 세상을 살아 나가는 데 옳고 그른 것, 바람직하고 바람직하지 않은 것이 무엇인지를 하나씩 알게 된다.

이런 점에서 이 시기는 유아가 도덕적 규범을 확립해 나가는 데 있어서 출발점이 된다. 그러나 이 시기의 도덕성은 외부에서 제시되는 규칙을 수동적으로 따르는 것일 뿐 유아가 능동적으로 도덕적 판단을 하거나 도덕규범을 내면화하지는 못한다.

배변훈련이 지나치게 엄격하면 유아는 규칙과 규범에 지나치게 얽매이게 되어 독립성과 자율성은 크게 상처를 받게 된다. 이 경우 질서 제일주의, 지나친 인색함, 옹고집 등 배변을 참음으로써 주변을 어지럽히지 않으려는 유아의 노력을 반영하는 성격 특성을 발달시키게 된다. 일반적으로 강박적 성격이 이와 관련된 것으로 알려져 있다. 반대로 배변훈련이 지나치게 허술하게 진행되면 규칙이나 규범을 개의치 않는 등의 안하무인격인 특징을 발달시키게 된다.

(3) 남근기

남근기는 항문기 이후 만 5세 전후의 시기로서 주로 아동의 성적 쾌감이 성기 부위에 집중된다. 이 시기의 가장 큰 특징으로 아동이 부모와 형성하게 되는 외디푸스 삼각관계(Oedipal triangle)를 들 수 있다. 아동은 부모에 대해서는 연애적 감정과 행동을 동성의 부모에 대해서는 적대적 감정과 행동을 나타낸다. 이성 부모와는 성적 결합을 원하고 동성 부모는 죽거나 없어져 주기를 소망하는 것이 그 예이다. 이러한 감정과 행동이 지니는 부적절성에 대하여 강력한 제재를 받는다. 이러한 제재는 남아의 경우 거세 위협을 통해 전달되는데, 남아에게 인내할 수 없는 공포감인 거세 불안 혹은 거세 공포를 불러일으키는 것으로 알려져 있다.

거세 위협에 직면한 남아는 자신보다 우월한 위치에 있는 동성 부모의 특징을 본받음으로써 한편으로는 부모의 사랑과 승인을 계속 유지하고, 다른 한편으로는 열등한 자신을 보상하려 한다. 이러한 동일시 과정을 통해 아동은 부모의 가치, 규범, 도덕 등을 내면화하게 되는데, 이는 아동의 초자아 발달에 결정적으로 중요한 것이다.

남근기에 나타나는 이러한 과정은 외디푸스 콤플렉스(Oedipus complex), 여아의 경우는 엘렉트라 콤플렉스(Electra complex)라 일컫는다. 이를 통해 아동은 자신의 본능적 욕구를 아무런 거리낌 없이 현실 속에서 표출하고 실현하려 할 때 현실에서 어떤 제재를 받게 되는지를 경험한다. 그리고 그러한 본능적 욕구를 포기 또는 억제할 때 비로소 주변 인물과 공존할 수 있고, 현실적 또는 문명적 인간으로 온전히 살아갈 수 있다는 귀중한 교훈을 체험하게 된다.

- 남근선망(penis envy): 힘의 상징인 남근선망(남자다움)에 대해 여자에게는 아기를 낳을 수 있는 능력이 있음을 각성시켜(여자다움)야 한다.
- 외디푸스 콤플렉스(Oedipus complex): 남아는 어머니에 대한 애정에서 부성 섭취(어머니와 같은 아내를 얻기 위해 아버지와 같이 되어야겠다)로 발달한다.
- 엘렉트라 콤플렉스(Electra complex): 여아는 아버지에 대한 애정에서 모성 섭취(아버지와 같은 남편을 얻기 위해 어머니같이 되어야겠다)로 발달한다.

(4) 잠복기

이 시기는 남근기 이후 11~13세 전후의 시기로서 말 그대로 성적 욕구가 집중되는 특정한 신체 부위가 존재하지 않는다. 이 시기는 아동의 성적 활동이 비활성화되어 잠복되며, 성적 욕구는 사회적으로 용납되는 방식으로 전치되어 나타난다. 대부분의 사회에서 이 시기는 아동에게 문화적 · 사회적 지식과 가치를 교육하는 시기와 맞물려 있으며, 이 과정에서 아동의 자아는 한층 더 분화하고 발달하게 된다. 이를 통해 아동은 내적인 본능적 욕구를 외적인 현실에 맞춰 조율하는 방법, 예컨대 본능적 욕구를 억압하거나, 본능적 욕구의 충족을 지연하거나, 사회적으로 용인할 수 있는 다른 방식으로 전치하는 것 등을 하나씩 체득해 나간다.

잠복기는 사회화의 시기로 사회의 법칙(rules)을 학습하면서 본능적 충동을 억제 · 억압하는 시기이다. 좋은 아이(모범생)로 인정받기 위해 쾌락의 원리를 잠재시키고 현실의 원리를 따르는 시기이다. 그러므로 억압된 욕구를 사회적으로 승인된 방법을 통해 발산시킬 필요가 있다(예: 사람 구타 욕구가 있는 아이가 검도[스포츠, 극기 훈련 등]를 통해 승화).

(5) 성기기

이 시기는 심리성적 발달의 마지막 단계로서 남근기와 마찬가지로 성적 관심은 성기에 집중되지만, 그 의미는 크게 다르다. 사춘기를 겪으면서 청소년은 성적 극치감을 느낄 수 있는 신체적 능력을 완전히 발달시키게 된다. 그리고 성적 만족의 추구는 더 이상 자기 내부에서만 이루어지지 않고 타인, 즉 이성을 통해 이루어지게 된다. 부모 이외의 이성에 대해 매력을 느끼며, 입맞춤, 포옹 등의 성적 행위를 통해 성기기 이전부터 있었던 성적 욕구와 충동을 비교적 사회화된 형태로 만족시킨다.

이런 점에서 이 시기는 남근기 때의 성적 욕구의 자기만족 방식인 자기성애(autoerotism)를 추구하는데, 이때는 성기에 대한 스스로의 자극을 통해 흥분과 만족을 얻는 것이 한 예이다. 그러나 이 시기에는 자기성애보다 타인과의 관계 속에서 성적 만족을 추구하는 방향으로 발달해 나간다는 점에서 남근기와 다르다. 이를 통해 타인과 진실한 친밀감과 사랑을 경험할 수 있는 열린 존재로 성장해 나갈 수 있다.

성기기는 부모에게 거리낌이나 죄책감이 없이 이성과 감정교류를 할 수 있는 시기로서 미해결 문제를 뒤로 미루거나 도피하지 않고 불안 없이 교류, 직면할 수 있는 성격의 형성기이다.

2) 역동적 입장

인간이 자아와 원초아, 그리고 초자아 간에 서토 조화를 이루지 못할 때에 심리적 증상이 나타난다. 이때 중요한 것은 자아의 역할이다. 성격구조 간의 갈등을 중재하고 조정하는 역할을 수행할 수 있는 것은 자아뿐이다. 자아가 이런 역할을 제대로 할 수 있다면 아무런 문제도 생기지 않는다. 그러나 자아의 힘이 약해진다면 심리적 문제를 경험하게 된다.

자아는 정신적 갈등에 대처하기 위하여 방어기저를 사용한다. 방어기제(적응기제)란 원초적 욕구와 초자아의 명령을 나름대로 다루기 위해 사용되는 수단인 셈이다. 방어의 목적은 무의식적 욕구나 추동이 의식적 현실 속에 분출하지 못하도록 제어하는 것이다. 자아가 이런 역할을 제대로 수행하지 못하는 한 인간은 현실에 적응하기 어렵다. 왜냐하면 원초아 본능들이 현실을 전혀 고려하지 않고 행동으로 옮겨지기 때문이다.

예컨대, 사람들이 아무런 제재나 여과 없이 원초적 충동들을 마구 분출한다면 사회가 어떻게 되겠는가? 그러므로 자아는 이 같은 상태를 방지하기 위하여 원초적 본능들을 나름대로 현실에 맞게 수정하거나, 충족을 지연하거나, 다른 것으로 대치하는 방법을 사용한다.

자아방어를 함에 있어서 불건전한 성격으로는
첫째, 불필요한 방어를 하는 사람
둘째, 방어할 필요가 없는데 방어하는 사람
셋째, 필요 이상으로 방어를 하는 사람이다.

3) 방어기제

① **억압**(repression): 의식하기에는 현상이 너무나 고통스럽고 충격적이어서, 무의식 속으로 억눌러 버리는 것을 말한다. 억압은 다른 방어기제나 신경증적 증상의 기초가 된다. 반면 의식적으로 생각과 느낌을 눌러 버리는 것은 억제(suppression)이다.

② **부인**(denial): 고통스러운 현실을 인정하지 않는 것을 말한다. 사랑하는 사람의 죽음이나 배신을 인정하려 들지 않고 사실이 아닌 것으로 여기는 것이 그 예이다.

③ **투사**(project): 자신의 심리적 속성이 타인에게 있는 것처럼 생각하고 행동하는 것이다. 자기가 화가 나 있는 것은 생각 못하고 상대방이 자기에게 화를 냈다고 생각하는 것이 그 예이다.

④ **고착**(fixation): 다음 단계로 나아가는 것이 불안해서, 현 단계에 그냥 머물러 버리는 것을 말한다. 어른다운 행동과 사고를 해야 할 대학생이 되었는데도 고등학교 수준의 행동 및 사고방식에 머물러 있는 것도 그 예이다.

⑤ **퇴행**(regression): 비교적 단순한 초기의 발달단계로 후퇴하는 행동이다. 동생을 본 아동이 나이에 어울리지 않게 응석을 부리는 것도 한 예이다.

⑥ **합리화**(rationalization): 현실에 더 이상 실망을 느끼지 않으려고 그럴 듯한 구실을 붙이는 것을 말한다. 예컨대 먹고는 싶으나 먹을 수 없는 포도를 보면서 "신 포도이기 때문에 안 먹겠다."고 말하는 경우가 그 예이다.

⑦ **반동형성**(reaction formation): 미운 녀석에게 떡 하나 더 준다는 속담처럼 사실과 반대로 행동하는 것이다. 실제로 자기를 학대하는 대상인데도, 그 대상을 좋아하는 것처럼 보이는 행동이 그 예이다.

⑧ **전환**(conversion): 전환에서의 용납되지 않은 충동은 자율신경근육 계통과 감각 계통의 신경 흥분 또는 금지로 전환된다. 따라서 히스테리성 마비, 수축, 무감각증, 눈이 멀거나 귀머거리 등의 증상을 보인다.

⑨ **승화**(sublimation): 현실 원칙이 용인하는 형태로 욕구를 발산하는 것이다. 고급 아파트에 살던 사람이 갑작스러운 경제적 어려움으로 단칸방으로 이사를 하게 되면 처음에는 부적응 반응을 보인다. 그러나 머지않아 현실을 직시하고 차츰 적응력을 키워 나가는 것이 그 예이다.

⑩ **감정전이**(transference): 어느 특정한 개인에게 돌려야 할 감정을 유사한 사람에게 돌려 발산하는 것이다. 서대문에서 뺨 맞고 동대문에서 화풀이하는 것이 그 예이다.

⑪ **치환**(displacement): 어떤 대상이 싫어지면 그와 관련된 모든 것이 싫어진다는 것이다. 며느리가 미우면 손자까지 밉다거나 수학 선생님이 미워지면 수학 과목도 싫어진다는 것이 그 예이다.

⑫ **도피**(escape): 현실이 괴로워서 다른 것에 에너지를 쏟는 것이다. 학교에서 집단따돌림을 당한 학생이 학교에 등교하는 것을 거부하고, 가정에 머물며 기타만 연주하는 것이 그 예이다.

⑬ **보상**(compensation)

- 직접보상: 결혼해서 미혼의 열등감을 해소한다.
- 간접보상: 전문직에 취직해서 인종 열등감을 해소한다.

⑭ **동일시**(identification): 혼자서 불안하므로 자타일체감을 갖고 싶어 하는 것이다. 마음의 상처가 많은 사람은 상처가 많은 사람을 이해한다는 것이 그 예이다. 유유상종(類類相從)을 의미한다.

⑮ **지성화**(intellectualization): 감정을 생생하게 표출하는 것이 두려울 때 추상화시켜 표현하는 것이다. 가을에 외롭고 쓸쓸한 사람이 떨어지는 낙엽을 보면서 자신을 불사조처럼 생각하는 것이 그 예이다.

4) 성격구조론 – 국소적 입장(topological theory)

정신분석이론에서는 인간의 성격이 원초아(id), 자아(ego), 초자아(super ego)의

세 부분으로 구성된다고 본다. 이러한 견해를 정신분석이론에서는 성격의 삼원구조 이론이라고 부른다. 이 세 가지 성격구조는 서로 추구하는 바가 다르며, 작동원리 또한 차이가 있다. 이 세 가지 성격구조가 어떠한 내용을 포함하고 있고 작동원리는 무엇인지를 살펴본다(김희수 외, 2008).

(1) 원초아

인간의 모든 본능적 욕구와 추동이 자리 잡고 있는 곳으로서 사람이 태어나는 순간부터 존재한다. 먹고, 마시고, 자는 등의 본능들은 모두 원초아에 속한다. 원초아에 자리 잡은 본능적 욕구는 한 가지 독특한 원리에 따라 작동한다. 그것이 바로 쾌락의 원리이다. 예컨대, 식욕, 성욕, 공격욕, 의존욕 등을 들 수 있다.

- 원초아가 너무 왕성하면 정신적 숭고성이 결핍되어 쾌락주의자가 된다.
- 원초아가 너무 부족하면 활기를 잃어버려 자아-초자아 모두 약화된다.

(2) 자 아

자아는 현실체계와 접촉하는 성격의 한 부분이다. 자아의 주된 임무는 원초아에 담긴 내적인 본능적 욕구와 외적인 현실세계를 중재하는 일이다. 우리에게 자아가 없다면 우리는 원초아의 본능에 의해서만 움직이게 된다. 우리는 자아가 있음으로 인해 욕구의 충족을 지연하거나 다른 것으로 대치하는 것이 가능하다. 그러므로 원초아 본능에 따라 움직이려는 인간을 이성을 가진 문명화된 인간으로 만드는 것이 바로 자아이다. 자아는 현실의 원리에 따라 움직인다.

- 과숙하면 버릇없는 자가 된다(약삭빠르고 빈틈없는 자, 교활한 인격, 낭만이 없는 인격 등).
- 원초아가 너무 부족하면 활기를 잃어버려 자아-초자아가 모두 약화된다.
- 미숙하면 소극적인 자, 기가 약한 자, 호인(好人)이 된다.

(3) 초자아

초자아는 자라는 과정에서 부모의 영향을 받은 전통적 가치관과 사회적 규칙, 그리고 도덕과 양심이 자리 잡은 곳이다. 무엇이 옳고 그른지, 어떤 일을 해야 하고 어떤 일은 하지 말아야 하는지 등을 판단하는 것은 모두 초자아의 임무이다. 사람들이 무언가 잘못된 행동을 했을 때 수치와 죄책감을 느끼는 것도 초자아의 활동결과이다. 즉 도덕적 비판(양심), 양육자의 가치관, 문화 등에 의해 형성되는 것으로 당위적인 윤리, 도덕성을 나타낸다.

- 초자아가 지나치면 만성적 자기 징벌 인간이 된다.
- 초자아가 부족하면 철면피 인간(후안무치형)이 되기 쉽다.

그러므로 건전한 성격은 원초아－자아－초자아가 조화를 유지하는 것이 바람직하며, 이는 정신분석 상담의 목표이기도 하다. 이컨대, 건전한 성숙인은

첫째, 적당한 멋(풍치)과 식욕이 있고(원초아)

둘째, 적당할 정도로 빈틈없이 행동하고(자아)

셋째, 적당한 정도로 정신적 숭고성을 소유한 자(초자아)이다.

5) 편벽론

인간은 누구에게나 보편적으로 있는 것으로서 이를 깨닫고 의식수준에서 통제하는 것이 중요하다.

(1) Oedipus 콤플렉스

이성 부모에게 애착을 갖는 심리로 고부간의 마찰은 남편의 외디푸스 콤플렉스에 의한 경우가 있다.

(2) Cain 콤플렉스

부모의 사랑에서 소외된 자가 다른 형제에 대해 갖는 적개심, 열등감, 경쟁심 등이다.

(3) Diana 콤플렉스

남성에게 여성이 남자같이 되고 싶어 하거나 대립하려고 하는 심리이다.

(4) Spectacular 콤플렉스

여성의 몸을 보고 싶어 하는 남자의 심리 혹은 남자에게 자기 몸을 보여주고 싶어 하는 여성의 심리이다.

(5) 나르시시즘(narcissism)

자기중심성(세계는 자기를 위해 존재한다는 생각), 만능감(세상은 자기 마음대로 된다), 자만(자기가 제일 훌륭하다) 등의 심리로 정신병자나 유아에게 많다.

(6) 열등 콤플렉스

누구에게나 있다. 잘 극복(보상)하면 성장되나 극복에 실패하면 열등의식으로 변질되어 왜곡 위축된다.

(7) 퇴행 콤플렉스

행동의 핵심이 유아적이다. 현실에의 도전을 기피하고 타인에게 응석부리고 약자인 체(승복)함으로써 보호받으려는 성격이다.

04 정신분석 상담론의 접근방법

1) 상담의 목표

정신분석 상담은 '무의식의 의식화'를 목표로 하는 통찰요법이다. 통찰을 중시하는 점에서 인간중심 상담론, 게슈탈트(Gestalt) 치료기법 및 합리적 정서행동치료(REBT)와 비슷하다. 다만 통찰의 방법, 대상 및 초점이 좀 다르다고 볼 수 있다.

정신분석 상담의 목표는 자아의 기능을 강화하여 심리적 증상과 정신적 갈등을 해소하는 데 있다. 즉 강화된 자아의 힘으로 증상과 관련된 정신적 원인을 해결함으로써 심리적 문제를 해소하는 것이다. 겉으로 드러난 문제만 해결하는 것이 아니라 원인으로 작용하는 무의식적 갈등에 대한 해결을 시도한다는 점에서 정신분석 상담은 일종의 '뿌리 치료'이다. 이를 달리 이야기하면 의식의 범위를 확대하는 것이다. 자신도 모르는 채 자신의 감정, 행동, 생각 등에 영향을 미치는 무의식적 요소를 의식의 영역 밖으로 이끌어 냄으로써 더 이상 무의식이 왜곡된 방식으로 현실에 영향을 미치지 못하도록 한다.

2) 상담의 진행과정

정신분석 상담은 일반적으로 4단계의 절차에 의거하여 진행되며, 정신분석 상담과정을 제시하면 다음과 같다.

① **시작단계**: 상담관계의 시작으로 내담자의 문제를 듣고 상담목표를 세운다.
② **발달 및 전이단계**: 전이의 발달단계로서 내담자는 상담장면에서 갈등과 부정적 감정을 표출하기 시작하며 신경증적 증세를 보인다.

③ **작업단계**: 전이의 해결로서 내담자는 상담장면에서 부정적·신경증적 저항적 표출이 심해지면 상담자는 그 행동을 해석한다.

④ **해결단계**: 전이의 해결로서 상담자는 내담자의 반응을 격려해 줌으로써, 내담자가 차츰 신경증적 반응을 줄이고 이성적 자아를 통찰에 의해 현실적·합리적 태도로 나타나게 한다.

정신분석 상담 4단계

① 시작단계
② 발달 및 전이단계
③ 작업단계
④ 해결단계

3) 상담의 주요 기법

(1) 자유연상

내담자를 편안한 긴 의자에 눕히고 떠오르는 대로 자유롭게 말하게 한다. 내담자가 표현한 말 가운데 무의식적 동기의 단서가 되는 것을 찾아내고 해석하는 자료를 찾는다.

(2) 꿈의 분석

내담자의 무의식에 관한 자료는 자유연상 외에 꿈을 통해서도 얻을 수 있다. 잠자는 동안에는 방어가 약해져 억압된 감정들이 표면화된다. 꿈은 내담자가 부딪치는 갈등과 장애의 반영이므로 꿈을 분석할 때에는 꿈의 내용이 아닌 꿈에서 나타나는 상징적 의미에서 갈등을 찾는다.

(3) 해 석

상담자가 내담자의 꿈, 자유연상, 상담관계 등에서 나타난 행동의 의미를 지적하고 설명하는 정신분석 상담의 기본절차이다. 그러므로 내담자의 자아를 일깨워 무의식적 갈등을 찾아내도록 촉진하게 된다. 상담이 진행되는 가운데 상담자는 해석의 수준을 심화시켜 저항과 방어를 지적하고 무의식적 감정과 갈등까지도 해석한다. 이런 해석에는 전이의 해석과 저항의 해석이 있다.

① 전이의 해석

전이란 내담자가 과거에 중요한 인물에게 느꼈던 감정을 상담자에게 옮기는 것이다. 상담이 진행됨에 따라 내담자는 과거에 경험한 타인과의 관계, 특히 부모-자녀 간에 이루어졌던 관계를 상담자에게 옮겨 가게 되는데, 이러한 전이가 정신분석 상담의 고비가 된다. 이때 상담자는 내담자를 이해하고 전이를 해소시켜 줌에 따라 내담자는 과거의 영향으로부터 벗어나게 되며 이후에 차차 자아가 성숙하게 된다.

② 저항의 해석

저항은 상담의 발전을 저해시키고, 내담자가 무의식적 요구를 표출하는 것을 방해하는 것이다. 그러므로 상담시간을 어기거나 엉뚱한 핑계를 대거나 트집을 잡는 등 여러 가지 부정적 표현을 하게 되는데, 이는 자신이 무의식의 노출에 불안하기 때문이다. 이에 상담자는 내담자로 하여금 이러한 저항에 용감하게 직면하고 자신을 통찰하고 수용할 수 있도록 이끌어 줘야 한다.

생각나무 욕하면 내 입만 더러워지는가?

사실 욕설을 해봐야 상대방은 듣지도 못한다. 잘못한 사람일수록 시선을 외면하기 때문에, 그 욕은 제대로 전달되지도 않는다. 욕하는 내 입만 지저분해진다는 사실을 잊지 않는 것이 더 중요하다. 화내고 욕해서 흥분되면, 그것 때문에 또 다른 사고를 낼 가능성이 커질 뿐이다. 분노감이나 말로 표현하기 전에 두세 번만 심호흡을 해본다. 그리고 내가 그 사람의 상황이라면 어떻게 처신해야 할 것인가에 대하여 생각하고 성찰의 기회로 삼음으로써 일거양득의 효과를 얻을 수 있을 것이다.

여러분은 자신에게 욕하는 자를 향하여 어떻게 대응합니까?

04 CHAPTER 행동주의 상담이론

01 상담의 목표, 특징 및 과정

행동주의 상담이론은 파블로프(Pavlov)와 왓슨(Watson)의 고전적 조건화, 손다이크(Thorndike)와 스키너(Skinner)의 조작적 조건화에 기초한 행동주의 학습이론을 특정의 행동장애의 치료에 적용하는 접근법이다. 이를테면 행동이란 학습조건을 조작하여 새로운 학습조건을 제시함으로써 변화시킬 수 있다고 본다. 그러므로 모든 부적응행동도 조건형성의 여러 가지 법칙, 즉 강화, 소거, 그리고 일반화와 변별의 원리에 따라 소거시킬 수 있으며 바람직한 새로운 행동을 형성할 수도 있다.

학습을 통해 문제해결이나 성장을 촉진시키고 새롭게 형성시킨 바람직한 행동을 발달시키는 것이 상담목적이다. 이에 무엇보다도 조건화와 강화 개념을 중요시하고 새로운 태도와 행동을 발달시킬 뿐만 아니라 부적응행동을 치료하고자 하는 것이 큰 특징이다.

특히 심리학자인 왓슨이 "나에게 건강한 아기와 잘 갖춰진 환경을 제공해 준다면 이 아기의 부모가 어떤 인종, 신분, 능력이든 상관없이 내가 원하는 인간으로 성장시킬 수 있다."라고 장담하였던 것처럼 학습이론적 인간이해를 중요시하였다. 행동주의적 접근의 상담과정은 다음과 같다.

첫째, 변화시켜야 할 행동을 분명히 하고 이를 자세한 행동용어로 구체화한다.
둘째, 바라는 목표행동의 방향을 설정하고 이를 자세한 행동용어로 구체화한다.
셋째, 목표행동이 일어나도록 상담상황을 조정한다.
넷째, 내담자에게 강화될 수 있는 자극이나 사건을 확인한다.
다섯째, 바람직한 목표행동이나 그 행동에 접근하는 행동을 강화한다.
여섯째, 목표행동의 변화를 기록하여 검토함으로써 상담효과를 평가한다.

02 학습의 의미

학습(learning)이라고 하면, 흔히 학교나 학원 등의 공적 또는 사적 기관에서의 교과 학습과 같은 것으로 생각하기 쉬우나, 심리학에서는 경험에 의한 행동의 변화를 학습이라는 개념으로 간주하고 있다. 언어나 운동, 지식, 감정에 이르기까지 인간생활에 필요한 거의 모든 기능은 과거 경험의 산물이라 볼 수 있다. 생물학적 존재인 '사람'이 사회문화적 존재인 '인간'이 되기 위해서는 인간사회에서의 학습이 필수불가결하다. 이는 인간사회에서 격리되어 생활했던 야생소년에 대한 사례보고서를 통해서 쉽게 알 수 있다.

학습의 개념을 좀더 구체적으로 살펴보면 다음과 같다. 첫째, 학습은 경험의 결과로 생성되는 것이다. 따라서 자연적 성숙이나 질병에 의한 것은 해당되지 않는다. 둘째, 학습은 약물이나 피로에 의한 일시적 행동변화와는 달리 비교적 지속적으로 유지되는 행동변화를 말한다. 학습이란 외부에서 관찰 가능한 행동 그 자체만을 가리키는 것은 아니다(권두승 · 조아미, 2001). 예컨대, 자전거를 타기 시작한 아동이 연습을 통해 점차 능숙하게 되었다면 학습이 생성되었다고 생각해 볼 수 있다.

이같이 학습이란 행동과 이것을 유발하는 자극을 연결하는 것으로 추정되는 과학적 구성 개념 또는 매개 변수의 하나이다. 학습의 현상은 자극-반응이론과 인지이론의 두 입장에서 다루어진다.

03 조건형성

일상생활 장면에서의 학습형태는 그리 단순하지는 않다. 이런 학습의 기초과정에는 고전적 조건형성과 도구적 조건형성이라고 하는 두 가지 형태의 조건형성이 알려져 있다. 이것은 모두 통제된 조건하에서 실험적으로 상세히 분석되어 있으며, 그 내용은 다음과 같다(현정환 · 후쿠시마, 2002).

1) 고전적 조건형성

고전적 조건형성은 러시아의 생리학자인 파블로프가 위액이나 침액 분비에 대해서 연구하는 가운데, 실험 중에 이용되었던 개가 사육사의 발자국 소리나 열쇠 소리에 반응해서 침액을 분비한다는 사실을 발견하게 되었다. 이를 '정신성 분비'라고 불렀으며 조건형성에 관한 연구를 하는 계기가 되었다.

파블로프는 [그림 4-1]과 같은 실험 장치를 이용하여 개의 침액선 개구부에 튜브를 연결해서 침액양을 정확히 측정하였다. 먹이로는 양의 조절이나 취급이 용이한 고깃덩어리를 사용하였다. 실험은 개를 공복 상태로 만든 후에 시작하였으며, 방법은 먼저 개에게 종소리를 들려주고, 곧 이어서 고깃덩어리를 제시하였다. 그러자 실험 초기에는 종소리에 귀를 쫑긋 세우는 정도였지만, 이런 경험이 반복되자 나중에는 종소리만으로도 개의 침액이 분비되는 현상이 나타났다.

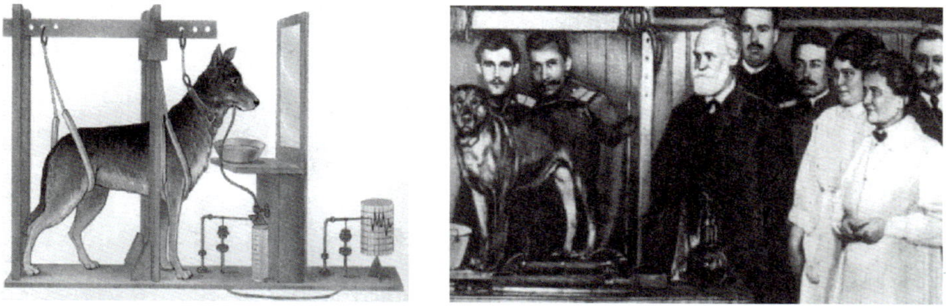

[그림 4-1] 파블로프의 고전적 조건형성 실험장치

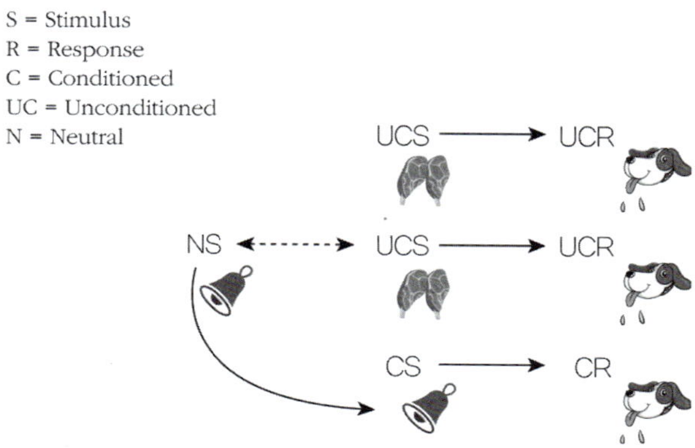

[그림 4-2] 고전적 조건형성의 도식

[그림 4-2]는 개의 침액 분비에 대한 고전적 조건형성의 도식이며, 이때의 침액 분비를 조건반응(CR: Conditioned Response), 종소리를 조건자극(CS: Conditioned Stimulus)이라 부른다. 그리고 생득적 침액 분비는 무조건반응(UCR: Unconditioned Response), 생득적 반응을 이끌어 내는 고깃덩어리는 무조건자극(UCS: Unconditioned Stimulus)이라 부른다.

이런 고전적 조건형성의 원리를 이용함으로써 처음에는 공포대상이 아니었던 자극에 대해 공포반응을 조건화할 수도 있다. 한 예로 바닥에 금속 격자를 깔아 놓은 상자에 흰 쥐를 넣고 하나의 소리자극을 제시할 때마다 금속 격자를 통해 전기충격을 가하는 과정을 반복하면, 마침내 소리자극만을 제시하여도 전기충격을 가했을 때와 동일하게 공포반응을 보이게 된다.

그 예로 왓슨(Watson)이 아이를 대상으로 실시한 실험이 고전적 조건형성의 원리를 적용한 공포반응 조건형성이라 할 수 있다(그림 4-3). 그는 이제까지 흰 쥐를 좋아하며 놀았던 생후 11개월 된 알버트(Albert)라는 남아가 흰 쥐를 무서워하도록 실험을 조작하였다. 그는 아이가 흰 쥐와 놀려고 접근할 때마다 공포감을 느낄 만한 큰 소리를 냈다. 그러자 이 아이는 그 소리에 너무 놀라서 몸을 부들부들 떨었다. 이런 경험을 여러 번 반복하는 동안에 이 아이는 쥐를 보는 것만으로도 큰 소리를 들을 때와 같이 공포반응을 보였으며, 이후 토끼에 대하여도, 할아버지의 수염에 대해서도 공포반응을 보이는 일반화 현상이 나타났다.

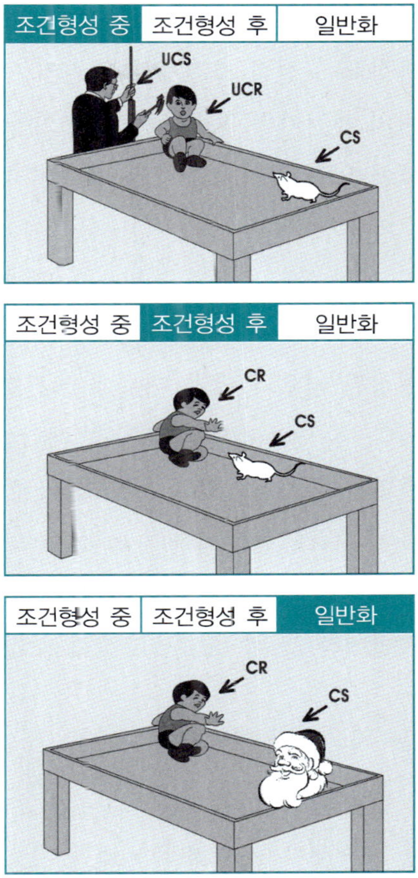

[그림 4-3] 공포반응 조건형성의 도식

성인에 대해서도 공포반응을 조건화할 수 있다. 일반적으로 공포반응은 피부 전기반응, 호흡, 맥박 등을 통해 나타난다. 예컨대, 어떤 도형을 제시할 때마다 전기충격을 가하는 조작을 반복하면 나중에는 그 도형을 보여주는 것만으로도 피부 전기반응, 호흡, 맥박 등에 명백한 변화가 일어난다.

일상생활에서도 관찰할 수 있는 현상으로는 한번 주사를 맞은 아동이 의사를 보는 것만으로도 무서워한다든지, 다른 흰 옷을 입은 사람까지도 무서워하는 현상, 그리고 화재 경험을 갖고 있는 성인이 사이렌 소리에 공포를 느끼는 경우 등도 모두 공포자극이 조건형성된 결과로 볼 수 있다.

또한 자두나 석류를 보거나 그런 단어를 듣기만 해도 입안에 침이 고이게 되는데, 이런 형상도 자두나 석류를 먹어 본 경험에 의한 결과로 볼 수 있으며, 이 과정도 고전적 조건형성의 원리로 설명이 가능하다. 또 자동차 문을 열 때 몇 번의 정전기를 경험한 사람은 비록 이 현상이 공기의 습도나 입고 있는 옷의 종류에 의한 것이지만 문을 열 때마다 잠시 머뭇거리는 행동을 보이기도 한다(김희수 외, 2008).

그 외에도 무서워할 필요가 전혀 없는 작은 동물이나 물리적 자극(높은 곳, 사방이 막힌 곳, 어두운 곳, 소리)에 대한 지나친 공포반응도 이런 원리와 동일한 방식으로 형성된 경우가 많기 때문에 조건형성은 임상심리학에서도 중요한 의미를 갖고 있다. 하나의 강한 공포감을 체험했을 때에 존재하고 있었던 자극에 대해서 공포반응이 조건화되고, 나아가 다른 유사자극에 대해서도 공포감을 느끼는 현상, 소위 자극일반화(stimulus generalization) 현상에 의해 공포증이 형성된 것으로 이해할 수 있다. 그러므로 조건화되어 버린 공포반응을 소거하는 것이 공포증의 치료법이라 볼 수 있다. 고전적 조건형성의 활용법을 살펴보면 다음과 같다.

(1) 역조건화

역조건화(counter conditioning)란 조건화되어 버린 좋지 않은 반응에 대하여 역으로 선호자극을 통해 새롭게 조건화하는 것을 말한다. 예컨대, 흰 쥐를 좋아하지 않는 내담자에게 흰 쥐를 좋아하게 하는 새로운 조건화의 예를 들어보자. 방법은 먼저 내담자에게 싫어하는 흰 쥐를 보여주고, 곧이어서 내담자가 좋아하는 사탕을 주었다. 그러자 실험 초기에는 흰 쥐를 무서워하였지만, 이런 경험이 반복되자 나중에는 내담자가 사탕 없이도 흰 쥐를 좋아하는 현상이 나타났다(그림 4-4).

[그림 4-4] 역조건화 도식

(2) 체계적 둔감법과 근육이완훈련

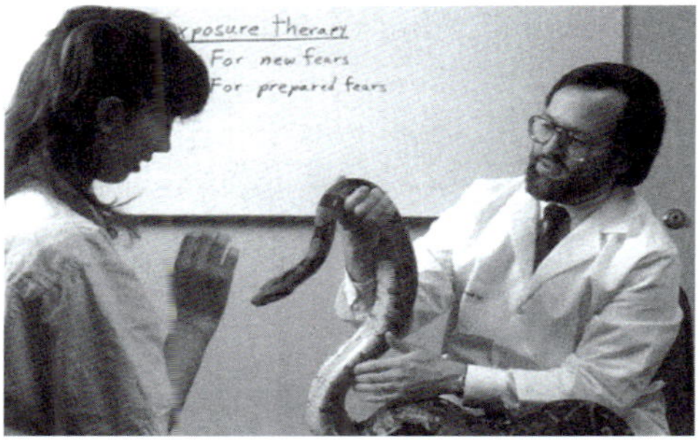

[그림 4-5] 체계적 둔감화 장면

내담자에게 불안을 가중시키는 상황을 상상하게 하여 불안상황을 고조시켜 나가는 동시에 불안으로 긴장된 근육을 이완시키면서 불안을 제지하는 것이다. 근육이완훈련은 정신적 불안과 신체근육의 이완이 양립할 수 없다는 이론에 근거하여 내담자의 불안치료를 위하여 실시하게 되는데, 이때 강도가 낮은 불안부터 점차 높은 단계로 상상하며 동시에 근육이완훈련을 하면 작은 불안에도 민감하게 긴장하던 근육이 점차 둔해지며 불안에 저항이 강해지게 된다.

(3) 혐오자극법

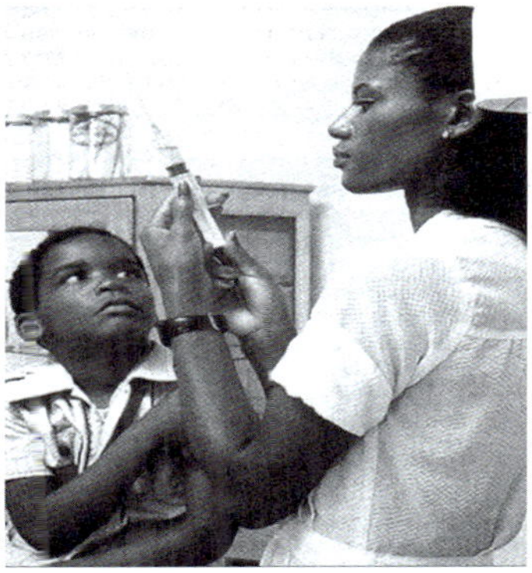

[그림 4-6] 혐오치료 장면

혐오자극법(aversion therapy)은 공포자극을 조건화하여 행동을 수정한다. 예컨대 일상생활에서도 관찰할 수 있는 현상으로는 한번 주사를 맞은 아동이 의사를 보는 것만으로도 무서워한다든지, 다른 흰 옷을 입은 사람까지도 무서워하는 현상, 그리고 자동차사고 경험을 갖고 있는 성인이 자동차 경적소리에 공포를 느끼는 경우 등도 모두 공포자극이 조건형성된 결과로 볼 수 있다.

(4) 자극포화법

자극포화법(stimulus saturation)은 혐오법의 한 방법이다. 병적 행동을 충족시켜 줄 수 있는 자극을 정도가 넘도록 줌으로써 질려 버리게 하는 방법이다. 담배를 끊고 싶어도 잘 안되는 내담자에게 그가 피우고 싶은 이상으로 피우게 함으로써 아예 생각조차 못하게 하는 방법이다. 강박행동 내담자에게 주로 적용된다.

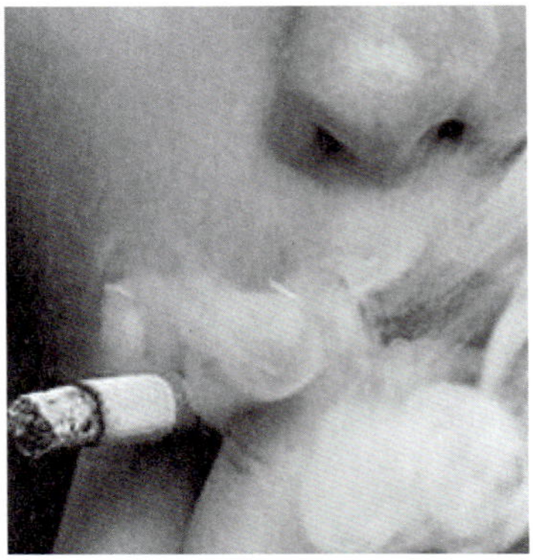
[그림 4-7] 담배를 피우는 장면

(5) 질책법

질책법이란 어떤 방식으로든 인정하지 않는 표시를 하는 것을 말한다. 질책은 언어적 진술이 보통이지만 몸동작과 같은 행위나 화난 표정도 질책이 될 수 있다. 질책은 사소한 행동의 잘못이더라도 문제가 발생한 직후에 제공되어야 한다.

어떤 학생이 친구와 이야기하려고 뒤돌아볼 때, 곧 "○○아, 선생님에게 집중해야지."라고 말하는 편이 두 학생이 서로 이야기를 주고받을 즈음에 되어서야 "선생님이 너희들에게 떠들지 말라고 몇 번이나 말했어. 이 녀석들."이라고 소리치는 것보다 낫다. 또 다른 중요한 방법은 학생이 주의를 끌도록 눈 마주침을 하며, 되도록 학생 가까이에 가서 수업을 진행하면서 문제를 명시해 주는 일을 한다. 행동이 개선된 후에는 인정해 주는 말을 건네는 것이 중요하다.

또한 질책 사용 시 주의할 것은 질책을 관심의 형태로 학생이 받아들이게 하는 것이다. 따라서 질책을 할 때에는 장황한 설명이나 반복성보다는 간단하고 예리해야 하며 적절한 행동에 대한 인정과 연합되도록 해야 한다.

(6) 홍수기법

홍수기법(flooding)은 불안을 소멸하는 한 방법으로 아동을 조건자극에 계속 노출시키는 방법이다. 예컨대, 자전거를 무서워하는 아동이 있다면, 아동을 자전거에 매일 몇 시간씩 태우고 다니면서 자전거에 대한 두려움을 지워 주고 재미있는 것임을 자각시켜 준다.

2) 도구적 조건형성

(1) 시행착오 학습

손다이크는 [그림 4-8]과 같은 문제 상자(problem box)를 이용하여 다음과 같은 실험을 하였다. 상자 안에는 공복 상태인 고양이가 들어가 있으며, 밖에는 먹이가 놓여 있었다. 고양이가 문밖에 있는 먹이를 취하기 위해서는 상자의 문과 연결된 노끈을 당기거나 페달을 밟아야만 가능하도록 고안되어 있다. 이런 상황에 놓인 고양이는 밖으로 나가기 위해 닥치는 대로 할퀴거나 물거나 하며 이리저리 난폭하게 굴다가 우연히 노끈을 당기게 된다. 그러자 문이 열리고 밖으로 나가서 먹이를 취할 수 있게 된다. 이러한 시행을 몇 번이고 반복하는 가운데 점차 고양이의 시행착오적 행동은 감소되고 보다 효율적으로 상자 밖으로 나올 수 있게 된다.

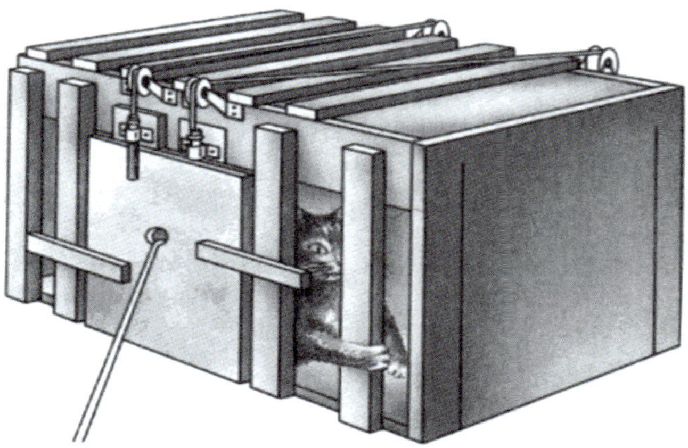

[그림 4-8] 손다이크의 실험상자

손다이크는 고양이의 이런 일련의 학습을 '통찰'이 아닌 시행착오적으로 반응하는 가운데서, 우연히 잘 이루어진 반응만이 자극과 결합하여 강화된 것으로 본다. 이 같은 학습과정을 '시행착오 학습'이라고 명명하였다.

그리고 고양이가 밖으로 나가서 먹이를 취할 수 있도록 하는 반응, 소위 쾌가 수반되는 반응은 이 다음에도 계속 발생될 경향성이 높지만, 불쾌가 수반되는 반응은 상대적으로 낮다고 볼 수 있다. 손다이크는 이를 '효과의 법칙(law of effect)'이라고 부르면서 시행착오 학습의 성립에 있어 이 법칙이 기본적 원리가 된다고 보았다.

손다이크의 이 실험은 도구적 조건형성(instrumental conditioning) 연구의 선구자적 연구라고 볼 수 있다. '도구적'이라는 명칭은 문제 상자에서 학습된 '노끈을 당기는 행위'가 상자 밖으로 나오거나 먹이를 취하기 위한 '도구(수단)'가 된다는 의미에서 붙여진 말이다.

이런 시행착오 학습은 일상생활에서도 얼마든지 찾아볼 수가 있다. 그러나 대개의 경우 우리 인간은 문제 상자의 고양이처럼 처음부터 무작위로 반응하는 것이 아니라, 타인의 행동을 모방하거나 부모나 교사의 지도에 따라 일정한 방향으로 반응하는 가운데 적절한 반응만이 강화되어 간다. 또한 각각의 반응에 대해 나타나는 효과도 완전히 자연스러운 상황에 의해 수반되는 것이 아니라, 부모나 교사가 의도적으로 상・벌을 제시하는 경우가 많다. 거기에다 상・벌의 특성도 동물처럼 성취감이나 패배감과 같은 사회적 욕구와 관련된 경우가 많다.

이 효과의 법칙에서 쾌(快)의 반응을 강화시키는 힘과 불쾌(不快) 반응을 약화시키는 힘 가운데 어느 것이 보다 강력한지의 문제는 교육장면에서의 상・벌의 효과와도 관련되기 때문에 중요하다. 이 문제에 대해서는 상이나 벌의 종류와 강도에 따라 그 효과가 각기 다르기 때문에 한마디로 결론을 내릴 수는 없다. 그러나 이와 관련된 많은 연구의 결과는 대개 벌보다는 상이 효과적이라는 사실을 내놓고 있다.

(2) operant 조건형성

도구적 조건형성에 관한 연구를 보다 발전시킨 사람이 스키너(Skinner)이다. 그는 동물의 행동을 조직적으로 연구하면서 보다 효율적으로 자료를 얻기 위하여 [그림 4-9]와 같은 '스키너 상자'라는 독창적 실험상자를 고안해 냈다. 스키너 상자에는 페달과 먹이 접시가 달려 있으며, 페달을 누르면 알약처럼 정제된 형태의 먹이가 하나씩 굴러 나왔다. 공복 상태인 상자 속의 흰 쥐는 처음엔 이리저리 움직이다가 우연히 페달에 닿게 되면서 이것을 누르게 된다. 그러자 먹이가 나오고 흰 쥐의 공복은 해결된다. 이런 과정을 반복적으로 경험하는 가운데 점차 페달을 밟는 시간의 간격은 단축되어 간다.

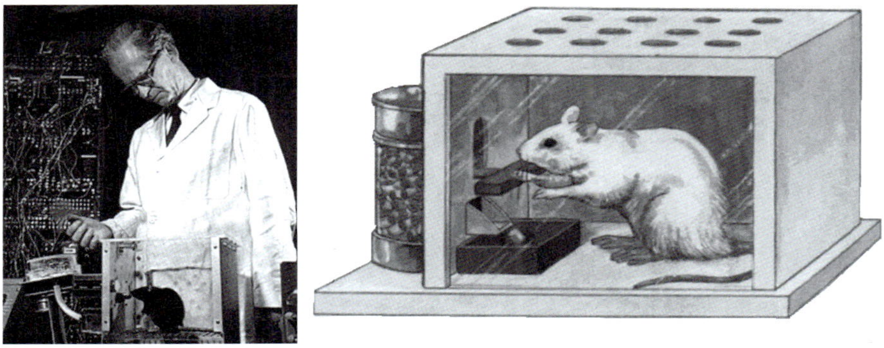

[그림 4-9] 스키너의 실험상자

흰 쥐가 페달을 밟는 반응(CR)은 어디까지나 흰 쥐의 자발적 반응이며, 고전적 조건형성처럼 이 반응을 강제적으로 발생시키는 무조건자극이 존재하는 것은 아니다. 또한 이 반응은 동물이 환경에 대해 작용(operate)하는 행동이라는 의미에서 operant라고 불리고 있다. 스키너 상자는 상자 안에서의 여러 행동 가운데 페달을 밟는 특정의 반응(CR)에 대해서만 선택하여 강화한다. 여기에서 CR에 대해 제시되는 먹이를 강화자극이라 하며, 이렇게 하는 조작을 '강화'라고 한다. 또한 이러한 반응과 강화자극의 관계를 수반성(contingency)이라 하며, 이 둘 사이의 시간 간격이 짧을수록 조건형성의 효율은 그만큼 높아진다.

일반적으로 operant 조건형성에서 강화의 기능으로 사용되었던 먹이 이외에도 강화자극은 학습자의 욕구를 충족시켜 주는 것이라면 무엇이든 상관없다. 예컨대 인간의 경우에는 언어자극이 강화의 기능을 하기도 한다. 대화장면에서 상대방이 적극적으로 자신의 의견에 대해 맞장구를 쳐 주면 점차 상대방의 발언 빈도가 높아지는 경우를 볼 수 있는데, 이런 경우는 상담장면에서도 발견할 수 있다. 한편 operant 조건형성이 성립된 후에 조건반응이 생성되더라도 강화자극(먹이 등)을 전혀 제시하지 않으면 조건반응의 빈도는 점차 감소되면서 마침내 거의 반응이 나타나지 않게 된다. 이것이 operant 조건형성에서의 소거현상이다.

이처럼 operant 조건형성은 하나의 행동에 의해 후속적으로 발생하는 결과에 따라 그 행동의 발생빈도가 높아지기도 하고 낮아지기도 하는 현상에 대한 이론이라고 할 수 있다. 즉 이 조건형성은 '결과에 의한 학습'이라 말할 수 있다. 예컨대, 심리학 수업을 청강하던 학생이 수업에 대해 상당히 흥미를 느끼게 되자 매 시간 한 번도 빠지지 않고 수업에 참석하게 된다든지, 몇 번이고 정성을 다하여 엽서를 보냈지만 답장이 오지 않아 결국 엽서를 쓰지 않게 되는 경우 등은 이런 조건형성의 한 원리로써 설명할 수 있는 행동이다.

한편 operant 조건형성은 반응에 대해 항상 강화를 하지 않아도 성립되기도 한다. 스키너 상자에서 흰 쥐가 페달을 밟을 때마다 먹이를 주지 않고, 몇 번에 한 번꼴로 먹이를 제공하여도 페달을 밟는 행동이 사라지지 않고 지속되는 현상을 발견할 수 있는데, 이를 부분강화라고 한다. 부모가 가끔씩밖에 칭찬하지 않았음에도 불구하고, 자녀의 바람직한 행동이 유지되는 현상은 이런 강화의 한 예라고 볼 수 있다. 부분강화에는 반응횟수에 따라 강화하는 방법, 시간에 따라 강화하는 방법, 또는 횟수나 시간을 고정하는 방법, 무작위로 하는 방법 등 다양한 방식이 있다. 이런 강화의 방식을 '강화계획(스케줄)'이라 부른다. 조작적(도구적) 조건형성의 활용법을 살펴보면 다음과 같다.

① 강 화

강화(reinforcement)란 어떤 반응이 일어나는 것을 조건부로 하여 강화자극을 제공함으로써 그 반응이 다시 나타날 가능성을 높이는 조작이다. 따라서 강화의 가장 기본적인 원리는 '반응(R) → 강화자극(S)'으로 표현할 수 있다. 조작적 조건형성에서 강화의 개념은 가장 중요한데, 이 기간 동안 유기체의 반응과 강화자극 사이의 연합을 통해서 학습이 이루어지기 때문이다. 이를테면 행동을 강화시킴으로써 반응률을 증가시킨다거나, 벌을 통해 행동을 약화시킴으로써 반응률을 감소시킨다. 강화는 정적 강화와 부적 강화로 구분된다.

㉠ **정적 강화**: 정적 강화(正的强化, positive reinforcement)란 어떤 반응이 조건부로 제시되었을 때 반응을 강화하는 모든 자극을 말한다. 즉 어떤 자극이 가해져서 이 조작의 결과로 반응의 빈도가 증가한다면 이를 '정적 강화'라고 말할 수 있다. 흔히 사용되는 정적 강화는 음식물, 돈, 승진, 인정, 주목, 칭찬, 자유시간, 사탕 등 어떤 보상(advantage)을 주는 것이다.

㉡ **부적 강화**: 부적 강화(負的强化, negative reinforcement)란 어떤 반응이 조건부로 제거되었을 때 반응을 강화하는 모든 자극을 일컫는다. 이를테면 다음 반응이 제거되면서 반응확률을 증가시키는 자극이다. 예컨대, 무더운 여름에 옷을 벗어서 더위라는 자극이 없어지고 시원해진다면, 그 다음부터 더위라는 자극을 없애기 위해 자꾸 옷을 벗는 행동이 증가되는 것을 의미한다. 부적 강화는 자신이 갖고 싶어 하는 것(용돈, 물건, 자유시간 등)을 잃게 되거나, 하기 싫은 것(화장실 청소, 방과 후 학습 등)을 피할 수 있다는 점에서 정적 강화와 다르다.

㉢ **강화계획**: 강화계획(schedules of reinforcement)은 인간을 포함한 모든 유기체에게 적극적이고 지속적인 행동을 학습시키고 유지시키는 데 그 목적이 있다. 강화는 연속(계속)강화와 부분(간헐)강화로 구분할 수 있다.

연속강화(continuous reinforcement)란 반응이 발생할 때마다 강화를 하는 것으로 어떤 반응을 학습시키는 데 가장 빠른 방법이기는 하지만, 실제로 일상생활에서의 완전한 연속강화는 거의 어렵다. 이것이 어떤 반응을 유지하는 데 가장 효과적인 방법만은 아니라는 것이다. 때로는 어떤 반응이 나타낼 때마다 간헐적으로 강화하는 부분강화(partial reinforcement)가 더 효과적인 때도 있다.

부분강화(partial reinforcement)를 통해 습득된 반응은 연속강화에 의해 습득된 반응보다 소거에 대해 더욱 저항적이다. 즉, 부분강화에 의해 습득된 반응은 매번 보상이 주어지길 기대하지 않기 때문에 보상을 중단하더라도 얼마간은 반응이 소거되지 않는다. 이것을 '부분강화효과(partial reinforcement effect)'라고 한다.

강화계획은 경과한 시간의 양(간격계획: interval schedule)이나 반응이 출현한 횟수(비율계획, ratio schedule)에 따라 네 가지 유형으로 구분한다.

- **고정간격계획**(FI: Fixed Interval schedule): 고정간격 계획에서의 강화는 마지막 강화에서부터 측정된 시간간격이 지난 후에 방출 전 첫 반응 뒤에 주어진다. 일정한 시간간격을 두고 강화를 주는 것이다. 시간 예측이 가능하므로 주어진 바로 다음의 수행 수준은 떨어지고 강화가 일어날 시간이 가까워지면 다시 회복되는 경향이 있다.
- **고정비율계획**(FR: Fixed Ratio schedule): 일정한 횟수만큼 일어날 때 강화를 주는 것으로, 이 경우도 유기체는 몇 회의 반응이 있은 후에야 강화가 주어진다는 것이 예측 가능하므로, 일단 강화를 받으면 일시적으로 수행수준이 떨어지기도 한다.
- **변동간격계획**(VI: Variable Interval schedule): 변동적 시간간격으로 강화를 주며 소거에 대한 저항력이 가장 강해서 비교적 항상적인 반응비율을 보이는 경향이 있다.
- **변동비율계획**(VR: Variable Ratio schedule): 불규칙적 반응횟수에 따라 강화

를 주는 것으로 유기체는 언제 강화가 있을지 모르기 때문에 계속해서 반응을 시도한다. 이 경우 때때로 동물은 이미 얻은 먹이를 먹는 것조차 잊은 채 다음의 강화를 얻기 위해 반응행동에 몰두하기도 한다.

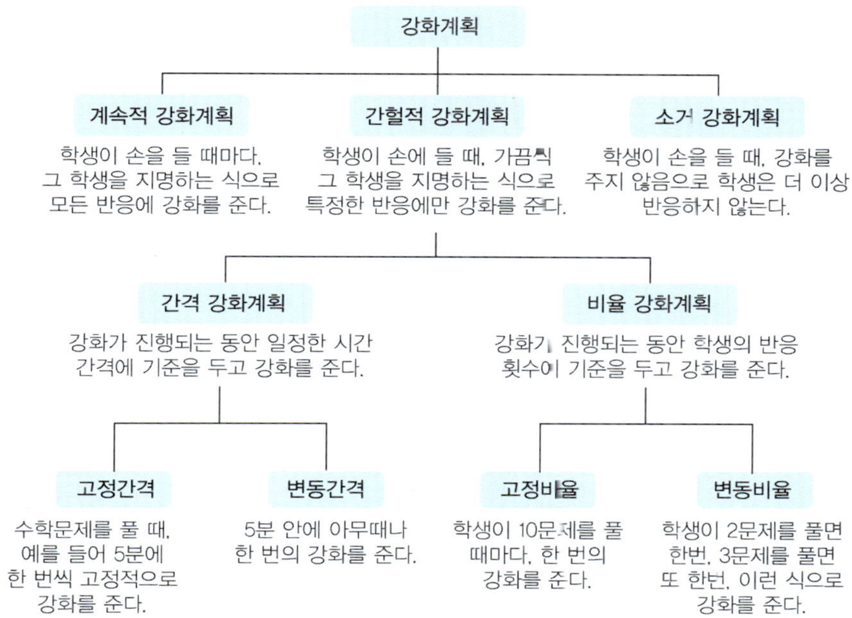

[그림 4-10] 강화계획의 예

출처: 김희수(2017).

위의 강화계획에 대하여 보리크와 톰바리(Borich & Tombari, 1995)의 강화계획과 관련하여 예를 제시하면 [그림 4-10]과 같다.

② 소 거

강화를 통해 조건형성된 행동이 강화되지 않으면 조건반응은 점진적으로 사라진다. 이같이 강화 없는 조건자극의 반복을 흔히 '소거(extinction)'라고 한다. 또 이 소거는 생략(time-out)으로 대신할 수 있다. 이는 일정 기간 강화가 반복되지 않은 점 때문이다. 예를 들어 어느 내담자가 본드를 습관적으로 흡입할 경우, 상담자가 이를 차단하기 위해 일정 기간 유해 환경을 소거해 주는 것도 중요하다. 하지만 그보다는 소거된 환경에 내담자가 다시 처할 때, 그 같은 행동을 반복하거나 유혹에 빠지지 않도록 하기 위한 대책, 즉 새로운 환경의 생성과 연합이 요구된다.

③ 처 벌

처벌은 어떤 행동에 후속되어 그 행동이 재발될 확률을 감소시킬 수 있는 자극이다. 스키너는 이 벌을 현대 생활에 있어 행위를 통제하는 가장 일반적인 기법이라고 말한다. 만약 어린애가 잘못을 하면 매를 맞거나 야단(욕)을 맞는다. 만일 학생이 시험을 볼 때 부정행위를 하면 재적을 당한다. 어른이 도둑질을 하면 벌금을 물거나 감옥에 간다. 벌은 어떤 반응을 강화해 주기보다는 최소한 일시적으로 그 반응이 다시 발생할 가능성을 감소시킨다.

벌의 목적은 사람이 그 방법으로 다시 행동하지 못하도록 유도하는 데 있다. 그러나 심한 무기력한 불안, 행동의 제한, 그리고 반사회적 행동은 처벌이 갖는 부정적 산물의 일면이다. 불유쾌한 통제로 생기는 위협은 역시 그들이 처음에 처벌받는 행동보다 더 심한 부정적 행동의 발달을 조장할지도 모른다. 예컨대, 행동이 옳지 못하고 학교 성적이 나쁜 아이를 신체적 처벌로 다스리는 부모를 생각해 보라. 그 후에 부모가 없으면 그 아이는 더욱 부정적인 또 다른 행동인 등교를 거부하거나 낙제를 하거나 일탈하는 행동 등을 할 가능성이 있다. 즉, 긍정적 기대와는 달리 처벌이 내담자의 바람직한 행동을 유도하는 데 분명히 한계가 있음을 주지할 필요가 있다.

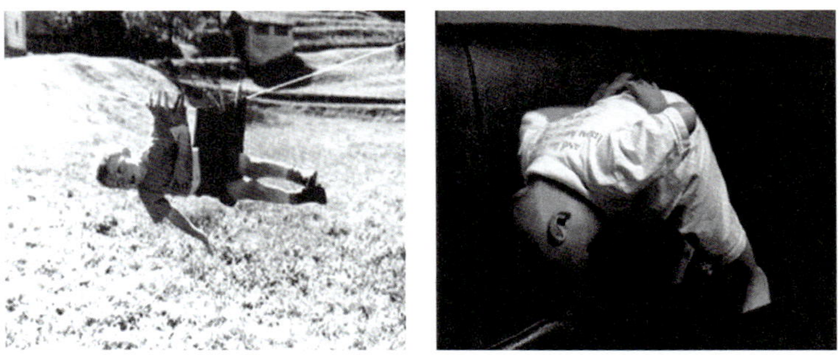

[그림 4-11] 처벌을 받고 있는 불유쾌한 장면

④ 용암법

[그림 4-12] 스키너의 비둘기 실험

용암법(fading)이란 한 행동이 다른 사태에서도 발생할 수 있도록 그 조건을 점차적으로 변경해 주는 과정을 말한다. 예컨대 집에 있는 화장실은 잘 사용하면서도 밖에 있는 공중 화장실의 사용을 기피한다거나, 식구들 앞에서는 말을 잘하지만 이성 친구나 이웃・친지들 앞에서는 말을 잘하지 못하는 경우에도 사용된다. 스키너는 실험을 통해 다음과 같은 사실을 알게 되었다.

빨간 불빛이 비칠 때 스위치를 쪼면 콩알을 얻을 수 있다는 것을 터득한 비둘기에게 파란 불빛이 비칠 때 스위치를 쪼도록 행동을 고치려 한다면, 우선 빨간 불빛과 함께 약간의 파란 불빛을 비추어 주어 계속 스위치를 쪼게 한다. 그런 뒤 차츰 빨간 불빛을 여리게 비추고 파란 불빛을 점점 더 진하게 비추어 준다면 그 비둘기는 마침내 완전히 파란 불빛이 비칠 때에도 스위치를 쪼게 된다.

위의 실험에서 우리는 집에서만 화장실을 사용하려는 아이에게 밖의 공중 화장실을 사용하도록 행동을 수정할 때 이러한 방법이 응용될 수 있음을 생각할 수 있다. 이를테면 용암법은 어떤 특정한 행동을 일어나게 하는 자극을 점차 변화시켜 특정한 반응을 통제하고자 하는 변화된 자극이 되게 하는 것이다.

⑤ 토큰강화

아동의 행동과 학습효과를 향상시키기 위해서 유익하게 사용할 수 있는 '일반화된 강화자극'으로 널리 사용되는 것이 '토큰강화(token system)'이다. 토큰강화자극으로는 스티커, 딱지 등과 같은 물건이 사용된다. 토큰은 돈처럼 교환가치가 부여될 때 강화자극으로서의 능력을 갖는다. 예컨대, 학생이 과제를 잘 이행하여 토큰 6개를 받았다면, 시간이 종료된 후 그것으로 장난감 2개와 교환할 수 있도록 마련해야 한다. 이같이 토큰과 교환되는 물건을 '교환강화자극' 혹은 '후속강화자극'이라고 한다.

⑥ **인지적 모델링과 사고통제**

상담자가 제시한 과제를 모델로 하고 내담자는 그 모델이 되어 자기 스스로를 지도하는 기법이다. 자신에게 큰 소리로 모델의 모습을 말하며 과제를 수행해 나간다. 사고통제는 내담자가 비생산적이거나 강박적인 사고를 통제하기 위해 사용된다. 상담자가 명령적 지도를 할 수도 있고 내담자가 자기 자신에게 제시하는 방식으로 과제수행을 해 나간다.

⑦ **인지적 재구조화**

내담자가 부정적이고 자기패배적 사고 대신에 긍정적 자기진보적 사고를 갖도록 지도하는 체계적 기법이다. 따라서 자신의 마음속에 부적 자기 자신의 모습 대신 대응적인, 즉 건설적이고 생산적인 모습을 자기진술하는 기법이다.

04 행동주의 상담론의 평가

1) 공헌점

첫째, 어느 상담이론보다도 많은 연구를 수행하고 알려진 학습이론을 사람에게 적용함으로써 상담을 과학적으로 발전시켰다.

둘째, 상담효과를 측정할 수 있도록 사실에 관심을 두었다.

셋째, 내담자와 상담자의 합의에 따라 개개인에게 맞는 구체적 상담기법을 다양하게 적용할 수 있도록 하였다.

2) 제한점

첫째, 인간을 단순히 자극에 반응하는 유기체로 보기 때문에 다른 상담방법에 비해 비인간적이고 조종적이다.

둘째, 상담에 있어 중요한 것으로 여겨지는 상담자와 내담자와의 관계를 경시하고 기술을 지나치게 강조한다.

셋째, 내담자의 문제행동을 일시적으로 제거하는 데는 효과적이나 근본적 치료를 하는 데 그 한계가 있다.

넷째, 행동상담은 너무 행동의 변화에 치중하기 때문에 느낌의 변화가 부족하다.

다섯째, 행동상담은 구체적 문제행동을 수정하는 데는 효과적이나 자아실현적인 측면에서는 부적합하다는 비판을 받는다.

여섯째, 행동상담은 학습이론에 기초를 두고 있는데, 이들 이론들은 실험상의 연구를 통해서 정립된 것이기 때문에 일상생활에 적용하기 어려운 실험적 가설이라는 비판을 받는다.

생각나무 **결과뿐 아니라 과정과 노력을 칭찬한다.**

칭찬을 효과적으로 하지 못하는 사람들의 공통적 특성 중의 하나는 일의 결과에만 집착하는 것이다. 이전보다 나아진 결과가 있을 때만 칭찬하려고 마음먹으면 칭찬거리를 찾기가 어려울 뿐 아니라 상대의 부담만 가중시킨다. 설령 뛰어난 실적을 올리지 못했다 해도 일을 하는 과정에서 쏟은 열정과 노력에 대해 칭찬할 때 상대는 용기를 갖고 더욱 열심히 노력한다.

여러분은 타인에게 칭찬을 많이 하는 편입니까?

05 CHAPTER 인간중심 상담이론

01 인간중심 상담의 기본입장

인간중심 상담이론은 비지시적 이론으로 로저스(Rogers)가 주창한 내담자 중심의 이론, 즉 인간중심 이론이라고 부른다. 이 이론은 전문적 상담자가 아니더라도 누구나 내담자를 손님처럼 대하며 상담을 진행할 수 있다.

로저스는 아들러(Adler)에게 많은 영향을 받았다. 그는 인간을 환경자극에 대한 단순한 반응자가 아니라 '능동자'로 보았다. 즉, 인간에게 자유의지, 자아실현 동기가 있다고 가정하였다. 그러므로 인간은 자신 속에 자기를 이해하고, 자아개념의 기본적인 것을 변경시킬 수 있는 방대한 자원을 가지며, 이러한 자원은 분위기만 제공되면 개발될 수 있다. 인간은 또한 실현 경향성을 가지고 있는데, 그중에서 가장 중요한 것이 자아실현 경향성이다. 이 접근에서는 계속 성장해 가는 존재로 인간을 보고 있다.

1) 인간관

로저스는 선천적 유기체가 후천적 학습결과인 자기(self)와 조화롭게 통합되어 있는 상태가 바람직한 인간이라는 것이다. 따라서 다음과 같은 관점을 중요시한다.

① 인간은 사회적이고 미래지향적이고 자기실현의 의지와 아울러, 선한 마음을 갖고 태어난다고 본다(성선설).
② 인간이해의 방법은 그 사람의 내면세계를 그 사람의 입장에서 느끼는 것이다. 현실은 물리적 · 심리적 현실로 나누어 생각될 수 있다. 즉, 같은 현실(환경조건)이라도 사람마다 지각 정도의 차이가 있다.
③ 상담자가 할 일은 내담자 스스로의 자아실현 동기가 발현될 수 있도록 대화 분위기를 조성하는 것이다.

2) 이론적 특징

(1) 방법이나 기법보다 상담자의 자질과 태도가 중요

① 비의사(non-medical)라도 심리요법(psychological therapy), 카운슬링(counseling)이 가능하다.
② 이론이 단순하여 심리학 전공자 외에도 학습이 용이하다.
③ 정신분석학보다 면접횟수가 적어 보급이 용이하다.

(2) 상담자의 자질 및 태도

① **솔직성**(순수성, 정직성): 인간적으로 솔직해야 한다. 상업적 의식을 배제하고, 내담자에게 거짓이 없는 인간적인 자세를 취하며, 상담자의 느낌도 내담자에게 투영될 수 있어야 한다.

② **긍정적 존중**(수용성): 가능한 한 내담자의 생각과 느낌을 판단하지 말고 수용하여야 한다. 즉 인간적 존엄성과 가치를 인정하여 내담자를 긍정적으로 본다.

③ **공감적 이해**: 상담자가 '내담자의 입장이 되어' 내담자를 깊게 주관적으로 이해하면서도 결코 자기 본연의 자세를 버리지 않는 것이다. 동정과 다르며 찬성적 이해가 아니다. 이런 과정에서 내담자는 상담자를 신뢰하고 자신을 드러내 보임으로써 자기탐색과 자기이해의 길로 들어선다. 특히, 공감적 이해반응에서 반영(reflection)은 내담자 말의 의미를 그대로 거울에 비추듯이 되돌려주는 것이다. 상담자에게 충분한 공감적 이해를 받은 내담자는 다음과 같이 말할 것이다.

"나는 부분적으로 내 자신에게도 가려지고 숨겨진 것들, 이상해서 다른 사람과는 결코 이야기할 수 없었고 내 자신에게도 분명치 않았던 감정들을 이야기해 왔어요. 그러나 다른 사람이 내 자신보다 분명하게 이해를 해 줬어요. 다른 누군가가 내가 말하는 것을 안다는 것은 내가 이상하거나 소외되거나 동떨어지지 않았다는 것을 의미해요. 나는 다른 사람과 접촉하고 있고, 나아가 관계를 맺고 있어요. 나는 더 이상 소외된 존재가 아니에요."

(3) 바람직한 상담자의 인간적(성격적) 자질

① 변별적 감수성을 가져야 한다. 먼저 내담자의 감정의 종류가 무엇인가, 그리고 그 감정의 정도(강도)가 어느 정도인지 감지할 수 있어야 한다.

② 모호성, 불확실성에 대한 인내와 수용능력을 가져야 한다.

02 인간중심 상담의 성격론

추상적 인간관은 구체적 성격론이 필요하다. 인간관만 가지고서 설교는 가능하나 치료는 어렵다. 로저스의 성격론은 현상학, 자아개념 및 자아일치로 구성되어 있다.

1) 현상학

로저스의 생각은 기본적으로 현상학(phenomenology)에 근거한다. 눈에 보이는 현실세계를 어떻게 받아들이느냐에 관한 방법의 세계, 주관의 세계, 인지의 세계, 가치의 세계가 바로 참된 세계라 간주한다. 눈에 보이는 객관적 세계가 아니라 어떻게 받아들이느냐의 주관적 세계가 행동의 원천이 된다고 보는 견해를 현상학이라고 한다. 예를 들면 다음과 같다.

호수 ▶ 풀밭으로 보면 말을 타고 달릴 수 있다.
▶ 호수로 보면 말을 타고 못 달린다.
종전 ▶ 전쟁이 끝났으니 학문에 전념할 때이다.
▶ 전쟁이 끝났으니 잡히기 전에 도망가자.

로저스는 현상학적 세계가 곧 실재라고 본다. 특히, 그는 자기에 대한 현상학적 세계를 중시한다. 이를테면 자아개념(자기를 수용하는 방법)에 따라 객관적으로는 고정된 세계라도 주관적 세계는 달라지고 또 그것이 인간행동을 좌우한다고 보았다.

2) 자아개념

자아개념(self-concept)이 성격이나 행동양식의 결정요인이므로 성격 변화를 원한다면 자아개념을 변형시켜야 된다. 로저스는 자아개념의 변화에 집중하고 있다. 자아개념은 후천적, 즉 타인의 평가를 받아들여 조성되는 것이다.

동일한 지능 (객관적 요인)	· 나는 머리가 좋다. 난 공부를 좋아한다. (positive self-concept) · 나는 머리가 나쁘다. 난 공부를 싫어한다. (negative self-concept)
	자아개념(주관적 요인)

평가자가 열등감(complex)으로 인해 왜곡된 평가를 했을 경우 왜곡된 자아개념을 형성하게 된다. 그리고 일단 형성된 자아개념은 파괴되지 않으려는 경향이 있다. 즉, 자아개념의 변화는 불안한 일이다. 그러므로 자아개념을 고수해 가려는 자기방어로 강하게 나타난다.

자기방어: • 왜곡(distort): 비뚤어진 성격
• 부인(denial): 자아개념이 파괴되지 않도록 방어하는 것

3) 자아일치: 치료목표

자아개념의 변화원칙은 사실에 근거한 자아개념을 갖는 것, 즉 자아일치(self-congruence)를 이루는 것이다.

(1) 자아일치(narcissism의 붕괴)

- 있는 그대로의 나(현실적 나)의 일치(주관과 객관의 일치)
- 결심한 나(이상적 나), 울고 싶을 때 울 수 있는 나(건전한 인격)
  → 나르시시즘의 붕괴를 통해 객관의 세계를 볼 수 있음

(2) 자아불일치

- 교사를 방문한 학부모가 죽은 아들이 교수님 얘기 많이 했기에 인사차 왔다고 미소 띠며 인사(이상적 자아)
- 테이블 밑에선 손수건 쥔 손이 와들와들 떨려(현실적 자아)
- 이 간격(gap)이 클수록 신경증 환자이다. (울고 싶을 때 울고 웃어야 할 때 웃어야 한다)

자아불일치는 'should(~을 해야 된다)'라는 타인에게서 배운 가치관을 믿고 그 가치관에 위배되는 감정체험을 의식 밖으로 추방(억압/억제)하는 것, 즉 왜곡이나 부인이다. 있는 그대로의 자아를 망각하고 소원하는 자아를 참 자아로 믿는 것이다. 이 자아개념이 현실적 자아에 의해 파괴·손상되지 않나 하고 불안이나 긴장을 갖는 것이다.

로저스는 의무감(ought to)이나 타인의 비위 맞추기(pleasing others)를 버리고 자기 본심대로 살 것(being real)을 강조한다. 즉, 타인이 자신을 어떻게 볼 것인가에 개의치 말고 자아의 내적인 소리에 근거해 행동하는 자가 되라는 것이다. 감정과 행동의 일치로 표리 동일한 것이 모순 없는 상태이다.

03 인간중심 상담의 과정과 방법

1) 상담의 목표

인간중심 상담의 목표는 한 개인의 '자아실현 경향성'의 발현과 '완전히 기능하는 인간'이 되도록 조건을 조성하는 것이다. 즉 상담자는 상호 신뢰적 분위기를 조성하여 내담자가 거리낌 없이 자기를 공개하도록 함으로써 자신의 내면세계를 이해하고, 자신의 문제를 파악할 수 있도록 돕는다. 이런 관계 속에서 내담자는 자신의 환경에 대한 왜곡된 지각을 수정하고, 현실적 경험과 자아개념

간의 조화를 이루며, 그 다음으로 능력과 개성을 최대한 발휘하는 자기실현을 통해서 완전히 기능하는 사람이 되도록 하는 데 상담의 목표가 있다.

2) 상담진행과정

① 자기노출
② 자기탐색
③ 자기이해
④ 문제에 대한 대안적 방향 모색
⑤ 대안적 행동의 실천과 보완

3) 상담자와 내담자의 관계

인간중심 상담에서 상담자와 내담자의 관계는 지적 관계가 아니고 주종의 관계도 아니다. 상담자는 결코 그가 가진 지식으로 내담자를 도울 수 없다. 내담자에게 그의 성격이나 행동을 설명해 준다든지, 내담자가 취해야 하는 행동을 처방하는 것은 별 가치가 없다. 내담자에게 도움이 되거나 내담자로 하여금 변화하고 성장하게 하기 위해서, 그 자신 속에 있는 능력을 발견하도록 만드는 상담관계란 인지적인 것도 아니고 지적인 것도 아니다. 가장 중요한 것은 상담자와 내담자의 관계형성이다. 그러므로 내담자 중심 구조 속에서 '상담관계'란 무조건적 긍정적 존중, 진솔성, 공감적 이해를 보여주고 전달하는 것이며 내담자와 함께 생각하고, 느끼고 탐색하여 내적 준거체제를 발전시키려는 시도이다.

(1) 무조건적 긍정적 존중

무조건적 긍정적 존중이란 속으로든 겉으로든 비판적 언동을 보이지 않는 것을 의미한다. 그러니까 상담자가 조사를 하거나 해석을 하지 않고 또 시인이나 부정하는 태도를 보임 없이 내담자를 전적으로 신뢰하여 존중하는 것을 말한다. 특히, 그에게는 자기이해 및 긍정적 변화의 잠재력이 있음을 믿는 것이다.

상담자는 내담자를 갈등과 부조화, 그리고 좋은 점과 나쁜 점을 모두 갖추고 있는 그대로의 개인으로서 존중한다. 이러한 태도는 중립적으로 존중하는 것 이상을 말하는데, 즉 내담자를 가치 있는 인간으로 받아들이고 또한 존경을 표시하는 것까지 가리킨다. 존중은 또한 내담자에게 호감을 가지거나 온정으로 대하거나 그를 칭찬해 주는 것까지 포함한다.

상담자는 긍정적이건 부정적이건 간에 내담자를 평가하거나 판단하지 않는다. 내담자는 어떠한 조건도 필요로 하지 않고 무조건 존중된다. 즉, 상담자는 내담자를 무조건 긍정적으로 존중한다.

(2) 진솔성

진솔성은 상담자가 내담자와의 관계에서 나타내는 반응이 순간순간 그가 내적으로 경험하고 느끼는 바와 합치되는 상태를 의미한다. 그러니까 상담자는 상담관계 속에서 내담자에게 단순히 상담자로서의 역할을 수행하는 행동을 취하며 가식하거나 '~체'하지 않고 인간으로서의 자신의 모습을 진솔하게 나타내는 것을 말한다.

그런 의미에서 진솔성은 진정성, 진실성이라고도 불리나 일반적으로는 일치성이라는 용어로도 많이 불리는 경향이 있다. 진솔성이 있는 상담자는 속으로 생각하고 느끼는 것과 드러나는 언행이 같다. 그는 자신의 마음속 깊은 곳의 느낌을 각성하고 그것을 받아들이며 또 그것에 맞추어 적절한 언어적·비언어적 의사소통을 정확하게 구사할 수가 있다. 이 같은 진솔성이 상담관계에서 특히 중요한 이유는 다음의 몇 가지로 설명될 수가 있다.

첫째, 공감 및 무조건적 긍정적 배려와 마찬가지로 진솔성은 내담자로 하여금 상담자와 상담과정을 더 쉽게 신뢰할 수 있도록 해 준다. 만약 내담자가 상담자의 진솔성을 수용한다면 그에게 상담자가 나타내 보여주는 반응이 가시적인 것이 아니라 개방적이고 정직한 것임을 알게 된다.

둘째, 상담자가 진솔성의 반응을 통하여 자기의 약점까지도 기꺼이 가식하지 않고 나타낼 수 있을 때 내담자는 자기의 약점도 굳이 숨기려 하지 않게 되고 그래서 자기를 수용할 수 있는 가능성이 그만큼 커지게 된다.

셋째, 내담자가 상담자의 진솔성 반응을 경험하면 자기 자신도 보다 진실성 있는 사람이 되고자 노력하게 되는 효과를 보게 된다. 내담자는 자기의 감정과 반응을 숨기거나 가식하는 대신에 좀 더 솔직하고 정확하게 나타낼 수 있게 된다.

(3) 공감적 이해

공감적 이해란 상담자가 내담자의 생각, 감정, 경험에 대하여 상담자 자신의 주관적 입장에서가 아니라 내담자의 입장에서 듣고 이해하려는 반응이다. 그러니까 공감적 이해는 "타인의 입장에 서게 되는 것", 또는 "타인의 눈으로 사물을 바라보는 것"이라고 할 수 있다. 이에 공감은 상담자가 내담자와 "함께하는" 과정이라고 할 수 있다.

궁극적으로, 공감적 이해는 상담자가 내담자의 내면세계를 정확하게, 그리고 감정이입적으로 이해하는 것을 의미한다. 상담자가 자기 자신을 잃지 않고 내담자의 내적 세계를 마치 자신의 내면세계인 것처럼 느끼게 되는데, 이것이 감정이입이고 또 이 감정이입이 치료에 있어서 본질이다.

생각나무 **슬프니까 우는 것인지, 우니까 슬퍼지는 것인지?**

슬픔을 참지 못하고 눈물을 흘리거나, 노여움을 참지 못하고 얼굴이 붉어지는 경우가 있다. 우리는 상식적으로 '기쁘니까 웃고, 슬프니까 울며, 화가 나서 얼굴이 붉어진다'고 생각한다.

그런데 전혀 반대의 주장을 편 사람이 바로 제임스(James)와 랑게(Lange)이다. 그들은 '웃으니까 기쁜 감정이 생기고, 우니까 슬픈 감정이 생긴다'고 생각했다. 예컨대, '슬프다'는 감정이 일어나는 과정을 이들의 관점으로 살펴보자.

우선 눈물이 나오는 신체적 변화가 나타나면, 그 변화가 뇌에 전달되어 뇌가 '슬프다!'는 감정을 나타내게 된다는 것이다.

이와 반대되는 의견으로 '캐넌-버드 설'이 있다. 이 설은 대뇌 아래 부분에 있는 시상하부에서 감정이 발생한다는 주장이다. 시상하부에서 '슬프다'는 감정이 일어나면, 그것을 대뇌가 포착하여 '울어라! 울어라!' 하고 신체의 해당 기관에 명령한다는 것이다.

여러분은 슬퍼서 우나요, 우니까 슬퍼지는가요?

-신영백의 『심리학 통이 되는 책』 중에서-

CHAPTER 06

인지행동 상담이론

인간의 세 가지 측면인 사고, 정서, 행동의 관계에 대해 인지행동 상담이론이 어떤 입장을 취하는지를 살펴보고, 인지행동 상담의 여러 이론 중에서 엘리스(Ellis)의 합리적 정서행동치료의 이론적 근거, 상담방법 및 진행과정에 대하여 알아본다.

01 인간에 대한 기본입장

인간에게는 여러 측면이 있다. 사람은 감정을 느끼기도 하고, 생각을 하기도 하고 행동을 하기도 한다. 감정과 생각과 행동이 한 인간 내부에서 모두 일어나기는 하지만, 무엇이 더 중요한지에 대해서는 각자 입장이 다를 수 있다. 예컨대, 어떤 사람은 감정이 가장 중요하다고 여길 것이고, 어떤 사람은 생각이 가장 중요하다고 여길 것이고, 또 어떤 사람들은 행동이 가장 중요하다고 여길 수 있다.

그러나 인지행동적 접근에서는 인간의 여러 측면 중 인지, 즉 사고 또는 생각이 가장 우선적이며 제일 중요하다는 입장을 견지한다. 감정이나 행동도 물론 중요하지만, 그것들은 모두 사람들이 어떻게 생각하느냐에 따라 영향을 받는다고 한다. 이러한 입장을 인지의 우선성 또는 인지적 결정론이라 부른다.

좀더 쉽게 이해하기 위해 실직을 경험한 두 사람을 비교해 보자. 한 사람은 실직으로 인해 좌절하고 낙담해 있다. 이제는 모든 것이 끝나 버렸다는 절망감에 휩싸여 있으며, 직장을 구하려는 어떤 시도도 하지 않은 채 자포자기 상태에서 벗어나지 못한다. 반면에 다른 한 사람은 실직을 당한 직후에는 좌절과 낙담이 컸지만 곧바로 다른 직장을 찾아보려고 열심히 시도하고, 동시에 새로운 기술을 익히기 위해 학원도 다닌다. 상황이 힘든 것은 사실이지만 그래도 굴하지 않고 재기해 보려고 부단히 노력한다.

실직이라는 동일한 스트레스에 대한 이 두 사람의 대처가 왜 이리도 판이하게 차이가 나는가? 왜 전자는 절망상태에서 벗어나지 못하는 반면, 후자는 희망을 잃지 않고 재기를 위한 노력에 꿋꿋이 힘쓰는가? 그것은 바로 두 사람의 생각에 차이가 있기 때문이다(박경애, 2004). 전자는 실직이라는 스트레스 사건을 극복 불가능한 파국적 사건으로 생각했기 때문에 절망할 수밖에 없었고, 후자는 대처 가능한 부정적 사건 중의 하나 정도로만 생각했기 때문에 적응적인 대처 노력을 포기하지 않았다(이장호 외, 2005). 이를 통해 '모든 것은 생각하기에 달렸다'는 우리 속담을 떠 올릴 수 있다. 이는 사람들이 어떻게 생각하느냐에 따라 이어지는 감정이나 행동이 달라질 수 있다는 의미로 인지의 우선성을 잘 대변해 준다.

인지행동적 접근에서는 사람들의 생각과 행동은 모두 인지에서 나온다는 입장을 취한다. 즉, 사람들은 특정한 생각(예: 나는 무가치하다는 생각)을 하기 때문에 특정한 감정(예: 우울감)과 행동(예: 자포자기 행동)이 나오게 된다(현정환 · 후쿠시마, 2002). 이러한 입장을 따른다면 부적응을 겪는 사람을 변화시키기 위한 가장 효율적인 방법은 그 사람의 생각을 변화시키는 것이다. 그렇게 함으로써 잘못된 행동과 감정은 저절로 변화될 것이다. 결국 인지행동 상담 접근은 인간의 주된 특성을 인지에서 찾으려 하며, 인지를 변화시킴으로써 다른 모든 것을 변화시킬 수 있다고 믿는다.

02 엘리스의 합리적 정서행동치료

합리적 정서행동치료(REBT: Rational Emotive Behaviour Therapy) 이론은 인지행동 상담이론 중 가장 먼저 출현한 것인 동시에 가장 널리 알려져 있기도 하다. 이 이론은 잘못된 사고와 신념체계가 개인 문제의 근원이라고 보는 상담 및 심리치료기법이다. 이 기법은 임상심리학자인 엘리스에 의해 제안되고 널리 보급되었으며 매우 적극적·지시적·교육적이다. 이 접근방법의 기본철학은 인간의 심리적 고통을 대부분 잘못된 사고와 신념체계에 의한 부정적 정서반응으로 보고, 사고와 신념체계를 합리적으로 개선함으로써 부정적 정서, 즉 적개심, 분노, 열등감, 죄책감, 불안 등을 제거하거나 감소시킬 수 있다는 것이다.

그러므로 이 상담에서는 사고·판단·분석·행위·재결정은 인간의 인지적·행동적 측면을 강조하며, 치료방법은 전반적으로 교훈적이고 재교육의 과정처럼 보인다. 즉, 내담자의 사고형태를 교정하고 비합리적 사고를 합리적 사고로 대치시킴으로써 정신건강을 유지하도록 돕는다.

이 접근방법의 치료목표는 내담자의 자기패배적 인생관을 제거하고 더욱 통상적이고 합리적인 인생관을 획득하도록 돕는 것이다. 그리하여 인지적·정의적·행동적으로 조화된 삶을 영위하도록 하는 데 있다.

1) 내담자의 특성

이 이론에 의하면 인간이 불행함을 느끼거나 심리적으로 병들게 되는 것은 비합리적 신념 때문이라고 하며, 그 내용을 살펴보면 다음과 같다(박성수, 1986).

첫째, 인간은 모든 중요한 사람으로부터 사랑받고 인정받아야 한다.

둘째, 인간은 스스로 가치 있다고 생각하려면 모든 영역에서 빈틈없이 유능하고 성공을 거두어야 한다.

셋째, 나쁘고 사악한 사람은 벌을 받아야 한다.

넷째, 원하던 일이 실패로 돌아가면 끔찍하고 슬프다.

다섯째, 인간의 불행은 외적 조건에 의한 것이고 사람은 자신의 불행을 극복할 능력이 없다.

여섯째, 위험한 일이 일어날지도 모를 때에는 관심을 갖고 실제 일어날 것에 철저히 대비해야 한다.

일곱째, 삶의 어려움이나 책임질 일은 직면보다 회피하는 것이 더 쉽다.

여덟째, 인간은 타인을 의지해야 하며 자신이 의지할 수 있는 강력한 사람이 필요하다.

아홉째, 인간은 문제가 있을 때, 완전한 해결책을 찾아 해결하지 못하면 슬프다.

열째, 인간은 과거 영향에 의해 현재 행동의 결과를 초래하고 그것은 계속될 것이다.

엘리스는 이처럼 비합리적 신념이 부모에게서 배우고 사회에서 강화된 것으로 인간이 이러한 것에 계속 시달리게 되면 결국 정서적 장애를 일으키는 것으로 보았다. 결과적으로 상담자는 내담자에게 자기의 왜곡된 지각과 비합리적 사고에 의해 심리적 문제가 발생하게 된 것을 일깨워 주고 현실적이고 융통성 있는 사고로 재조직하도록 교육해야 한다.

2) 상담의 방법과 진행과정

인간의 심리적 · 행동적 문제는 비현실적이고 비합리적인 사고와 신념에 기인하고, 그러한 신념체계를 교정함으로써 문제를 해결하려는 입장이다. 고도의 지적 · 정의적 접근으로 지시적이고 상식적이며 해결중심적 접근을 원하는 사람들에게 좋은 반응을 보인다. 내담자의 지적 수준에 따라 제한되는 한계가 있다. 노인 및 아동에게는 적용하는 데 다소 제한적일 수 있다.

합리적 정서행동치료의 기본절차(ABCDE 전략)는 다음과 같다.

① **선행사건**(Activating Event): 인간의 정서적 반응을 유발하는 사건이나 현상
② **신념체계**(Belief): 그러한 환경적 자극에 대해서 각 사람이 가지게 되는 태도
③ **결과**(Consequence): 선행사건과 관련된 신념으로 인해 생긴 결과
④ **논박**(Dispute): 비합리적 신념에 대한 도전, 다시 생각해 보도록 하는 과정
⑤ **새로운 결과**(Effect): 바람직한 정서와 행동이 발현됨

3) ABCDE 전략의 도식화 및 사례

(1) 도식화

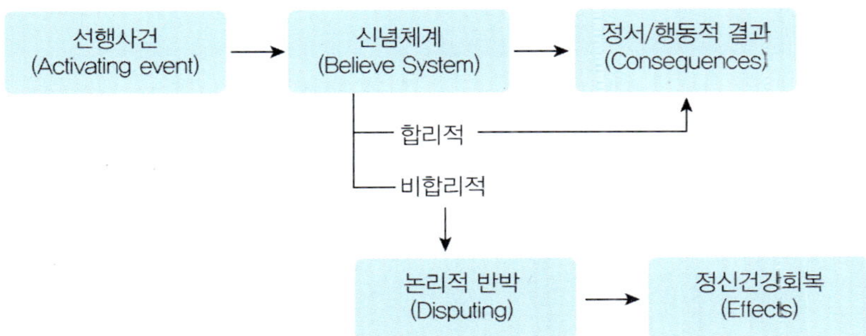

[그림 6-1] ABCDE 전략의 도식화

A(선행사건)	B(비합리적 신념체계)	C(결과)
연속하여 입학시험에 떨어졌다.	"연속적으로 시험에 떨어지다니 나는 얼마나 무가치한 인간인가! 더 이상 견딜 수 없다."	극심한 우울증과 더불어 자살 경향성을 보임

D(반박)
"내가 연속적으로 시험에 떨어졌다고 해서 반드시 무가치한 인간인가?" "계속 시험에 떨어진 사실이 반드시 참을 수 없는 것인가?" "계속 시험에 떨어진 것은 실망스럽고 섭섭하지만, 그렇다고 무가치한 인간이고 죽어야만 하는 것은 아니다. 나는 이 상황을 극복해 낼 수 있다."

E(효과)
의기소침, 섭섭함의 수준에 머무름. 그리고 보다 적극적으로 이 상황을 타개하는 생각을 돌릴 수 있다.

[그림 6-2] ABCDE 전략의 도식화(예)

(2) 사 례

① 대인관계의 어려움과 신체화 증상을 극복한 회사원

대인관계의 어려움과 신체화 증상을 극복한 회사원 김신숙(가명, 25세) 씨의 사례

- 합리적 정서행동치료 적용
- 비합리적 신념과 합리적 신념 제시

비합리적 신념	합리적 신념
1. 내 장 소리를 다른 사람이 듣게 되면 웃음거리가 된다.	1. 다른 사람이 듣게 되더라도 대부분은 그냥 지나친다. 만약 그 소리로 나를 웃음거리로 만든다면 그것은 그 사람들에게 문제가 있다.
2. 나는 항상 타인에게 잘 보여야만 한다.	2. 항상 다른 사람에게 잘 보일 필요는 없다. 잘 보이게 되면 좋지만 그렇지 못하더라도 나의 가치가 하락하는 것은 아니다.
3. 나는 내가 제일 잘나야만 한다.	3. 제일 잘난 사람이 되는 것보다 인간답게 성실히 사는 것이 더욱 중요한 가치이다.

② 사랑받지 못한다는 잘못된 믿음을 가진 경우

평소에 사람들이 자기를 좋아하지 않는다고 생각하는 사람이 모임에 참여하게 되었다. 자기를 좋아하지 않는 사람들 사이에 있으니까(있다고 생각하니까) 먼저 말을 걸지도 않고, 누가 말을 걸어도 그냥 단답형으로 말했다. 그리고 마음이 불편하다 보니까 긴장이 되어서 표정도 굳어 있고 행동도 조금 경직되어 있었다.

옆 사람 A: 저 사람은 오늘 몸이 안 좋은가 보다. 말을 걸면 피해를 주는 것이 될 것이다. 말을 걸지 말자.
옆 사람 B: 오늘 기분이 나쁜 것 같다. 괜히 말 걸어서 부담 주지 말자.
옆 사람 C: 저 사람은 내성적인 사람인 것 같다. 먼저 말 걸기가 좀 부담된다.
옆 사람 D: 저 사람은 내가 싫은가? 내가 인사해도 떨떠름하네. 기분 나빠.
옆 사람 E: 소극적인 사람이군. 내 스타일이 아냐.

이런 이유로 그 사람에게 말을 거는 사람이 별로 없었다. 그러자 그 사람은,

본인(나): 아, 역시 사람들이 나를 별로 좋아하지 않아(자동화된 사고). 그냥 여기 안 온다고 거절할 걸. 왜 온다고 했을까? 또 그 친구는 내가 이런 자리 불편한 거 뻔히 알면서 왜 나를 여기 오라고 했을까? 시간이 왜 이리 안 가지.

이런 과정을 거치면서 그 사람은 그 자리가 더 불편해진다. 그리고 더 불편해져서 다른 사람들은 자기의 생각이 옳다고 생각하여 더 말을 걸지 않았고, 그 사람은

본인(나) : 만약 사람들이 나를 싫어하면 말도 안 걸 텐데(가정: 중간믿음). 이렇게까지 말을 안거니까, 너무 괴롭다. 난 너무 못났어. 창피해!(태도: 중간믿음) 다시는 이런 데 안 올거야. 아님 친한 사람이 많은 자리만 가든가(규칙: 중간믿음) 이런 중간믿음이 활성화되고 마지막에는, 정말 사람들은 나를 안 좋아한다(핵심믿음). 나는 왜 이렇게 살까?(2차적 푸념)

이런 생각들은 앞의 생각과 마찬가지로 어떤 사람은 거의 느끼지 못하고 우울한 기분만 느끼거나, 심지어 그 우울한 기분조차도 느끼지 못하고 그런 기분을 해결하기 위해서(그 사람이 쓰는 대처-보상법은),

- 폭식을 한다.
- 회사 일에 몰두한다(능력이 있는 것을 스스로에게 증명하여 남들이 나를 좋아하지 않는다는 생각을 보상하려 한다).
- 다른 사람과 친하게 지낸다(나를 좋아하는 사람이 있다는 것을 확인하기 위해서. 보통은 내게 별로 좋지 않거나 나하고 안 맞는 경우가 많다).
- 취미생활을 한다(대개는 사람 만나는 것과 별로 관계가 없는 일이 될 가능성이 많다. 아니면 별로 그런 기분을 느끼지 않을 만한 사람일 가능성이 많다).
- 항상 불안해하면서 사람 만나는 것에 더 집착한다(그래서 사람 만나는 것을 매우 두려워하고, 잘 사귀지 못하지만 사람 사귀는 것은 그 사람에게서 매우 높은 우선순위를 차지하는 역설적인 현상이 생긴다).
- 우울해 하면서 점점 고립된다.

이런 식으로 자기에게 도움이 안 되는, 즉 자기가 현실에 적응하는 데 도움이 안 되고 마음도 편하지 않는 방식의 해결책을 찾는다. 그러는 가운데 점점 더 대인관계가 어려워진다. 겉으로 보기에 그냥 사람 사귀는 것을 별로 좋아하지 않거나, 대인관계가 활발하지 않는 사람 정도로 인식되지만, 심한 경우에는 사회공포증이나 대인기피증 등으로 완전 고립되어 우울증으로 발전될 수 있다.

생각나무 **겁쟁이가 더 큰소리치는 심리는?**

목소리에는 그 사람의 심층심리가 잘 나타난다. 일반적으로 스포츠계에 종사하는 사람은 목소리가 크고 원기가 있어 밝은 성격이 잘 나타난다. 한편 기가 약한 사람은 목소리도 작아 자신감이 없어 보인다. 그러나 사람은 자기의 약한 기질을 감추고 싶어 하는 경향이 있어 무의식적으로 큰 목소리를 낸다.

그러나 의식적으로 큰 목소리를 내면 겁쟁이라는 것을 무의식적으로 표시하는 것이 된다. 자신감이 있는 사람은 목소리를 무기로 할 필요가 없으므로 상황에 따라 목소리의 크기를 조절할 줄 안다.

반면 자신감이 없는 사람은 목소리를 조절할 수 없더 고함치듯이 말하는 경향이 있다. 다시 말하면 주위 사람을 신경 쓰지 않고 큰 목소리로 말하는 사람은 목소리 크기를 무기로 하는 겁쟁이라고 할 것이다. 호탕하고 쾌활하게 보일지는 모르지만 소심함을 감추려는 것에 지나지 않는다.

여러분은 혹시 의도적으로 큰 목소리로 말하지 않습니까?

-최광선의 『한 길 사람 속 읽기』 중에서-

07 CHAPTER 상담기법 및 상담연습

01 상담의 전개과정

1) 접촉: 내담자에게 접근한다.

첫 만남의 단계에서는 다음과 같은 기법으로 접근한다. 먼저 인사를 나누고 난 뒤, 의자에 앉을 것을 권하며, 최대한 편안한 분위기를 느끼도록 상담자 자신도 안정되고 평안한 상태에서 마주보고 앉는다. 또는 조금 대각선의 방향에 앉아서 상대방을 바라본다. 시선의 높이는 같도록 하여 따뜻함과 부드러움이 자연스럽게 흘러나오도록 한다.

내담자가 의자에 앉으면 날씨나 취미 등에 관한 일상적 대화를 하기도 하지만, 그 다음 장면에서 부자연스러운 분위기가 되지 않도록 유의해야 한다. 오히려 본론으로 바로 들어가는 것이 좋을지도 모른다. 예를 들어 "어떤 일로 오셨습니까?", "어떤 문제로 오셨는지 이야기해 주시겠습니까?" 등으로 이야기를 꺼낸 후 "그 문제에 대하여 함께 생각해 보고 싶군요." 혹은 "○○님의 기분을 정리하는 데 도움을 드리고 싶군요."로 이어 주는 것이 좋다.

이야기를 조급하게 끌어나가지 않도록 속도조절을 하는 게 좋다.

2) 응답: 내담자의 마음에 접근하여 반사한다.

내담자가 자신의 문제에 대하여 이야기를 시작하면 상담자는 내담자의 이야기를 적극적으로 수용하면서 "○○님의 이야기를 들어 보니, 나에게는 ~으로 이해됩니다만, 그렇게 이해해도 되는지요?"라고 확인하면서 듣는다. 이것은 내담자의 입장에서 자신의 이야기가 상담자로부터 어떻게 받아들여졌는지를 알 수 있는 피드백이 된다. 즉 상담자의 반응을 확인한 내담자가 "그게 아니고 ~입니다만."이라고 수정하거나 "그렇습니다."라고 인정하기도 하고, 또는 "그렇게도 생각해 볼 수 있지만~."이라고 부분 수정할 수도 있다. 즉 내담자의 이야기를 피드백하는 데 효과적이다.

내담자의 이야기를 듣고 난 후, "그 이야기에 대하여 조금 더 듣고(알고) 싶다."라고 질문기법으로 던져도 좋다. 이야기에 대하여 더 상세하게 알고 싶거나 더욱 깊이 있는 이야기가 나오도록 유도할 때 요구된다. 마지막에는 "이야기를 하고 나니 기분이 어떻습니까?" 또는 "앞으로 어떻게 되기를 원하십니까?" 등으로 내용을 이해한다.

3) 대결: 상담자의 느낌과 생각을 표현한다.

상담자의 견해나 입장을 피력하는 대결구도이다. 상담자는 "지금까지 ○○님의 이야기를 들어 보았습니다. 현재의 기분을 너무 잘 알겠습니다. 그런데 하나 알 수 없는 게 있습니다만, 그건 만일 저라면 당연히 상대방을 미워할 것 같은 마음이 생길 것이라고 생각하는데, 지금 ○○님의 이야기를 들어 보니 전혀 그런 기분을 느낄 수가 없군요. 왜 그런지 알고 싶군요." 또는 "조금 전 ○○님은 부정하셨지만, 그 사람의 이름을 꺼낼 때 '목소리에 분노 같은 것을 느끼고 있구나.'라고 느꼈습니다만, 맞습니까?"라는 식으로 자신의 느낌을 솔직하게 내담자에게 개방해 보인다. 이것이 상담자의 대결이다. 상담자가 항상 열심히 듣고 상냥하기만 한 경청자는 아니다.

4) 인지행동적 지원: 내담자가 주체적으로 행동하도록 돕는다.

이 단계에서는 "자신이 어떠한 모습이 되고 싶은가?" 그러기 위해서는 "어떠한 행동이 필요하며 그것이 가능한가?"에 대하여 생각하는 것이 생활을 적극적 형태로 바꾸는 힘이 된다. 특히, 주의할 점은 "달성 가능한 목표설정, 무리하지 않는 계획과 방법, 행동의 자기감시, 자기평가에 의한 행동의 자기수정"이라고 하는 내담자의 일련의 과정을 상담자가 도와주게 된다. 즉, 내담자는 상담에 의해 자신을 받아들이게 되고 이제 자기다운 모습을 보여주면서 적극적으로 행동하게 된다. 자신의 일이나 대인관계에 대해 새로운 관점에서 목표를 세우고 그것을 향해 자신의 행동을 조정하기 시작한다.

5) 종결: 내담자의 독립을 지켜본다.

상담이 오래 지속된다고 좋은 것은 아니다. 무거운 짐을 어깨에 메고 산 속을 헤매고 있는 내담자 앞에 상담자가 나타나 부축을 하게 된다. 그리고 내담자가 짐을 내려놓고 자기 나름대로의 살아가는 길을 찾는 과정을 도와주면서 활기차게 자신의 길을 걸어가는 모습을 보게 되면 상담자는 점차적으로 내담자와 거리를 멀리하게 된다. 이렇게 해서 상담과정은 종결을 맺게 된다. 마지막에서는 그가 실천하도록 주변의 환경을 만들어 주고 돕는 게 가장 중요하며, 조금은 힘들어하는 내담자의 새로운 길에 지나친 온정적 태도는 내담자의 재활을 가로막는 장애가 됨을 인식해야 한다.

02 상담의 대화기법 및 연습

상담의 대화기법에는 여러 가지가 있지만, 이 장에서는 김희수 등(2008)과 박성희(2005)의 대화기법을 토대로 상담 간에 주로 사용하는 대화기법인 주의집중 및 경청, 명료화, 정서 되돌리기(반영), 요약, 저항 다루기, 즉시성, 화제 바꾸기, 구체화, 직면, 해석, 그리고 나－전달법에 대하여 살펴보고자 한다.

1) 주의집중과 경청

(1) 주의집중과 경청의 기본 개념(ENCOURAGS)

E(eye): 적당한 정도의 눈 마주치기를 유지하며 눈과 목 사이를 왔다 갔다 한다.

N(nods): 고개를 끄덕인다.

C(cultural differences): 문화적 차이를 인식하고 상호 존중한다.

O(open): 내담자 쪽으로 열린 자세를 유지하고 마주 보면서 내담자 쪽으로 귀 기울인다(팔짱을 꽉 끼지 않으며 다리를 꼬고 앉지 않기).

U(unhum): '음' 등의 인정하는 언어를 사용한다(minimal encourager).

R(relaxed): 편안하고 자연스러운 자세를 취한다.

A(avoid): 산만한 행동은 피한다.

(너무 깔깔대며 많이 웃거나 머리카락이나 물건 등을 만지작거리는 것을 피한다.)

G(grammatical): 내담자의 문법적 스타일, 내담자와 같은 언어스타일을 사용한다.

S(space): 적절한 공간을 사용한다. 너무 가깝거나 너무 멀지 않게 앉는다.

(2) 기본적 경청기술

① 소극적 경청(침묵)

상담자가 말을 많이 하면 내담자가 말하기 어렵다. 효율적 상담자는 내담자와 보내는 대부분의 시간을 침묵하고 있다. 소극적 경청을 하면 감정을 상담자에게 내보이며 처음에 드러냈던 문제보다 더 깊고 근본적인 문제에 접근할 수 있도록 도와주는 역할을 한다.

② 인정하는 반응

말이 잠시 끊어질 때에는 상담자가 잘 경청하고 있다는 것을 알리는 언어적·비언어적 신호를 보내는 것이 필요하다. 고개 끄덕임, 열심히 경청하고 있다는 뜻으로 앞으로 약간 수그리기, 미소, 찌푸리기 등의 몸동작을 적절히 사용하면 상담자가 잘 듣고 있다는 것을 내담자에게 알릴 수 있다. "음음", "오", "그래" 같은 '감정이입의 중얼거림'이라고 부르는 언어적 신호를 보낼 수도 있다.

③ 마음의 문을 여는 데 도움을 주는 언어

내담자가 자신의 감정과 문제에 대해 이야기하려 할 때 격려가 필요할 경우가 있다. 특히, 첫 단계에서 그러하다. 효율적 상담자는 다음과 같이 마음의 문을 여는 데 도움을 주는 언어로 말을 시작한다. "그것에 대해 말하고 싶니?", "그것에 대한 너의 생각에 난 관심이 있단다.", "그것에 관해 뭔가 느끼는 게 있는 것 같구나.", "저것에 관해 좀 더 말하고 싶니?" 등이다.

④ 반영적 경청

가장 효율적인 경청기술이다. 내가 하고 싶은 말을 하지 않고 다만 내담자가 말한 메시지를 반영해 주거나 다시 내담자의 말을 확인하는 종류의 언어적 반응이다. 이것을 반영적 경청이라고 한다. 이것은 상담자가 내담자에게 들은 것을 다시 확인함으로써 내담자의 말을 이해하고 있고 또 내담자의 말을 경청하였음을 적극적으로 나타내어 준다. 상담자의 반응은 단순히 내담자가 호소해 온 말을 다시 되풀이해 주는 것이지만, 경청하는 내담자 입장에서는 상담자를 신뢰하게 되는 계기가 된다.

(3) 대화기법 연습

내담자 1: 사람이 죽으면 어떻게 되는 건가요?
상담자 1: 사람이 죽으면 어떻게 되는가에 대해 궁금한 모양이지?

내담자 2: 요즘 건강이 많이 나빠졌어요.
상담자 2: 건강이 많이 나빠져서 걱정이시군요.

2) 명료화

(1) 개 념

명료화는 상대방의 대화내용을 분명히 하고 상대방이 표현한 바를 정확히 자각하였는지 확인하는 대화기술이다. 상대방이 전달하는 메시지를 잘 이해하지 못했을 때, 상대방이 표현하는 내용을 보다 정교하게 이해하려 할 때, 또는 자신이 들은 내용의 정확성 여부를 직접 점검하고 싶을 때 명료화 기술을 사용할 수 있다.

대화 도중에 불명확한 대명사, 애매한 어휘, 다중 의미를 가진 어구, 뒤틀린 문법의 사용 등으로 혼란스러워질 때가 있는데 이런 경우 상담자는 지체 없이 명료화 기술을 적용할 필요가 있다.

명료화 기술이 효율적으로 사용되려면 첫째, 내담자가 언어적·비언어적으로 표현한 실제 메시지의 내용을 확인한다. 둘째, 청취한 메시지 중에서 애매한 부분, 혼란스러운 부분, 더 확인할 부분을 찾아낸다. 셋째, 명료화해야 할 내용을 적당한 말로 표현한다. 대개 의문형으로 표현하는 것이 무난하다. 넷째, 내담자의 반응을 듣고 관찰함으로써 명료화의 효과를 평가한다.

상담자는 명료화 기술을 사용하되 상담의 흐름이 단절되지 않도록 하고, 내담자가 지나치다고 느끼지 않을 정도로 빈도를 적절히 조절할 필요가 있다.

(2) 대화기법 연습

내담자 1: 선생님, 인우 할머니가요, 내 지팡이를 안 돌려 줘요.

상담자 1: 지팡이를 안 돌려준다니요?

내담자 2: 그게요, 내가 예전에요, 인우 할머니랑 지팡이를 바꿨는데 다시 돌려 달라고 하니까 인우 할머니가 안 돌려 줘요.

상담자 2: 그래요? 왜 그랬을까요?

내담자 3: 내가요, 마트에서 내 맘에 드는 지팡이가 있어서 주인한테 팔지 말라고 했는데, 주인이 인우 할머니한테 팔아서 내가 인우 할머니한테 바꾸자고 해서 바꿨었거든요.

상담자 3: ____.

내담자 4: 지금은 바꾼 지팡이가 싫증이 나요.

상담자 4: 지팡이가 싫증이 난다는 게 무슨 뜻이지요?

내담자 5: 지팡이 모양이 단조로워서 싫단 말이에요.

상담자 5: 처음부터 그랬던 거예요?

내담자 6: 아니오. 처음에는 지팡이 색깔이 예쁘고 좋았는데 지금은 지팡이 모양이 너무 단조로워서 짜증이 나요.

예상답안

- 처음에는 할머니가 인우 할머니의 지팡이가 맘에 들어서 바꾸자고 해서 바꿨는데, 지금은 원래대로 바꾸고 싶다는 거지요? 생각이 바뀐 이유가 뭘까요?
- 먼저 바꾸었던 인우 할머니의 지팡이와 할머니의 지팡이를 지금 다시 바꾸고 싶다는 말을 하시는 거지요? 그런데 왜 지팡이를 바꾸고 싶은 생각이 들었지요?

3) 정서 되돌려 주기(반영)

(1) 개 념

정서 되돌려 주기는 내담자의 메시지에 담겨 있는 정서를 되돌려 주는 기술을 말한다. 내담자의 메시지 내용 중 인지 측면과 정서 측면의 상호 배타적으로 명확히 구분되는 것은 아니지만 상담자가 이 둘 사이의 차이를 변별하는 것은 그리 어려운 일이 아니다.

정서 되돌려 주기는 정서에 초점을 맞춘다는 점을 제외하면 내용 되돌려 주기와 매우 유사하다. 정서 되돌려 주기도 몇 가지 대화 효과를 가져온다. 우선 정확한 정서 되돌려 주기는 내담자로 하여금 자신의 깊은 속을 이해받고 있다는 느낌을 심어주어 내담자의 자기개방 수준을 심화시킨다. 단순히 말의 내용이 아니라 자신이 표현하고 싶은 깊은 속내를 꼭 집어 이해하고 있다는 느낌은 상담자에 대한 친밀감을 배가시키는데, 그 결과보다 적극적으로 자신의 내면을 드러내게 된다.

내담자의 느낌과 감정의 세계가 개방되면 그만큼 문제의 전모를 파악하기가 쉬워지므로 상담이 보다 원활하게 이루어질 수 있다. 정서 되돌려 주기는 내담자가 느끼는 여러 감정을 정확히 변별하는 데도 도움을 준다.

(2) 대화기법 연습

내담자 1: 선생님, 우리 방 할머니들은 제가 시골에서 요양병원에 왔다고 놀리기도 하고 놀이할 때도 잘 끼워 주지 않아요.

상담자 1: 같은 방 할머니들이 놀 때 잘 끼워 주지 않아서 속상하기도 하고, 같은 방의 할머니들한테 화가 많이 난 것이 맞지요.

내담자 2: 네. 그래서 지난 주에는 다시 시골 집으로 갔으면 좋겠다는 생각까지 들었어요.

상담자 2: ____.

내담자 3: 네. 내가 쓰는 사투리도 웃긴가 봐요. 내가 말을 할 때마다 모두들 따라 하면서 놀려요. 그럴 때마다 정말 답답해요.

상담자 3: 같은 방 할머님들이 말투 가지고 놀려서 답답한가 보네요. 사투리는 쉽게 고칠 수 있는 것도 아닌데요.

내담자 3: 선생님, 정말 어떻게 해야 할지를 고르겠어요.

예상답안

- 시골 집으로 다시 돌아갔으면 좋겠다고 생각할 정도로 힘들단 말이지요? 할머니가 왜 요양병원을 와서 이런 대접을 받아야 하나 하는 생각을 하다 보니, 화도 나고 억울한 마음까지 들었겠어요.
- 같은 방 할머님들이 따돌리고 화도 나고 억울하기도 하고 무척 답답하시겠어요.
- 괜히 요양병원에 와서 고생을 한다고 생각하니 후회도 되고 화도 나고 참 힘들었겠어요.

4) 요 약

(1) 개 념

내담자의 이야기를 어느 정도 듣다 보면 그가 표현한 내용 중에서 반복적으로 또는 일관성 있게 등장하는 주제들이 발견된다. 사실 내담자는 무언가 털어놓고 싶은 주제가 있어 상담자를 찾는 것이므로 자신의 심리 에너지가 쏠려 있는 그 주제는 대화를 통해 표출되기 마련이다. 반복해서 강하게 표현되는 이 주제들을 확인하여 드러내는 기술이 바로 요약이다. 이렇게 보면, 요약은 단순히 앞에 언급된 내용들을 간추려 정리하는 수준이 아니라 여러 상황과 장면 속에 흩어져 표현된 이야기 주제들을 찾아내어 묶고 이를 내담자에게 되돌려 주는 기술이라고 말할 수 있다.

상담자는 요약기술을 통해 몇 가지 효과를 얻을 수 있다. 첫째, 요약은 내담자의 메시지에 들어 있는 다양한 요소들을 한데 묶는 역할을 한다. 둘째, 내담자의 지루한 이야기 전개를 중지시키는 방법으로 활용될 수도 있다. 요약기술을 통해 대화의 초점을 되살리는 방법이다. 셋째, 요약은 대화의 속도를 조절하고 지금까지 면담에서 성취한 바를 확인하는 방법으로 쓰일 수도 있다. 상담대화의 중간 중간 매듭을 지어 놓음으로써 한숨을 돌리고 대화를 정리하는 기회를 갖는 것이다.

(2) 대화기법 연습

내담자 1: 선생님, 저는 우리 조가 싫어요. 자리 좀 바꿔 주세요.
상담자 1: 할머니가 소속된 조원 모두가 싫다는 얘기인가요?
내담자 2: 네. 특히 현성이 할머니가 정말 맘에 안 들어요.
상담자 2: 그동안 같은 조 할머니들한테 속상한 게 많았나 보네요. 특히 현성이 할머니한테요?
내담자 3: 네. 무척 속상하고 짜증 나요.
상담자 3: 으음. 무슨 일 때문에 속상하고 짜증이 날까요?
내담자 4: 현성이 할머니요. 매일 조별 활동할 때 맡은 일도 안하고 게으름만 피워요. 또 다른 할머니들은 하긴 하는데, 늘 별루예요. 결국 조 활동을 하려면 내가 다 신경써야 하고, 할머니들한테 열심히 하라고 다그치게 돼요. 그러면 할머니들은 잘난 척하지 말라며 나랑 자꾸 싸우게 돼요. 정말 나만 열심히 하게 되고 힘들어져서 짜증 나요.
상담자 4: ____.
내담자 5: 네. 정말요.

예상답안

할머니가 원하는 만큼 같은 조 할머니들이 조별 활동을 열심히 하지 않아서 자꾸 다툼이 생기고 그래서 자리를 바꾸고 싶다는 거지요. 특히 현성이 할머니가 심하고요.

5) 저항 다루기

(1) 개 념

내담자가 상담자를 만나 자기개방을 하지 못하고 껄끄러워 하는 이유는 낱낱이 열거하기 어려울 정도로 많을 것이다. 비밀브장의 문제, 변화에 대한 저항, 수치심, 드러날 자신에 대한 두려움, 쏟아질 감정에 대한 염려 외에도 여러 가지 이유가 있을 수 있다. 이유야 무엇이든 자신의 내면을 탐색하는 일, 그리고 다른 사람 앞에서 자신을 노출하는 일은 누구에게나 결코 반가운 일이 아니다. 따라서 상담자는 내담자의 거리낌과 저항에 대해 무엇보다도 먼저 이 반응들이 자연스러운 것임을 인정해야 한다.

다만 상담자는 첫 면담부터 억지로 내담자의 나 면을 파고들려는 대화를 시도하는 것은 자제하는 것이 좋다. 서먹서먹하고 어산 해하는 내담자의 반응을 수용하고 바로 그런 행동을 대화의 출발점으로 삼는 것도 고려해 볼 일이다. "갑자기 상담을 하자니 어색하고 이상한 느낌이 들지요?", "가족들이 강제로 가라 해서 오기는 왔는데, 내가 여기에 와서 상담을 해야 하는지 이해할 수 없다는 표정이네요.", "능력이 있으면 내 비밀을 한번 캐내 브라고 말하는 듯하군요."라고 시작해 보는 것도 괜찮다. 상담자는 최대한 인내하고 내담자의 마음에 신뢰와 믿음, 그리고 안정을 가져다주는 태도가 필요하다. 특히 상담자와 내담자 간 첫 회기에 잘못된 만남은 상담의 실패로 이어질 가능성이 높다는 사실을 인지해야 한다.

(2) 대화기법 연습

내담자 1: (상담실에 들어와 입을 꼭 다물고 눈을 내리깔며 양손을 다리 사이에 넣고 비벼 댄다. 가끔 상담자의 눈치를 보며 씩씩댄다.)

상담자 1: (5분 정도 말없이 편안하게 앉아 기다린다. 몸을 앞으로 수그리며) 할머니, 손 아프지 않아요?

내담자 2: (화들짝 놀라며 비비던 손을 무릎 위에 놓는다. 입술을 움직일 뿐 말이 없다.)

상담자 2: ____.

내담자 3: 입술이 움직이며 웃음이 살짝 번진다.

상담자 3: (내담자의 표정을 놓치지 않고) 이 노래, 누구 노랜 줄 알아요?

내담자 4: (알고 있다는 듯) 나훈아요.

상담자 4: 나훈아 노래를 좋아하나 보시네요.

내담자 5: (고개를 저으며) 아니오.

상담자 5: (두 손을 책상 위에 모아서 놓으며) 아니면 누구 노래를 좋아하는데?

내담자 6: (신이 난 목소리로) 이미자의 「여자의 일생」, 「섬마을 선생님」, 진성의 「보릿고개」를 좋아해요.

상담자 6: (활짝 웃으며) 좋은 노래를 많이 알고 계시네요.

내담자 7: (웃는다.) 선생님도 노래 좋아하세요.

상담자 7: (맞장구를 친다.) 그럼요. 그런데 그동안 할머니에게 무슨 일이 있었나요? 제가 좀 알면 안 될까요?

내담자 8: (기분 나쁘다는 듯이) 며느리랑 싸웠어요. 며느리가 제 아들에게 함부로 대해요. 그래서 며느리가 미워서 볼 때마다 나도 모르게 화가 나요. 그런데 며느리가 내 성격이 이상하게 변한다고 하네요, 비겁하게.

예상답안

- 할머니, 우리 분위기 좀 바꿔 볼까요? (음악을 틀어 준다.)
- (할머니의 얼굴을 바라보며) 음. 말을 별로 하고 싶지 않은 모양이네요. 할머니, 우리 음악 좀 들어볼까요? (이미자의 「여자의 일생」 노래를 들려준다.)

6) 화제 바꾸기

(1) 개 념

상담이 진전되면 상담자는 서서히 대화의 맥을 잡고 초점을 뚜렷이 할 필요가 있다. 촉진적 상담관계를 형성해야 하는 상담 초기에는 아무래도 상담자가 내담자의 이야기에 특별한 제한을 가하지 않고 자유롭게 진술하도록 놓아두는 것이 좋다. 그러나 상담횟수가 거듭되고 튼튼한 상담관계가 거듭되고 튼튼한 상담관계가 구축되었다는 판단이 들면 상담자는 내담자의 상담과제를 명료화하고 상담과제의 바람직한 해결을 위해 구체화된 전략을 동원해야 한다.

대화를 상담과제에 집중시키는 방법의 하나로 가지치기 기술을 들 수 있다. 가지치기는 내담자가 언급한 내용 중에서 특별히 탐색하려는 주제와 관련성이 적은 내용들을 잘라 버리는 것이다. "아까 하던 이야기로 돌아가서.", "그 사건 이야기는 그만하시고 그로 인해 아내에 대해 어떤 느낌이 들게 되었는지를 말해 보시지요.", "지금 말한 것들 중 특히 어떤 것이 제일 마음에 걸리지요?" 등은 화제를 전환하여 대화의 초점을 좁혀 가는 가지치기에 해당한다. 단, 상담자는 화제 전환을 할 때, 내담자로 하여금 자신이 무시당한다는 느낌을 주지 않도록 조심하여야 한다.

(2) 대화기법 연습

상담자 1: 할머님, 오늘 짝꿍 준우 할머님이랑 왜 싸웠어요?

내담자 1: 오늘은 정말 되는 일이 하나도 없는 것 같아요. 아침부터 침대에서 일어나다 다리를 다치고. 아침부터 일이 꼬이니까 정말 되는 일이 하나도 없어요.

상담자 2: 그래. 그런 날도 있지요.

내담자 2: 네. 그렇긴 해도, 오늘은 정말 즐겁게 보내려고 했는데. 하여튼 그래서 기분이 좋지 않았어요. 짜증만 나고.

상담자 3: 할머님이 오늘 아침 침대에서 다친 일 때문에 신경이 많이 쓰이군요.

내담자 3: 네. 준우 할머니가 내가 다친 게 조심성이 없어서 그렇대요. 하여튼 아침부터 짜증이 나요.

상담자 4: ______________________________.

예상답안

- 그랬군요. 할머님, 그럼 오늘 아침에 준우 할머님과 있었던 일에 대해 이야기해 볼까요?
- 으음. 그런데 할머님, 짝꿍인 준우 할머님과의 오늘 아침 일이 신경이 쓰이는 거지요?
- 그래서. 오늘 준우 할머님과 싸우게 됐군요?

7) 구체화

(1) 개 념

대화하는 내담자의 세계를 잘 이해하는 첫째 방법은 내담자가 표현하는 내용을 정확히 아는 것이다. 내담자의 표현내용을 정확히 알기 위해서 필요한 것이 표현 내용이 의미하는 바를 구체적으로 파악하는 일이다. 구체화 기술은 내담자의 메시지 중에 불분명하고 불확실한 부분, 애매해서 혼란을 주는 부분, 내담자 고유의 지각이 반영되어 선뜻 이해하기 어려운 부분 등을 정밀하게 확인하는 방법이다.

구체화는 내담자로 하여금 자신의 체험 내용과 내면세계를 명확히 드러내어 표현함으로써 내담자 이해를 돕고 상담과제의 전모를 파악하는 데 도움을 주는 대화의 핵심 기술이다.

앞서 언급한 명료화가 내담자 메시지의 전후 문맥을 분명히 하기 위한 기술이라면, 구체화는 내담자가 사용하는 언어 내용의 정체를 구체적으로 확인하는 기술이라는 점에서 차이가 있다.

(2) 대화기법 연습

내담자 1: 의사 선생님, 저 물리치료 받으러 다니기 싫어요.

상담자 1: 물리치료 받으러 다니기 싫다고요?

내담자 2: 네.

상담자 2: ____.

내담자 3: 다 싫어요.

상담자 3: ____.

내담자 4: 물리치료 받으러 와도 허리 통증이 완화되는 게 없어요.

상담자 4: …….

내담자 5: 물리치료 시간에 선생님이 치료해주는 것도 효과도 없는 것 같고, 물리치료 시간에 다른 방법으로 치료해 달라고 해도 물리치료사 선생님은 이상한 것만 하라고 하고. 한 달 동안 원하는 치료를 한 번도 못받았어요.

상담자 5: 다른 힘든 점은 없나요?

내담자 6: 일주일에 다섯 번 치료받는 것도 너무 싫어요. 거의 매일 치료받는데 통증은 하나도 좋아지질 않아요. 사실, 다른 할머니들보다 내가 더 열심히 치료받았는데, 다른 할머니들은 통증이 많이 좋아져 퇴원한 분들도 있잖아요. 왜 나는 좋아지지 않는지 모르겠어요.

상담자 6: 그렇군요. 할머님이 물리치료 방법이 맘에 들지 않았군요. 또 열심히 치료받았는데 허리통증이 좋아지질 않아서 실망했군요.

내담자 7: 네.

예상답안

- (상담자 2) 할머님이 지금 물리치료 받기 싫다고 하셨는데 선생님이 이해하기 쉽게 조금 더 자세히 말씀해 보시겠습니까?
- (상담자 3) 어떤 점이 싫은지 예를 들어서 설명해 주시겠습니까?

8) 직 면

(1) 개 념

직면은 모순되거나 일관성이 결여된 언어와 행동을 드러내 노출시키는 대화기술이다. 사람은 누구나 의식·무의식중에 자신을 은폐하고 위장하려는 심리를 가지고 있는데, 이런 심리는 은연중 혼란된 대화로 나타난다. 대화의 내용 속에 발견되는 모순, 불일치, 왜곡, 게임, 변명, 연막치기, 각종 방어기제 등은 직면의 대상이 된다. 상담자는 내담자의 대화 속에 숨어 있는 이런 혼란들을 드러내 직면시킴으로써 내담자가 보다 효율적으로 기능하도록 도울 수 있다.

직면은 상당히 위협적인 대화기술이다. 상담자의 직면반응에 내담자는 심리적으로 위축되기 마련이다. 따라서 직면기술은 철저히 내담자를 위한 목적으로 활용되어야 한다. 직면을 통하여 모순된 언행을 지적하는 일, 직면에 대한 내담자의 반응을 분석하는 일은 모두 내담자를 새로운 통찰로 이끌어 바람직한 변화를 유도하는 수단으로 활용되어야 한다. 상담자의 분노를 표출하거나 뚜렷한 목적 없이 직면기술을 사용하는 것은 절대 금해야 한다.

(2) 대화기법 연습

상담자 1: (놀이치료사) 할머님이 놀이시간에 갑자기 소리를 지르며 화를 내서 깜짝 놀랐습니다. 무슨 일이 있었나요?

내담자 1: 선생님, 죄송해요.

상담자 2: (놀이치료사) 지금 화가나서 물어보는 게 아니라, 할머님이 화가 난 이유가 궁금해서 이야기를 하고 싶은 겁니다. 할머님을 화나게 만든 것이 무엇인지 이야기해 줄 수 있겠습니까?

내담자 3: 옆에 준우 할머님이 자꾸 툭툭 치며 건드리 잖아요.

상담자 3: 그랬군요. 준우 할머님이 놀이시간에 할머님을 자꾸 건드렸군요. 그래서 할머님은 화가 나신거고요?

내담자 4: 네.

상담자 4: ______________________________.

예상답안

(놀이치료사) 제가 보기엔 할머님이 준우 할머님을 더 많이 괴롭히는 것 같은데, 할머님은 오히려 준우 할머님이 자꾸 건드린다고 말하시네요?

9) 해 석

(1) 개 념

해석은 내담자의 말에 대해 상담자가 자신의 판단을 섞어 반응하는 대화기술이다. 내담자의 대화를 들으면서 상담자는 나름대로 내담자, 내담자의 문제상황, 내담자의 행동 등을 보는 틀이 생기기 마련인데 이런 틀을 내담자에게 이야기해 줌으로써 내담자를 통찰 또는 새로운 깨달음으르 인도하려는 시도가 해석이다. 해석은 일종의 검증되지 않은 가설과 비슷한 성격이 있는데 이 가설이 내담자의 동의를 얻으면 상담을 급진전시키는 힘을 발휘할 수 있다.

해석은 사태를 지각하고 이해하는 상담자의 준거치제를 드러내놓는 행위이다. 이 해석 행위를 통해서 내담자의 준거체제는 일종의 도전을 받는다. 지금까지 주관에 사로잡혀 객관화시키지 못했던 여러 사태들이 상담자의 해석행위를 통해 새롭게 조명됨으로써 해결의 새로운 돌파구를 찾는 계기가 될 수 있다.

(2) 대화기법 연습

내담자 1: (상담사에게) 선생님, 저는 제가 너무 너무 싫어요.

상담자 1: 선생님의 어떤 점이 싫은데요?

내담자 2: 치매가 점점 심해져 가족들을 귀찮게 해요.

상담자 2: 가족들을 어떻게 귀찮게 하는데요?

내담자 3: 자주 가출도 하고요, 정신을 잃고 며느리에게 욕도 하고. 대소변도 못가릴 때도 있어요.

상담자 3: 그런 자신을 보면 어떤 생각이 드나요?

내담자 4: 가족들이 자꾸 힘들어하는 것 같아요. 나만 없으면 가족들이 편할 텐데. 그런 내가 싫고 미워요.

상담자 4: 가족분들을 힘들게 해서 할머니 자신이 싫다는 거지요?

내담자 5: 네. 맞아요.

상담자 5: ______________________________.

예상답안

- (상담사) 제 생각에는 가족분들이 할머니의 생각처럼 그렇게 생각하지 않을 거예요. 가족분들이 할머니를 싫어한다면 어떻게 함께 살면서 건강을 걱정하겠어요. 너무 자책하지 마세요.
- 할머니의 치매증상이 가족분들에게 힘들게 할 거라는 할머님의 마음에 상처가 되었군요.

10) 나-전달법

(1) 나-전달법의 의미

일반적으로 너와 직접 관련된 의사소통 방법을 말한다. 다른 사람을 평가하고 해석하는 그런 것이 아니라, 당신 자신이 느끼는 감정과 경험을 표현하는 것이다. '나-전달법'의 활용은 당신에게도 자신을 더 잘 이해하게 하며 자녀에게 당신을 더 잘 알릴 수 있도록 도와주며 궁극적으로는 상대방에게 그들의 마음을 정직하게 개방하도록 용기를 주게 된다.

예컨대 '나-전달법'은 "네가 지금 방으로 들어올 때 나는 기분이 좋았어(긍정적 나 전달)."와 같이 매우 긍정적이기도 한 반면에, "나 마음이 상하고 위협을 느끼게 돼. 너를 피하고 싶고 다시는 보고 싶지 않아."와 같이 매우 상반적일 수도 있으며, 또한 "나는 아무런 느낌도 없어."와 같이 중간 입장일 수도 있다.

또 '나-전달법'은 "너는 색상 선택을 아주 잘하는구나." 대신에, "네가 칠한 색상이 내게는 아주 좋구나."처럼 다른 사람을 평가하지 않고 긍정적으로 지지할 수 있으며, 또는 "그 블라우스는 잘못 선택했어." 하는 대신에, "나는 그런 블라우스가 마음에 들지 않아."처럼 다른 사람을 비하하지 않고 싫은 감정을 전달할 수도 있다.

'나-전달법'은 상대의 행동을 수용할 수 없다고 느낄 때에 특별히 활용할 수 있다. 상대방의 행동을 비난하지 않고 당신의 진실한 마음과 감정을 드러내기 때문에, 당신이 상대방의 도움이 필요하다는 것을 깨닫게 되어 방어적이지 않으면서도 상대방이 책임감을 느끼게 해 준다. 그리하여 당신이 수용할 수 있는 방향으로 상대방이 행동하게끔 영향을 줄 수도 있다.

상대방의 행동을 수정하기 위해 만들어진 '나-전달법'을 말하는 것이 당신의 감정을 적합하게 표현해 줄 수 있다. 거의 대부분의 경우에 있어 평가를 내리는 것보다는 차라리 당신의 느낌을 이야기하는 것이 좀 더 상호 간에 만족스러움을 줄 수 있음을 인식해야 한다.

(2) '나－전달법'과 '너－전달법'의 구분

① 나－전달법

내가 어떤 생각이나 느낌을 갖고 있음을 상대방에게 진실되게 전달하려는 의사소통 방법이다. 단순히 상대방의 행동에 대한 자신의 느낌을 설명하려는 것으로, 화자가 감정적이지 않으며 대화의 중심에 선다.

② 너－전달법

상대방의 행동에 초점을 맞추어 그 행동에 대한 비난, 비평, 혹은 평가의 의미를 전하는 의사소통 방법으로 상대방에게 잘못이 있다고 말하는 것이며 말로 공격하는 것이다.

(3) '나－전달법'의 3요소

① 수용할 수 없는 행동에 대한 비판이나 비난 없는 서술

(문제를 유발하는 상대방의 행동은 무엇인가?)

② 그 행동이 나에게 미치는 구체적 영향

(그 행동은 당신에게 어떤 영향을 미치고 있는가?)

③ 상대방의 행동이나 구체적 영향에 대한 나의 감정이나 느낌

(당신은 그 결과에 대해 어떤 느낌을 가지고 있는가?)

(4) '나－전달법'의 예시

① **예시 1**: 내가 저녁뉴스를 보고 있는데 네가 떠들면(행동), 나는 정말 짜증이 난다(감정). 왜냐하면 나는 뉴스에서 무슨 소리를 하는지 들을 수 없거든(구체적 영향).

② **예시 2**: 누가 발을 헛디뎌서 계단에서 떨어질까 봐(행동), 나는 정말 걱정된다(감정). 왜냐하면 누가 다치게 되면 내가 보살펴 주어야만 하기 때문이다(구체적 영향).

③ 예시 3: 네가 차 안에서 장난을 치면(행동), 나는 정신이 산만해지고 운전하는 데 집중이 안 되고 두려워져(감정), 꼭 사고가 날 것만 같아(구체적 영향).

위의 예시처럼 '나-전달법'은 항상 3단계가 있어야 하는 것은 아니며 느낌을 꼭 넣지 않아도 된다. 그리고 상황에 따라 '행동', '영향', '느낌'의 순서가 달라질 수 있다. 가장 중요한 것은 바로 당신이 중심이 되므로 상대방을 힐책하지 않아도 된다는 것이다.

(5) '나-전달법'의 유형

① 긍정적 '나-전달법'

화자나 상대방 모두에게 문제점이 없을 때, 상대방의 행동에 대하여 나의 좋은 생각이나 느낌을 전달하는 의사소통기술이다(행동을 증가시키기 위해서 사용한다). 예컨대, "네가 인사하는 걸 보니 기분이 좋구나!(인사하는 행동을 증가시킴)", "네가 이 문제를 나에게 의논하러 와서 기분이 좋아." 등이다.

② 예방적 '나-전달법'

어떤 일이 미칠 영향을 예방하기 위해서 사전에 사용한다. 예컨대, "네가 상 주위에서 놀고 있으면 걱정이 된다. 네가 컵을 깰까 봐.", "네가 산에 약초를 캐러 가면 가슴이 두근거린다. 혹시 네가 뱀에 물릴까 봐." 등이다.

③ 직면적 '나-전달법'

어떤 행동을 변화시킬 목적으로 사용하며, 주로 아랫사람이나 친구 간에 사용한다. 예컨대, "내가 네게 말할 때 네가 대답하지 않거나 쳐다보지 않으면 기분이 상해." 또는 "내가 너에게 어떤 일을 함께 했으면 해서 도움을 청할 때, 아무 말도 반응도 없으면 마음이 아파." 등이다.

(6) '나-전달법' 사용의 효과

① 나-전달법은 상호 간의 대화를 부드럽게 하고 화자와 상대방과의 원만한

관계를 유지하는 데 효과적이다. 화자가 나－전달법을 사용하게 되면 상대방의 저항이나 반항하는 경향이 훨씬 줄어든다.

② 나－전달법은 상대방이 취한 행동에 대하여 자신이 스스로 책임을 지도록 하는 것이므로 상대방의 행동을 교정하는 데 효과적이다.

③ 나－전달법의 표현은 정확한 것이기 때문에 상대방이 어떠한 감정을 갖고 있을 때 화자가 같은 방법으로 자기의 감정을 정직하게 전달함으로써 상대방에게 영향을 미칠 수 있다.

④ 상대방이 화자를 있는 그대로 이해하게 되면 상대방도 자신을 화자에게 노출할 용기를 얻게 된다.

(7) '나－전달법'을 표현할 때 유의점

① 너를 주어로 하는 표현이 꼭 감춰질 필요는 없다. 예컨대, "나는 할머니가 병원에 다녀와서 약속한 대로 처방 약을 드시지 않아 화가 납니다. 그래서 나는 할머니가 약속을 잘 안 지키는 분이라고 생각한다. 할머니는 약속만 하고 번번히 약속을 지키지 않았기 때문에 나는 할머니가 거짓말쟁이라고 생각한다. 할머니가 거짓말만 하기 때문에 나는 기분이 나쁘다. 나는 할머니가 나쁜 사람이라고 생각한다."이다.

② 부정적인 것을 강조하지 않는다.

③ 나－전달법은 반드시 상대를 평가하지 않는 태도가 필요하다(언어와 표현 정도가 중요하다).

④ 때에 따라서 사람들이 나－전달법을 사용하면 이를 무시할 수 있으므로 일관되게 사용하는 것이 바람직하다.

⑤ 나－전달법을 사용할 경우에는 다시 수용적 태도(경청)로 되돌아와야 한다. 예를 들면 다음과 같다.

간호사 1: 할머니가 늦게까지 TV를 보고 있으면 저는 걱정이 됩니다. 왜냐하면 할머님이 늦게 자게 되고 그렇게 되면 아침에 일어나기 힘들고 아침식사 시간에 지각하게 되기 때문입니다(나-전달법).

할머니 1: 하지만 간호사님, 이건 내가 오래전부터 보고 싶었던 TV프로예요. 이것만은 꼭 보고 싶어요.

간호사 2: 그래요, 할머님은 그 프로가 몹시 보고 싶은가 보네요(반영적 경청).

할머니 2: 네.

간호사 3: 하지만 너무 늦게까지 안 주무시면 할머님이 내일 아침 일어나시는 데 힘드실까 걱정이 된답니다(나-전달법).

생각나무 무능한 사람이 항상 바쁜 척하는가?

책상 위에 서류를 산더미같이 쌓아 두고, 머리를 싸매고 언제나 바쁘다는 것을 타인에게 과시하려는 사람이 있다. 겉으로 봐서는 아주 일에 열심이고 회사를 위해 열심인 것처럼 보여 윗사람도 그를 좋게 평가한다.

그러나 오히려 그런 사람 가운데 무능한 사람이 더 많다. 그는 자기의 무능함을 다른 사람에게 보이지 않으려고 애쓰고 있는 것이다. 자기의 콤플렉스가 드러날까 봐 더 바쁜 것처럼 행동하여 유능함을 가장하려 한다.

이런 사람은 바쁘다는 핑계로 다른 사람에게 일을 미루는 경우가 많으며, 일에는 흥미나 관심도 없으면서 비난과 처벌이 두려워 게으름을 마음속 깊숙이 감춰 두고 칭찬이 기대되는 행동만을 한다. 심리학에서 말하는 '반동형성'이다. 그러나 게으름을 피우고 싶은 강한 욕구를 누르고 정반대의 행동을 취함으로써, 스트레스가 더 쌓이게 되어 오히려 반동형성이 깨지기도 한다.

이런 사람은 자기처럼 열심히 일을 하지 않는 사람을 게으른 사람이라고 비난한다. 그런 사람의 본심을 알아내려면 반동형성의 원인이라고 추측되는 요인을 일시적으로 해제해 보면 된다. 곧 상대가 비난과 처벌을 두려워하지 않도록 칭찬을 거듭하는 방법이다. 만일 상대가 반동형성으로 일에 열심이었던 것이라면, 긴장이 풀려 지각을 하는 등 게으름을 나타내기 시작할 것이다.

타인과 함께 있으면 일의 능률이 오르는 타입은 외향적 성격, 타인과 함께 있으면 일의 능률이 오르지 않는 타입은 내향적 성격이라고 할 수 있다. 다시 말하면 시끄러운 방안에 동료와 함께 있어도 일을 수월하게 끝맺을 수 있는 사람, 윗사람이나 부하 앞에서 평상시와 다름없는 실력을 발휘할 수 있는 사람은 외향적이고, 보고서 같은 것을 혼자 조용히 정리하기를 좋아하는 사람은 내향적이라고 할 수 있다.

이런 분류 방법과는 좀 다르지만, 앞에서 말한 바쁜 척하는 사람은 언뜻 보기에는 외향적이고 상사 앞에서도 대단히 인상 깊게 행동한다. 일을 수월하게 처리하고 윗사람에게 아첨도 잘한다. 주위 사람이 조금만 추어올려 주어도 힘을 내고 다른 사람의 어려운 요구도 잘 들어준다.

그러나 이런 사람은 조금만 자기 기분이 나빠지면 타인을 헐뜯기 시작하고 실패를 상대의 잘못으로 돌린다. 영업 부진의 원인을 따지는 따분한 회의에서는 머리가 아프고 기분이 나쁜 듯한 표정을 짓는다. 이런 사람은 거의 히스테릭한 성격을 갖고 있어 만사가 자기 뜻대로 움직여 주지 않으면 곧 본성을 드러낸다.

나는 정말 일이 많아서 늘 바쁜 것인가?

–최광선의 『한 길 사람 속 읽기』 중에서–

PART 02

노인상담의 기초와 실제 이해

CHAPTER 08

노인과 노화의 개념

01 노인의 개념

노인상담을 위해서는 노인의 개념을 이해하는 게 중요하다. '누가 노인인가?'라는 가장 궁극적인 물음에 해답을 찾는 일이다. '노인을 몇 세부터 규정할 것인가?', 또는 '노인의 기준을 무엇으로 가늠할 것인가?'를 결정하기가 매우 어렵다는 것이다. 따라서 이 노인에 대한 개념을 생활연령의 개념, 개인 지각의 개념, 생물학적 개념, 사회적 개념, 심리학적 개념으로 나누어 살펴보고자 한다.

1) 생활연령의 개념

생활연령(chronological age)은 달력에 의한 나이를 의미하는 것으로 출생 후 1년이 지나면 첫돌이 되고, 60년이 지나면 회갑을 맞이하는 등 우리가 흔히 나이라고 말하는 것은 바로 이 생활연령을 지칭하는 것이다. 생활연령상으로 노인은 은퇴하고 연금을 받을 수 있는 연령인 65세를 기준으로 하고 있다. 우리나라를 위시하여 대부분의 나라에서 역사적으로 가장 보편적인 은퇴연령인 65세를 기점으로 사회보장의 혜택을 받도록 규정하고 있다.

그러나 발달의 속도에서 개인차가 있을 뿐만 아니라 한 개인 내에서도 발달

영역별로 어떤 영역은 빠른 속도로 발달이 이루어지는 반면, 또 다른 영역에서는 발달이 느리게 이루어지기 때문에 생활연령을 노인으로 구분하는 적절한 기준으로 보기는 어렵다는 관점이 지배적이다.

2) 개인 지각의 개념

개인 지각(知覺, perception)은 노화와는 별개로 자신이 노인이라고 지각하는 것이다. 생활연령을 기준으로 65세 이상이며, 신체적인 외모도 노인으로 간주되는 사람임에도 불구하고 자신을 노인으로 생각하지 않는 사람들도 있다. 최근 우리나라의 노인세대도 자신을 노인이라고 생각하지 않는 사람들이 실제로 높은 비율을 차지한다(정옥분 외, 2005).

노년기가 언제 시작되는가에 대한 지각은 연령집단별로 상이한데, 일반적으로 청년층보다는 노년층에서 노년기가 더 늦게 시작되는 것으로 지각하고 있다. 또한 성별로는 여성에 비해 남성이 노년기가 더 늦게 시작하는 것으로 지각하고 있는데, 이는 여성의 지위나 자아개념이 상당부분 신체적인 외형에 의존하고 있는 반면, 남성은 경제적 능력이나 직업적 성취에 보다 많은 비중을 두기 때문이라고 볼 수 있다. 또한 남성은 직업적 은퇴가 분기점이 되는 반면, 여성은 폐경이나 손자녀의 출산이 그 분기점이 되기 때문이다. 사회계층별로는 신체적 노화가 더 두드러지게 나타나는 하류계층에 비해 중산층 이상에서 노년기가 더욱 늦게 시작하는 것으로 지각하고 있다. 개인이 속한 문화에 따라서도 노인을 규정하는 시기는 상이하다. 어떤 문화에서는 폐경이 시작되는 시기를 노인으로 간주하는 반면, 또 어떤 사회에서는 손자녀를 보는 시점을 노인으로 간주한다.

이처럼 노년기가 언제 시작하는가에 대한 문제는 여러 영향을 받으므로 일률적으로 연령구분이 쉽지 않다. 우리나라에서는 경로법이나 국민연금 등에서 65세를 노인으로 분류하고 있다.

3) 생물학적 개념

생물학적 연령(biological age)은 신체적 외모나 운동능력, 지적능력 등이 그 기준이 될 수 있다. 일반적으로 노인을 구분하는 신체적 기준으로는 흰 모발과 주름진 피부, 구부러진 자세 등을 들고 있다. 우리가 어떤 사람의 외모를 보았을 때에 젊어 보인다거나 혹은 나이 들어 보인다는 표현을 하는 것은 바로 이러한 생물학적 연령에 근거한 것이다. 생물학적 노화는 여러 다양한 과정의 산물로 이루어지며, 신체기관의 노화가 동일한 비율로 진행되지 않는다. 신체내부기관과 피부는 노화의 속도에서 차이가 있고, 성국에 도달하는 시점에서 차이를 보이며, 개인이나 성별에 따라서도 차이를 나타내 보인다. 또한 지적능력에서도 영역별로 차이를 보이는데, 수학적 문제해결능력은 나이가 들어가면서 점차 감퇴하는 반면, 언어적 능력은 비교적 일정하게 유지된다. 이러한 능력에서 문제를 보이는 사람들은 그들의 생활능력과 무관하게 자신을 노인으로 분류하게 된다.

우리는 일생 동안 연령과 관련된 변화를 경험하는데, 이러한 변화 가운데 상향적인 변화를 발달이라고 하고, 하향적 변화를 노화라고 한다. 노화는 거의 인식되기 어려울 정도로 점진적으로 일어나며 노화과정이 진행되는 속도는 문화나 개인차와 같은 여러 가지 요인의 영향을 받기 때문에 언제부터를 노인으로 볼 것인지에 대해 정확한 해답을 내기는 어렵다. 또한 노화에서 나타나는 개인차는 상당히 크다. 어떤 사람은 노화가 빨리 일어나는 반면, 어떤 사람은 그 속도가 느리다. 또 한 개인 내에서도 어떤 기관은 노화가 빠른 속도로 일어나기도 하고 또 다른 기관은 느릴 수도 있다.

4) 사회적 개념

사회적 연령(social age)은 한 개인이 속한 사회에서 자신의 연령에서 수행해야 하는 역할을 얼마나 잘 수행하는가를 의미하는 것으로 사회적 기대나 규범을 반영하는 나이를 의미하는 것이다. 하나의 사회에는 취업이나 결혼, 출산, 은퇴 등에 적절한 나이가 있다는 보편적인 기대가 있다. 모든 사람들이 이러한 사회적 기대에 부응하기 위해 노력하는 것은 아니지만, 대부분의 사람들은 이러한 사회적 시간대에 자신의 중요한 인생사건을 맞추려는 경향이 있다는 것이다. 흔히 말하는 적령기라는 개념이 바로 이러한 사회적 연령을 반영해 주는 것이다.

사회적 연령은 시대적·문화적 배경에 따라 상이하다는 점에서 노인이라는 개념은 사회적 기대에 따른 일종의 구성개념이라고 볼 수 있다. 그러므로 노인에 대한 사회적인 편견이나 부정적인 시각도 바로 이러한 사회적 연령의 부산물이라고 볼 수 있다. 자신은 전혀 노인이 아니라고 생각하거나 혹은 노인이라고 해서 특정한 일을 수행할 수 없다는 생각을 하지 않더라도 주위의 사람들과 사회적인 관계를 통해 부정적인 시선을 의식하게 되는 것은 바로 이러한 사회적 연령기준에 근거한 것으로 볼 수 있다.

5) 심리적 개념

심리적 연령(psychological age)은 한 개인의 심리적 성숙도를 의미하는 것으로 환경의 변화에 얼마나 잘 적응해 나가며, 예기치 않은 생활사건으로 인한 스트레스에 얼마나 잘 대처해 나가는가가 기준이 된다. 또한 타인과의 관계를 형성하는 능력이나 자신의 인생을 독립적으로 꾸려 나가는 능력도 심리적 연령을 의미하는 것으로 흔히 말하는 '피터팬 신드롬'이나 '마마보이' 같은 용어가 바로 이러한 심리적 연령을 의미하는 것으로 볼 수 있다. 실제 생활연령이나 생물학적 연령과는 무관하게 부모로부터 분리되지 못하고 의존적인 상태를 유지하는 사람들의 경우 심리적 연령은 낮게 평가된다.

심리적 연령에 따라 노인을 분류하는 특정한 기준은 존재하지 않으나 에릭슨(Erikson, 1968)은 자아통합감과 절망감이라는 양극의 개념으로서 노년기의 심리적 측면을 설명하고자 하였다. 죽음에 직면해서 노인들은 자신의 삶을 되돌아보고 삶에 대한 통합성과 일관성, 그리고 전체성을 유지하려는 인간의 노력을 강조함으로써 생물학적으로는 쇠퇴하지만 심리적으로는 보다 원숙해지는 인간의 모습을 강조하였다.

02 노화의 개념

앞서 살펴보았듯이 노인에 대한 정의가 다양한 것은 노화의 과정에 개인차가 있기 때문이다. 그러므로 노화과정에 대한 이해는 노년기 적응에 있어 어떻게 노인상담을 적용할 것인가에 대한 이론적 틀을 제공하기에 충분한 이해가 요구된다.

시간의 흐름에 따라 인간뿐만 아니라 모든 생물에게는 변화가 일어난다. 인간은 나이가 들면서 생체조직이나 세포, 기관 등 생치 전반에서 쇠퇴나 무기력 등의 현상이 나타난다. 이와 같은 현상을 일반적으로 '노화(老化)' 또는 '노화현상'이라고 한다(이호선, 2005).

신체노화에 대한 몇 가지 특징을 보면 다음과 같다(Hayslip & Panek, 1986).

① 노화는 시간의 경과에 따라 생기며, 시간적 고정에 관련되거나 환경의 변화에 적절히 반응하는 조직의 기능과 관련된다.

② 노화는 시간의 흐름에 따라 세포나 조직, 기관 등의 유기체 전반에 걸쳐서 점적으로 일어난다.

③ 노화는 본질적으로 생체에 내재하고 있는 필연적 과정에서 생기는 것으로 외상이나 질병 혹은 외적·환경적 인자에 의하서 발생하기보다는 내재성을 갖는다.

④ 연령에 수반되는 생리적 기능의 저하, 스트레스에 의한 변화로 기회복력(氣回復力)이 저하되며, 예비력의 저하로 병에 걸리기 쉽고, 죽음의 확률이

연령과 더불어 기하급수적으로 증가한다.

다음의 10가지 항목은 노화를 알아보는 노화지표로 사용된다.

〈표 8-1〉 노화지표

항목	노화지표
체지방체중	지방을 제외한 나머지 체중은 성장기 이후 10년에 3kg 정도 근육상실
체력	운동신경 퇴화로 체력 저하
기초대사율	20세 이후부터 10년에 2%씩 저하
지방질	근육에 비해 지방질 비율이 평균 두 배 증가
산소이용효율	65세까지 신체 산소이용효율은 30~40% 감소
혈압	나이가 들수록 꾸준히 상승
혈당내성	혈중 포도당을 이용하는 능력이 점차 떨어져 제2형 당뇨병에 걸릴 위험성 높아짐
콜레스테롤치/HDL 함유	50세까지 전체 콜레스테롤 양 증가
뼈의 골밀도	뼈의 밀도가 낮아지며 골다공증 유발
체온조절 능력	체온을 안정되게 유지하는 능력의 저하

이상의 노화의 지표가 되는 10가지 사항은 노인의 개인적 특성에 따라 큰 차이가 있을 수 있다.

03 노화이론

노화이론은 사람이 늙는 이유에 대한 이론적 접근을 말한다. 노화이론은 크게 생물학적 차원, 심리·사회적 차원으로 구분된다.

1) 생물학적 차원

생물학적 차원은 유전설과 비유전설의 두 범주로 분류되며, 유전설은 노화의 결정요소를 특정 유전자 자체로 보는 입장이고, 비유전설은 유전프로그램 발현의 영향 여부에 따라 인간의 노화가 결정된다고 보는 입장이다(이호선, 2005).

(1) 유전설

유전설의 주요 이론에는 유전자이론과 프로그램이론이 있다.

① 유전자이론

유전자이론(Gene theory)은 살아서 활동하는 유기체 내에 있는 해로운 유전자가 노년에 이르러 활성화되면서 유기체의 생존이 불가능하다는 이론이다(Busse, 1971). 이는 인간에게 젊음과 생산, 성장과 성숙을 촉진하는 유전자와 이런 구조를 파괴하는 유전자가 존재한다는 주장과 하나의 유전자가 서로 다른 두 개의 측면을 지니고 있다는 주장이 서로 대립되어 있다. 후자의 주장에 의하면, 하나의 유전자가 초기에 생산과 활동의 측면에서 작용하고, 중년기 이후에는 노쇠의 측면으로 활성화되는 이중적인 역할을 한다는 것이다. 예컨대, 에스트로겐은 여성의 생산기에는 정상적인 생산주기를 촉진하지만 폐경기에는 그 수준이 감퇴되어 혈압을 증가시킨다.

② 프로그램이론

프로그램이론(예정계획이론, Genetic program theory)은 미리 짜여 있는 유전적 계획에 따라 일어나는 것으로, 유기체의 유전인자 속에는 노화의 속성이 미리 프로그램 되어 있어 시간이 경과함에 따라 그 속성이 나타나 키가 줄고 몸무게가 늘고 반응 속도가 감퇴하며 여성에게는 폐경 등이 나타나는 것이다. 이는 유전적 근거에 따라 피할 수 없는 과정이다.

(2) 비유전설

비유전설의 주요 이론에는 마모이론(소모이론), 교자연결이론, 축적이론이 있다.

① 마모이론(소모이론)

마모이론(소모이론, Wear-and-tear theory)은 인간의 신체기관도 기계처럼 닳게 되며, 노화를 퇴화의 산물로 보는 입장이다. 그러나 유기체는 기계와 달리 손상을 복구하는 특징이 있으며, 운동과 같은 단련을 통해 기능을 향상시킬 수 있다.

② 교차연결이론

교차연결이론(Cross-linkage theory)은 세포의 내외부에 정상적으로 분리되어야 하는 두 개의 분자들이 서로 부착되어 노화가 진행된다는 것이다. 나이가 들수록 세포 내 구조에서 노화된 단백질인 콜라겐들의 교차연결이 증가하게 되고, 결국에는 신체 각 부분들이 화학작용을 일으켜 신체를 변화시킨다.

③ 축적이론

축적이론(accumulation theory)은 연령이 증가함에 따라 리포푸신(lipofuscin)이라는 지방색소가 세포에 축적된다. 이러한 이 물질이 축적되어 세포의 정상적인 기능을 방해함으로써 노화현상이 생긴다는 것이다. 대뇌 속의 백질과 회백질이 연령이 증가하면 황색으로 변하는 것은 리포푸신이 세포내부에 점진적으로 측적되어 가기 때문으로 상당한 양의 리포푸신이 축적되면 세포핵의 구조를 변형시킨다.

2) 심리 · 사회적 차원

노화의 심리 · 사회적 차원의 관심사항은 노년기의 행동인 감각, 지각, 학습, 지능, 동기, 성격, 태도, 지능 등이다. 주요 이론으로는 분리이론, 활동이론, 사회교환이론이 있다.

① 분리이론

분리이론(Disengagement theory)은 사람들은 연령이 높아질수록 자신들의 활동을 줄이고 좀 더 수동적인 역할을 추구한다는 이론이다. 이 이론은 노인들이 왜 사회의 중심에서 이탈하는가를 설명하기 위해 개발되었다(Cumming & Henry, 1961). 이 이론은 노인이 되면 타인과의 상호작용이 감소하게 되고, 자신의 내적 삶에 더욱 열중하여 사회와 분리되는 과정을 거치는 게 자연스러운 것으로 본다. 은퇴는 노인들로 하여금 어느 정도 사회적 역할에서 이탈하도록 해 주는 대표적인 사건이라고 할 수 있다.

그러나 은퇴의 적절한 시기는 사회의 문화와 개인에 따라 다르며, 오히려 노인을 버리고 싶어 하는 문화가 노인의 이탈을 합리화한 것이라고 비판한다. 노인들 자신들이 이탈하고자 한다고 결정지어 놓고 사회는 노인들의 요구에 대해 주의를 기울이지 않는 것을 정당화한다고 본다(정옥분, 2000).

② 활동이론

활동이론(Activity theory)은 사회의 모든 연령층에 있는 사람들에게 있어서 자신들의 사회적 활동이 자신들의 생활에 중요한 영향을 미친다는 이론으로, 노년은 중년의 연장일 뿐이라고 보는 입장이다. 사회적 상호작용의 감소가 노인에 의해서 시작되는 것이 아니라 사회 외적인 환경에 의해서 강요된다고 보고 정상적인 노화과정이란 중년기의 활동과 태도를 가능한 한 유지하는 것이라고 본다.

그러므로 노화과정에서 발생하는 개인적 활동과 역할의 감소가 새로운 활동과 역할로 대체될 때 생활에 대해 만족감이 높아지고, 사회적으로 활동을 유지하려는 사람이 훨씬 긍정적인 자아 이미지와 사회적 통합, 그리고 생활에 있어서 만족을 성취하고 또한 성공적인 노화를 맞이한다는 것이다. 그러나 이러한 활동이론은 서구 중심적이고 젊은 사람 중심이라는 비판을 받기도 한다(김기태 외, 2002).

③ 사회교환 이론

사회교환 이론(Social exchange theory)은 개인과 집단 사이에 교환이 지속된다면 교환에 참여하는 사람이 그 상호작용에서 이득을 얻는 한 지속된다고 본다(Homans, 1967). 이 이론가들은 노인이 되면 사회적 상호작용에서 얻는 이득이 감소하기 때문에 사회적 교환활동 역시 감소한다고 본다. 다시 말해서, 노인이 되면 개인적 건강, 사회적 대인관계, 경제적 수입 등 권력의 원천이 줄어들어 사회와 노인 사이에 교환의 불균형이 일어나게 되므로 노인의 사회 내 상호작용은 감소하거나 단절된다.

생각나무

당신의 말이 판사의 마지막 선고처럼 들릴 때,
나는 판결을 받고 멀리 추방되는 것 같습니다.
떠나기 전에 꼭 알고 싶은 것은
그 말을 할 때 당신이 정말 전하고 싶은 의미입니다.
내가 변호를 하려고 일어서기 전에
상처받고 두려운 마음으로 말하기 전에
그래서, 내가 또 말의 벽을 쌓기 전에
다시 말해 주시겠어요? 내가 제대로 들었는지...
말은 마음의 창이 될 수도 있고, 벽이 될 수도 있습니다.
말은 우리를 속박하기도 하고, 자유롭게 만들기도 하지요.
내가 말을 할 때나 들을 때나
사랑의 빛이 나를 통해 빛나게 해 주세요.
내가 말하고 싶은 것들이 있습니다.
내게는 너무 중요한 것들입니다.
내 말이 분명하지 않다면
내가 자유로울 수 있도록 도와줄 수 있나요?
내가 당신을 비하하는 것처럼 보였다면,
내가 당신을 배려하지 않는 것처럼 보였다면,
내 말속에 들어있는
우리가 함께 공유한 느낌들에
귀 기울여 들어주세요.

당신의 말이 판사의 마지막 선고처럼 들리나요?

-루스 베버마이어의 『말은 마음의 창』 全文-

09 CHAPTER 노인상담의 기초

01 노인상담의 정의 및 특성

1) 노인상담의 정의

노인상담에 대한 명확한 정의를 내리는 것은 그리 쉽지만은 않다. 그것은 노인을 바라보는 관점에 따라 조금씩 다르게 해석할 수 있기 때문이다. 그렇다면 노인상담 관련 학자나 상담자들이 내린 정의를 살펴보자. 우선 서혜경, 정순돌과 최광현(2006)은 노인상담이란 "노인문제에 대한 전문지식과 훈련을 받은 상담자가 노인이 당면한 제반 문제를 의논하고 그 해결점을 찾을 수 있도록 도와주는 과정"이라고 하였다. 즉, 노인상담은 노인문제해결의 기초이자 노인문제해결에 공통적으로 사용되는 매개적 방법이라 하겠다.

김태현(1997)은 "도움을 필요로 하는 노인이 전문적으로 훈련을 받은 상담자와 대면관계를 통해 개인적·가족적·경제적·신체적 문제를 해결하고 감정, 사고, 행동 측면의 인간적 성장을

가져와서 성공적 노후생활을 영위하기 위하여 노력하는 과정"이라고 한다. 노인상담은 이미 사회구조의 주변으로 밀려난 약자인 노인을 정서적으로 지지하여 변화한 사회에 적응할 수 있도록 하고, 노인과 관련해 어려움을 겪고 있는 가족구성원의 지지를 도모하는 총체적 보살핌의 역할을 의미한다.

이호선(2005)은 노인상담이란 "사회적 약자인 노인이 심리적 · 신체적 · 정신적 · 사회적 · 경제적 어려움에 관하여 다양한 통로를 통해 훈련된 상담자와 감정적 · 내용적 · 이해적 상호작용을 거쳐 기대했던 특정한 관심사에 대한 바람직한 결과를 얻는 모든 과정"을 말한다. 이는 현대사회가 직면한 노인의 욕구와 문제를 해결하기 위하여 면접상담과 더불어 여러 매체를 이용하는 전화상담이나 인터넷상담의 중요성을 인식하고, 보다 다양한 차원의 상담적 접근을 요구하는 것이다.

따라서 노인상담은 노인의 발달욕구를 이해하고 환경에 대한 노인의 적응을 돕는 것을 일차적 목적으로 삼는 것이 바람직하다(현외성 외, 1998).

맥도날드와 하니(McDonald & Haney, 2003)는 다음과 같은 점에서 노인상담의 필요성을 강조한다.

- 개인적 문제를 해결하는 데 도움을 주기 위해서
- 중요한 결정을 하는 데 도움을 주기 위해서
- 노인 스스로에 대하여 더 잘 알도록 하기 위해서
- 그들이 행복하지 못하고 어디로 가야 할지 모를 때 힘이 되기 위해서
- 어려운 상황을 다루는 법을 제공하기 위해서
- 공감적이고 지지적인 대화자가 되기 위해서
- 위기를 겪는 동안에 도움과 위로, 지지를 제공하기 위해서

또한 맥도날드와 하니는 노인 내담자의 욕구를 충족할 수 있도록 고안된 체계적 접근법의 중요성을 강조하고 공감, 존중, 관심, 라포(rapport)가 노인상담에 있어서 중요한 사안임을 강조하고 있다.

2) 노인상담의 특성

다른 발달단계에 있는 사람들에 대한 상담처럼 노인상담 역시 몇 가지 면에서 차이를 갖는다. 이 차이는 노인의 특성이나 노인상담의 어려움과도 밀접한 관련이 있다. 노인상담의 주요 특성을 살펴보면 다음과 같다(이호선, 2005).

(1) 내담자의 경험의 폭이 넓다.

내담자는 오랜 삶의 경험을 통하여 다양한 지식을 축적하고 있다. 그중 삶의 변화에 대한 과정과 결과에 대한 경험은 내담자가 상담에 임하는 자세와 상담과정에 중대한 영향을 미칠 수 있다. 이 영향력은 상담에 긍정적 영향을 미칠 수도 있고 부정적 영향을 미칠 수도 있다. 특히, 부정적 영향을 미치는 경우 내담자는 상담을 중지할 수도 있다. 그러므로 상담자는 상담과정 중에 유연함과 더불어 전문성을 발휘해야 한다.

(2) 내담자의 저항이 강하다.

노인 내담자의 경우 인생을 살면서 많은 경험을 하였기 때문에 상담자의 상담 의도에 강한 저항을 보일 수 있다. 노인은 경험적으로 축적한 지식과 다양한 삶의 변수를 통제하고 조절하는 방법에 대한 개인적 신념이 강하다. 이 점은 상담에서 부정적 영향을 미칠 수 있다. 특히 상담자의 연령이 어릴 경우 내담자는 상담자를 통제하려고 하거나 자신의 경험에서 얻은 결과가 변하게 될 때 강하게 저항하기도 한다.

(3) 내담자의 나이가 상담자의 연령보다 대체로 높다.

노인상담의 경우 내담자의 나이가 다른 내담자에 비해 상대적으로 높다. 이는 상담자의 나이가 내담자의 나이보다 적을 경우가 많다는 것이다. 내담자가 상담자보다 현격하게 연장자일 경우, 내담자와 상담자 사이에 여러 차원에서 역동과 저항이 일어날 수 있다.

이것은 곧 상담을 위한 라포를 형성하는 데 문제가 된다. 라포를 형성하기 위해서는 상담자와 내담자 사이에 신뢰와 긴밀한 관계가 형성되어야 한다. 그러나 상담자에 비해 내담자의 나이가 많을 경우 상담자는 내담자에 대해 부담을 느낄 수 있다. 상담자는 내담자가 자신을 압도하거나 가르치려 할지도 모른다는 생각을 갖게 되어 내담자에 대해 개방적 자세를 보이기 어렵게 된다. 반대로 내담자 역시 자신보다 나이가 어린 상담자에 대해 신뢰를 형성하기가 어렵다. 인생의 최고점과 최저점을 넘어선 노인 내담자로서는 상담자가 젊다는 것이 라포를 형성하는 데에서부터 상담 전 과정에 이르기까지 부담으로 작용할 수 있다.

(4) 새로운 삶에 대한 의지와 변화욕구가 상대적으로 약하다.

노년기에 겪게 되는 신체 노화, 경제적 제약 등은 노인의 새로운 도전을 방해하는 주요 요인으로 작용한다. 노인은 늙었다는 것 자체를 새로운 것, 도전적인 것과는 거리가 있는 것으로 생각하는 경향이 있다. “다 늙어서 무엇 하냐.”는 식의 말은 새로운 삶을 가꾸어 나가려는 의지가 많지 않다는 것을 입증하고 있다. 그대로 정체시키려는 경향으로 나타난다. 또 노인은 같은 이야기를 반복하는 경우가 많다. 이는 상담자를 지치게 하고 상담의 진행을 더디게 한다. 상담자는 노인이 가지는 특성을 상담 전에 충분히 파악하고 내담자가 변화를 기대하고 변할 수 있도록 동기를 부여해야 한다.

(5) 가족 및 보호자의 의지가 약하다.

노인상담은 대개 노인 내담자 가족의 지원과는 무관하게 이루어지는 경우가 많다. 노인 내담자는 표면적으로 그 이유를 자신의 문제에 가족이 개입하기를 원치 않기 때문이라고 말한다. 그러나 보다 깊은 차원에서 그것은 다른 가족구성원이 노인 내담자에게 진정한 관심을 갖지 않기 때문이다. 즉, 자녀는 노인의 문제에 깊은 관심을 가지고 있지 않으며, 관심을 가지고 있다고 해도 가족적 차원에서 그 문제를 풀려고 하지 않는다. 이는 가정 내에서 노인의 소외 정도는 가족의 지지와 반비례하는 것으로 보인다.

(6) 노인은 남은 삶에 의미를 부여하지 않으려 하고, 죽음과 연결 지으려는 경향이 있다.

노년기의 사람들은 삶을 되돌아보며 정리한다. 이 말은 삶에 대한 평가와 더불어 삶을 마감한다는 의미를 포함한다. 노인에게 죽음은 긴박한 문제이며, 노인상담에서는 이 죽음의 문제가 중요한 상담내용이 되고 있다. 죽음에 대한 공포나 죽음 준비를 위한 상담을 제외하고도 노인은 상담 시 죽음에 대해 강한 관심을 보인다. 노인 내담자는 죽음에 대해 각기 다른 태도와 평가를 보여주므로 상담자는 상담 중인 노인 내담자의 특성을 잘 파악하게 되는 기회를 얻기도 한다. 그러나 죽음에 대한 노인의 의식적·무의식적 태도나 공포는 내담자가 가지고 있는 현재의 문제를 위한 해결과 진전을 방해할 수 있다.

02 노인상담의 중요성

노인상담과 관련한 최근 관심에도 불구하고 노인상담에 대한 일반적 인식이 부족해 상담업무의 수요가 많지 않고, 관련 기관에서 차지하는 상담의 비중은 예산, 인력 및 시설 등 투입 측면에서 다른 사업과 비교하여 볼 때 현저히 낮으며, 상담과 관련한 전문가를 양성하기 위한 교육과정 또한 비영리기관에 의해 산발적으로 준비되어 있기 때문에 전체적 체계를 구성하기에는 아직 역부족인 상태에 있다. 노인상담에 대한 인식의 부족과 상담업무 관련 인프라의 미비, 그리고 비체계적 교육과정 관리 등은 노인상담 사업의 발전을 위해 반드시 시정되어야 하는 부분이다.

고령화가 심화될수록 노인의 역할과 지위가 크게 변화되면서 노인은 직장이 아닌 가정과 이웃과 지역사회에 적응해야 하는 어려움이 생긴다. 이로 인하여 노인은 심리적 소외감, 상실감, 무력감 등을 느끼게 된다. 모든 세대가 그들의 삶에 있어 갈등을 가지고 살아가고 있지만, 노인의 다양한 욕구를 찾아내어 서비스를 제공하거나 필요한 서비스를 연결하는 노인상담은 노인인구의 특성상 다른 어떤 연령보다 더 중요한 역할을 하게 될 것이다. 노인상담은 다음과 같은 측면에서 중요성을 찾을 수 있다(정옥분 외, 2008).

첫째, 우리 문화의 특징 중 하나가 자신의 문제를 스스로 해결하려는 성향이 강하다. 특히 가족에 대한 치부가 타인에게 노출되는 것을 매우 꺼리기 때문에 문제가 발생했을 때 이를 방치하거나 속으로 삭이는 경향이 있어 심지어는 울화병 또는 치매와 같은 질병으로 쉽게 전이되기도 한다. 따라서 상담에 대한 거부감을 우선 줄여주는 노력이 필요하고, 적극적이고 전문적인 상담을 통해 노년의 신체적·정신적 건강을 유지시켜 주어야 한다.

둘째, 노년인구의 증가와 함께 전문시설 등 공동생활을 하는 노인 수도 증가하고 있다. 이들을 위한 적절한 서비스를 제공할 수 있는 상담과 개입을 통해, 주기적으로 노인과 대면하면서 시설거주에 따른 불편사항과 민감한 문제를 파악하고 가능한 한 해결할 수 있는 방법을 모색해야 한다.

셋째, 우리나라 노인의 또 다른 문제는 노년기에 적절한 삶을 영위하지 못함으로써 오는 좌절감을 극복하지 못하고 자살을 하는 비율이 높다는 것이다. 노인소외와 외로움을 해소시키기 위한 합리적 방법을 강구함과 동시에 상담을 통해 노인의 자살충동을 약화시키고, 더 나아가서는 자살과 같은 극단적 방법보다는 적극적 삶을 살 수 있도록 하는 인식 전환의 계기를 마련해 주어야 한다.

넷째, 약자인 노인에 대한 학대가 급증하고 있는 현실을 고려할 때, 노인 당사자는 물론 그 가족과 친지를 대상으로 상담을 강화하는 것이 필요하다. 만약 노인이 가족이나 타인으로부터 신체, 언어, 정서, 성적·경제적 고통이나 폭력을 받았을 때에는 최소한의 적절한 조치를 받을 수 있도록 배려하는 것이 필요하다. 이때 상담은 학대받은 노인의 고통을 축소시켜 줄 수 있는 중요한 방법 중 하나이다.

다섯째, 무엇보다도 상담이 중요한 것은 불행한 노년기를 갖지 않도록 하는 예방 차원에서 성공적 노화와 관련된 모든 영역을 상담으로 사전에 인지시켜 줄 수 있기 때문이다. 이것은 거시적이며 중·장기적 계획을 통해 이루어지는 것이기 때문에 상담방법과 내용을 매우 세밀하고 체계적인 방법으로 정리할 필요가 있다.

03 노인상담의 목적 및 원리

1) 상담의 목적

노인상담은 노인 내담자의 문제를 해결하고 만족스러운 노년기를 보내도록 돕는 것을 주요 목적으로 한다. 따라서 상담자는 다음과 같은 노인상담의 목적에 관심을 가져야 한다.

- 1차적 사회관계망의 역할수행: 노인의 고립감과 소외감 해소
- 새로운 정보제공자의 역할
- 노인문제의 예방·치료
- 가족원조자의 역할: 노인을 부양하는 가족에 대한 정서적 지지

2) 노인상담의 원리

(1) 개별화의 원리

- 노인을 특별한 개인으로 대할 것
- 노인 개개인의 독특한 자질·성격을 알고 이해할 것
- 개성에 따라 처방을 달리할 것
- 다양한 노인의 경험과 성격에 대응할 것
- 개인차를 이해하고 개별적인 접근을 할 것

(2) 의도적 감정 표현의 원리

- 내담자의 잠재된 감정을 밖으로 표출시킬 것
- 내담자로 하여금 긍정적 감정뿐만 아니라 부정적 감정까지도 자유롭게 표현하도록 도와줄 것
- 적절하게 위로하고 격려할 것

(3) 수용의 원리

- 내담자의 있는 그대로를 받아들일 것
- 노인의 선악에 대한 판단은 하지 말 것
- 그 사실을 선한 것으로 인정함이 아님을 주지할 것
- 노인의 지나간 과거를 하나의 사실로 수용할 것

(4) 비심판적 태도의 원리

- 심판적 태도로 접근하지 말 것
- 노인의 문제에 대한 책임소재를 따지지 말 것
- 상담자는 내담자의 행동에 대하여 올바른 평가기준은 가지고 있을 것

(5) 자기결정의 원리

- 내담자의 생활과 문제해결 과정에서 스스로 선택하고 결정하도록 도와줄 것
- 상담자가 대신 결정하고 지시하지 말 것
- 노인이 스스로 선택한 목표를 능동적이고 적극적으로 수행해 나갈 수 있도록 지지할 것

(6) 죽음에 대한 긍정적 수용자세의 원리

- 죽음을 맞는 5단계(부정과 고립-분노-타협-우울-수용)를 이해할 것
- 인생의 마지막을 잘 준비하도록 도울 것
- 임종을 앞둔 노인의 경우 호스피스를 안내할 것

생각나무 옷 속의 갑옷 어떻게 생각합니까?

사람은 누구나 다른 사람이 친절하고 정중하게 대해 주면 아주 기분이 좋아진다. 그러나 사람이 타인에게 요구하는 것은 친절과 경의의 내용이 아니고, 표면적인 것이라 할지라도 그것을 나타내는 '태도'다. 그러므로 '친절한 가운데서도 예의'가 필요하다. "그 사람은 태도가 나쁘다."라는 말이 타인을 비난하는 말로서 자주 쓰이는 것도 그 때문이다. 그렇다고 상대의 예의바른 태도를 모두 믿을 수 있을까?

우리는 때론 '저 사람은 왜 나에게 이렇게 친절하고 정중하게 대할까?' 하는 의문을 갖는다. 어딘가에 함정이 있을지도 모른다는 불안감이 있기 때문이다. '옷 속의 갑옷'처럼 과잉 친절이나 정중함 뒤에는 적대감이나 대항 의식이라는 감정이 숨겨져 있는 경우가 많다.

전처 아이를 증오하는 어머니가 아이를 지나치게 귀여워하는 것이 그 예다. 그녀는 전처 자식을 미워한다는 것이 사회적으로 용납되지 않는다는 것을 잘 알기 때문에 나름대로 인정받을 수 있는 행동으로 억압된 감정을 방출하려 한다.

이와 같은 마음의 기제를 심리학적으로 '반동형성'이라 하는데, 자기의 공격성을 직접적으로 표출하기에는 불안할 때 이런 태도를 취한다. 아내에게 심한 증오를 느끼는 남편이 아내를 극진히 사랑하여 타인도 인정하는 '애처가'가 되는 예가 많다. 반대로 남편을 증오하는 아내가 지나칠 정도로 정숙하게 남편을 받드는 경우도 있다.

겉으로 보기에는 아주 금실이 좋아 보이는 부부 사이에도 심한 증오가 기제되어 있는 경우가 많다. 그러면서도 남편과 아내가 겉으로는 전혀 그렇게 보이지 않는 것은 파국을 맞이함으로써 받게 될 여러 가지 사회적 비난이 두렵기 때문이다. 지나친 친절이나 정중한 태도를 보이는 상대라면 진심을 정확히 파악할 필요가 있다.

지나치게 친절을 베푸는 사람의 진심은 어떨까요?

－최광선의 『한 길 사람 속 읽기』 중에서－

CHAPTER 10

노인상담의 영역

우리나라 노인의 호소문제에 대한 2013년 통계청의 주요 통계조사를 살펴보면, 노인의 44.7%는 건강문제, 31.6%는 경제적 어려움을 호소하고 있는 것으로 나타났다. 이 외에도 정서적 고독과 소외감이 노인이 호소하는 어려움 중에 하나이다. 이는 곧 노인이 지각하는 문제들이 건강과 경제, 그리고 정서적 문제가 주요 문제임을 생각해 볼 수 있다. 이는 해마다 그 수가 증가하고 있다.

특히 노인의 일상적 스트레스에 대한 조사에 따르면(이신숙 · 이경주, 2002), 노인이 경험하는 일상적 스트레스 요인은 주로 가족문제 요인, 건강문제 요인, 경제문제 요인, 상실감 문제 요인, 주거문제 요인 등으로 나타났다. 또 노인상담의 주요 내용을 보면 정서적 영역(상실감, 고독과 소외감, 고부간의 갈등, 친구 · 이웃문제, 이성문제 등), 경제적 영역(경제권 상실 및 지원, 금전적 어려움, 주거문제 등), 신체적 영역(건강, 가사활동의 애로사항 등), 사회 · 법률적 영역(재산분할문제, 노인시설 및 기관 이용안내, 거취문제, 기타 법률적 지원 문제 등)으로 나타났다.

이에 노인상담의 주요 영역을 이호선(2005)의 개념을 토대로 정서적 영역, 신체적 영역, 경제적 영역 및 사회 · 법률적 영역으로 구분하여 살펴보고자 한다.

01 정서적 영역

정서적 영역에서의 노인상담은 가족관계와 가정 내에서 발생하는 문제로 인한 고독, 소외문제에 관한 것이 많다. 노인에게 가정은 가장 직접적이고 중요한 삶의 원천이다. 노년기에는 가정에서 보내는 시간이 늘어나고 가족과의 접촉이 이전 발달단계보다 빈번해지기 때문이다. 남성 노인은 직업 일선에서 은퇴하면서 다양한 차원에서 사회적 관계가 축소된다. 따라서 그만큼 가족과의 접촉이 늘어나게 되며, 가족 간의 상호 교환 역시 확대된다. 여성 노인은 은퇴는 아닐지라도 노년기에 독립한 자녀와 분리되고, 남편이 은퇴와 더불어 가정에 머무르는 시간이 많아지면서 자연히 함께 생활하는 시간이 늘어나게 된다.

핵가족화와 도시화를 경험하면서 노인은 빠르게 변하는 사회에 적응하기 어려워졌다. 노인은 전통적 가치관을 가진 세대와 대립되는 현대적 가치관을 가진 젊은이들과 경쟁하기가 힘겹다. 젊은이들은 효(孝)와 충(忠)을 강조하던 노인세대와는 다르다. 이들은 효보다는 개인적 관심에 집중하고, 충보다는 개인적 이익에 관심을 기울인다. 이런 상황에서 노인이 받아야 할 몫인 효에서 멀어지고, 결국 젊은 층의 관심사에 묻혀 자신들의 설 자리를 잃었다. 노인은 실망과 정체성 혼란을 경험하면서 후회와 체념을 경험하게 된다. 그러나 현대의 가족은 노인의 이러한 문제를 돌보지 않는다.

그렇기 때문에 노인의 고립감과 소외감, 정체성의 혼란 같은 정서적 문제에 대한 상담의 필요성은 시급하고 절실한 것이 되었다. 한국 노인의 전화상담 2017년 통계에는 가족관계문제가 57.1%로 두드러지게 나타난다. 이런 결과로 볼 때, 노인의 정서적 문제는 가족관계와 밀접한 관련이 있음을 알 수 있다.

고독과 소외는 가족관계와 함께 이성교제와도 관련이 있다. 노인 내담자가 이성교제를 원하는 것은 "노후의 외로움과 고독 때문에", "활기찬 노후생활을 영위하고 싶어서", "결혼생활을 유지하고 싶어서(성생활 포함)", 그리고 "수발과 부양을 위한 보조자를 위해서"라는 내용이 대부분이었다. 이성교제에 대한 상담의 상당 부분은 소외와 고독의 문제와 연결되어 있으며, 이는 곧 정서적 문제가 노인에게 중요한 문제임을 보여준다.

이신숙과 이경주(2002)의 노인의 일상적 스트레스에 관한 연구는 정서적 문제가 노년기 삶의 전반적인 곳에서 심각하게 고려되어야 한다는 것을 보여준다. 특히, 가족관계 문제 요인으로 볼 때 이 결과는 노인의 정서 차원에서 보살핌이 있어야 할 가정에서 오히려 노인은 소외감이나 박탈감을 크게 경험하고 있음을 반영하고 있다.

02 신체적 영역

노인은 노화와 함께 신체건강 약화와 적응력 감소를 경험한다. 그만큼 건강에 대한 관심과 염려가 높으며, 신체적 노화로 인한 신체 변화와 건강문제가 일차적 걱정과 근심의 대상이 된다(서현미 · 하양숙, 2004).

2008년 국민건강영양조사에서 65세 이상 노인 남성은 67%, 여성은 84%로 평균 75%의 노인이 한 가지 이상의 만성질환을 앓고 있는 것으로 나타났다(한국보건사회연구원, 2009). 고령자가 지각하는 연간 본인의 만성질병 관련 우병률(보건복지부, 2002)을 살펴보면, 가장 높은 만성질병으로는 관절염이 인구 1,000명당 77.7명으로 62.4%이며, 그 다음으로 치아우식증(66.2명), 고혈압(59.0명)의 순으로 나타났다. 성별로 보면 남성 65세 이상 연령층은 고혈압(225.9명), 관절염(199.0명), 요통 · 좌골통(112.7명) 순이었다. 여성은 관절염(471.0명)의 유병률이 다른 질병보다 높았다.

노인빈곤과 관련하여 가장 시급하면서도 근본적으로 해결해야 할 문제는 경제적 어려움과 건강상의 어려움이 동시에 얽혀 있다는 점이다(박홍순, 2000). 빈곤한 노인들의 경우 장애나 만성질환을 함께 가지고 있을 가능성은 더욱 커서 건강수준뿐 아니라, 소득저하로 인한 빈곤의 악순환을 경험한다. 초고령노인의 경우에는 그 정도가 더욱 심각하다.

우리나라 노인은 스스로 수족을 못 움직여 자식에게 짐이 되는 것을 가장 두려워한다. 이는 치매에 대한 노인의 관심과 연결된다. 치매는 우리 사회가 당면한 가장 큰 문제 중 하나로 65세 이상에서 연령이 5.1세 증가함에 따라 유병률이 2배씩 증가한다. 이러한 추세라면 2025년에는 약 10%에 달할 것으로 추정된다(한국보건사회연구원, 2005b). 최근에는 치매와 같은 정신계 질환에 대한 관심이 크게 늘어나면서 질병의 치료와 예방 및 질병요인, 이를테면 간병인이나 병원 진단 절차, 요양원과 같은 시설정보를 요구하는 신체질병 관련 상담도 늘어나고 있다.

특히, 노인 당사자의 상담 및 노인 관련 상담내용 중 요양원을 비롯한 노인시설, 노인성 질환 전문병원에 관한 이용·수용에 관한 상담이 많아지고 치매와 관련한 내용도 증가하고 있다. 이는 노인이 호소하는 질환으로 정신장애가 가장 높은 빈도를 보이는 것과 상관이 있으며, 앞으로 치매와 관련한 전문상담의 필요성과 그것에 연계된 정신질환 및 노인 관련 상담에서의 수요까지 전망된다.

노년기 삶의 질에 중요한 영향 요인인 신체적 건강, 자존감, 사회적 지지 등은 인지기능 수준 및 우울 정도와 밀접한 관련이 있으며, 노인이 지각한 심리적 변화는 신체적 노화를 가속화하는 요인이 된다. 또한 노인의 신체적·정신적·사회적 건강은 서로 밀접한 관련성을 가지고 상호작용하며, 그 결과로부터 노인의 건강상태가 결정된다(유수정·김현숙·한규량, 2002).

노인상담에서 상담자는 신체적 영역을 상담할 경우, 노인의 정신적·사회적 건강을 동시에 살펴야 하고 노인의 심리적 변화에 따른 건강상의 변화에 특히 주목해야 한다.

03 경제적 영역

노인인구가 늘어나고 노인단독세대가 증가하면서 노인은 경제적 어려움을 겪는다. 우리나라의 경우 노인의 소득보장이 불안정하고 복지지원도 아직 불충분하기 때문에 노인층 대부분이 경제적 곤란을 겪고 있다. 그러다 보니 은퇴 후 현격하게 소득 수준이 하락하면서 노인은 신체적 허약과 함께 생활고까지 이중고를 겪는다. 또 부동산을 보유한 노인이라도 자녀에게 재산을 남겨 주려는 생각 때문에 그것을 보유만 할 뿐 처분하거나 사용하지 않는 경우가 대부분이다.

노인의 경제적 빈곤은 전체 인구 중 빈곤인구 비율보다 훨씬 높게 나타난다. 공식적 빈곤대상으로 파악된 기초생활수급자 가운데 노인인구가 차지하고 있는 비율을 살펴보면, 전체 인구 4,734만 명 중 기초생활수급자는 약 3.2%이나 그들 중 65세 이상의 노인은 약 36만 명이나 된다(한국노년학회 편, 2002). 이는 전체 노인 473만 명의 10.1%로 노인인구 중 빈곤인구의 비율은 전체 인구의 빈곤인구 비율보다 3.3배나 높다. 이 통계는 경제적 빈곤이 노년기에 얼마나 큰 문제인지를 단적으로 보여주는 예이다.

현재 우리나라에서 고령자가 처한 환경적 요소는 열악하고 이를 해결하거나 극복하기 위한 정책적·행정적 대안은 기대 수준에 크게 못 미치고 있는 실정이다. 또 정부정책뿐 아니라 민간기관도 고령자의 소득보장체계를 충분히 안전하게 구축하지 못하고 있다(황진수 외, 2001). 우리나라 65세 이상 노인의 경제활동 참가율은 30.8%로, 60~64세의 54.1%보다 현저히 떨어진다.

정경희(1998)는 65세 이상 노인 가운데 수입이 월평균 80만 원 미만인 경우가 전체의 57.8%를 차지하고 있음을 보여주었다. 또 황진수 등(2001)도 취업 중단 고령자들의 주요 수입원을 조사한 결과, 84명의 응답자 중 48.8%가 "자녀의 보조"를 통해 생활을 유지하고 있다고 하였다. 응답자들의 월평균수입은 35만 3천 원이었고, 수입이 전혀 없다고 응답한 경우도 16.9%(14명)로 5명 중 1명으로 나타났다. 또한 월수입 20만 원 이하는 응답자의 32.5%, 40만 원 이하는 응답자의 67.5%에 달했다.

우리나라 노인의 경제적 취약성은 노인이 해결하기 위해 취업을 원하는 이유를 잘 설명해 준다. 현재 취업을 중단한 고령자 가운데 재취업을 원하는 응답자의 경우 "돈이 필요해서"라고 응답한 노인이 가장 많은 75.5%를 차지하였다(황진수 외, 2001). 이는 현재 직업이 없는 고령자의 상당수가 경제적 문제 때문에 비자발적으로 재취업을 원하고 있다.

그만큼 노년기에 노인에 대한 경제적 지원은 생활을 위한 절실한 문제이며, 따라서 노인상담내용에서도 경제적 문제와 관련한 상담이 중요하게 되었다. 이에 상담기관에서는 취업상담을 위한 길을 모색하도록 해야 할 것이며, 고용업체 및 정부기관의 체계적 정보지원도 받아야 할 것이다.

04 사회 · 법률적 영역

노인인구의 증가와 함께 노인의 사회활동참여 역시 해마다 늘어나고 있다. 노인의 사회활동은 종교적 봉사활동, 지역단체 가입, 가족단체의 봉사활동, 자연보호운동을 통한 활동 등 다양한 영역과 범위에서 나타난다. 최근 노인복지시설이 점차 확충되어 감에 따라 노인의 사회활동참여는 한결 확대되고 다양해졌다. 이러한 추세와 함께 노인상담 영역 중 사회적 영역과 법률적 영역에 대한 상담이 증가하고 있다. 즉, 사회활동참여를 위한 구체적 정보, 선호단체 및 기관 알선, 원조 등 노인의 사회활동 욕구 증가와 더불어 사회·법률적 상담은 중요한 상담내용이 되고 있다.

사회적 영역의 궁금증은 대개 시설에 대한 문의가 주를 이룬다. 시설은 크게 교육과 여가를 위한 사회시설 문의와 평생학습 측면의 학업 및 취업을 위한 문의로 구분된다.

사회시설에 대한 문의는 노인대학, 노인복지회관, 노인교실 같은 배움을 위한 시설 제공과 경로당, 노인휴양소, 노인취미교육시설 같은 사귐을 위한 시설에 대한 구체적 정보들이 대다수를 차지한다. 이런 문의는 노년기에 겪게 되는 고독감을 줄이거나 취미활동을 하고, 친구를 사귀거나 지적 욕구를 채우고자 시설을 이용하는 경우다. 최근에는 은퇴 이후에 정규대학에 들어가거나 대학원에 진학하여 새로운 분야에 도전하고자 하는 상담도 증가 추세이다. 이 외에도 취업 가능한 시설, 매장 및 장례, 택시, 가내수공업 및 아이돌보미 등의 취업 관련한 상담도 많다(이호선, 2005).

법률적 조언을 구하는 사례도 늘고 있는데, 대부분 재산 분할, 분가, 공문서 작성 및 발송 방법, 법률가 알선 등이다. 현대사회가 복잡해지고 노인의 사회적 수요가 점차 늘어나면서, 노인이 사회·법률적 영역에서 자문을 구하는 경우가 앞으로 더 늘어날 것이다.

생각나무 무엇인가를 간절히 바라면 그대로 이루어질까요?

오드리 햅번 주연의 「마이 페어 레이디」라는 영화가 있다. 이 영화는 '히킨즈'라는 언어학자가 어느 런던의 번화가에서 꽃을 파는 처녀 일러이저를 반 년 만에 훌륭한 귀부인으로 변신시켜 보이겠다는 맹세를 친구에게 하고, 결국 그렇게 만들어 그녀와 결혼을 한다는 내용이다.

이 영화 속에서 히킨즈 교수는 심리학을 응용하고 있다. 그는 일러이저를 귀부인으로 만들어 내기 위해 그녀를 처음부터 꽃 파는 처녀가 아니라, 귀부인으로서 다루고 있다. 그리고 "너는 훌륭한 숙녀다.", "기품이 있는 여성이다."라는 말을 의도적으로 들려준다. 뿐만 아니라 화려한 드레스에다 눈부신 장신구를 갖추게 하여 그녀로 하여금 귀부인이 된 듯한 심정을 갖게 했다.

그랬더니 놀랍게도 그녀는 꽃 파는 처녀의 때를 벗고 차츰 기품이 넘쳐흐르는 귀부인으로 변신하였다.

이처럼 사람들은 타인의 기대를 받게 되면 기대된 인간처럼 생각이 바뀌며, 행동도 기대하는 인간처럼 하게 된다. 이것을 '자기충족의 예언(self fulfilling prophecy)'이라고 말한다. 히킨즈 교수는 이 인간심리를 교묘하게 활용한 것이다.

이와 같은 원리는 일상생활에서도 응용할 수 있다. 예를 들어, 현재 교제하는 연인을 자신의 이상에 맞는 사람으로 바꾸어 놓기 위해서 그런 사람이 되도록 기대를 갖는 것이다.

자녀에 대해서도 마찬가지이다. 가령 그림을 그리는 데 소질이 있는 아이일 경우, "너는 정말 그림을 잘 그리는 아이야.", "어쩌면 일류 화가가 될지도 몰라." 하는 식으로 칭찬해 주면, 그 아이는 틀림없이 부모의 기대에 부응하려고 열심히 그림 공부를 하게 될 것이다.

그러나 그 아이가 그럴 생각이 조금도 없는데도 부모가 억지로 기대감을 갖는다면, 자칫 그 아이에게 강박관념을 갖게 할 수도 있다. 앞에서 말한 '자기충족의 예언(자성예언)'을 일명 '피그말리온(Pygmalion) 효과'라고도 한다.

피그말리온은 그리스 신화에 나오는 키프로스 섬의 왕으로, 우연히 상아로 조각된 여인상에게 연정을 느끼기 시작했다. 그는 이 여인상을 대할 때마다 "당신은 참으로 예쁘고 아름답다."라는 찬사를 열렬히 보냈다. 이 광경을 지켜보던 여신 아프로디테는 그 조각의 여인에게 생명력을 불어넣어 산 인간으로 변신시켜 피그말리온의 아내로 삼게 했다고 한다.

실제로 영화 「마이 페어 레이디」의 소재는 영국의 극작가 버나드쇼가 쓴 「피그말리온」에서 따온 것이다.

무언가 간절히 원하면 그 뜻이 이루어진다고 생각하는가?

-신영백의 『심리학 통이 되는 책』 중에서-

CHAPTER 11

노인상담의 유형

일반적 상담에서처럼 노인상담의 유형에도 일대일 개별상담, 집단상담, 전화상담, 인터넷상담이 있다. 이 장에서는 이들 노인상담의 네 가지 유형에 대하여 살펴보고자 한다.

01 일대일 개별상담

일반적으로 일대일 개별상담은 내담자의 정서와 인지적인 내면의 세계에 초점을 두고 일대일의 방식으로 진행하는 직접적 서비스를 의미한다. 개별상담은 내담자가 환경에 잘 적응하여 정상적인 삶을 영위할 수 있도록 기본적 삶의 과제에 대처할 수 있게 하는 데 초점을 맞춘다.

1) 노인 개별상담의 요소

노인에 대한 심리분석, 발달적 · 단기과제지향적 치료, 행동관리, 동료상담, 인지행동 등 90여 개의 관련 연구를 분석한 웰만과 맥코맥(Wellman & McCormack, 1984)은, 노인상담에 필요한 핵심 요소를 다음의 여섯 가지로 정리하여 제시하고 있다. 첫째, 규칙적이고 지속적인 접촉, 둘째, 단기 심리치료 접근, 셋째, 과제행동과 구조적 행동, 넷째, 내담자의 적극적 관여, 다섯째, 다학문적 팀과 또래상담, 여섯째, 집단상담 등이다. 이 여섯 가지는 지금까지도 노인상담에서 중요한 요소로 인식되고 있다. 이 외에도 노인상담에서 사용되는 기술로는 일반상담에서 사용되고 있는 적극적 경청, 비언어적 의사소통기술 등이 있다.

2) 노인 개별상담의 과정

노인에 대한 상담은 일반상담과는 내용 면에서 그 차이를 갖는다. 노인과 기타 연령층의 개인적・사회적 조건이 다르기 때문이다. 그러나 노인 개별상담의 과정은 일반적 상담과정과 별반 차이는 없다. 상담신청과 접수가 이루어지면 상담자와 내담자 간의 관계가 형성된다. 이후 노인에 대한 다양한 자료를 수집하는 과정과 사정이 이루어지며, 이를 통해 상담의 목표가 설정되고 계약이 성사된다. 목표설정과 계약이 이루어지면 적극적으로 문제에 접근하는 개입이 이루어지고, 정해진 목표에 도달하면 노인 개별상담에 대한 평가와 함께 상담이 종결된다.

02 집단상담

노인에 대한 집단상담은 다수의 노인과 함께 상담을 받게 됨으로써 다음과 같은 효과를 얻을 수 있다.

첫째, 집단상담은 노인의 막연한 불안감으로부터 탈피하여 적극적으로 자신의 문제를 해결할 수 있는 기회를 갖게 된다. 이를테면 동병상련에 있는 주위의 집단구성원을 통해 자신이 겪고 있는 신체적・정신적・재정적・사회적 다양한 어려움이 자신만의 특수한 상황이 아님을 알게 되어 심리적 안정을 취하는 데

도움이 될 수도 있고, 또 어려운 문제를 타인이 해결해 가는 과정을 보면서 자신에게 직면한 어려운 문제를 해결해 가는 데 도움을 받을 수도 있다.

둘째, 집단상담은 노인의 약화된 사회적 기능을 강화시켜 주고 집단에 대한 동질성을 체험하게 하여 응집력을 갖게 한다. 특히 노년 인구의 대부분은 은퇴의 과정을 통해 사회적 무력감을 느끼게 되며, 또한 주변의 비슷한 환경과 연령의 친지·친구 상실 등으로 심한 외로움을 경험하게 되면서 강한 정신적 불안감에 휩싸이게 되는데, 집단상담은 이러한 부분을 상당히 완화시켜 줄 수 있다. 아울러 집단으로부터 새로운 인적 관계, 사회적 네트워크를 생성할 수도 있다(Yost, Beutler, Corbishley, & Allender, 1987).

셋째, 집단상담의 과정을 통해 노인은 자신들의 인생경험과 노년기에 겪게 된 다양한 상황변화에 대해 상호 간에 도움을 줄 수도 있다. 이는 두 번째와 같은 맥락에서 이해할 수 있는데, 누군가의 경험에 대하여 집단상담을 통해 배울 수 있다면, 반대로 집단상담을 통해서 누군가에게 자신의 경험을 나누어 줄 수도 있다. 누군가에게 도움이 될 수 있다는 생각은 삶을 적극적이고 긍정적으로 만드는 중요한 요소라고 할 수 있다.

1) 노인을 위한 집단상담

노인을 위한 집단상담에는 다양한 방법이 있다. 그중에서 전통적으로 잘 알려진 접근법에는 회상집단, 재동기화집단(RTG: Remotivation Therapy Group), 현실지향 집단 등이 있다. 이들 집단은 심리치료적 수단을 사용해 노인의 정신건강에 도움을 주기 위한 접근을 시도하고 있다. 그 외에도 심리교육을 목적으로 구성된 특정 주제집단 등이 있다(Myers, 1990).

2) 노인가족을 대상으로 하는 집단상담

미나드(Mynard, 1980)는 노인가족을 대상으로 하는 집단상담을 크게 두 가지 방법으로 대별하였다. 한 가족을 대상으로 하는 집단상담과, 노인을 가족구성원으로 두고 있는 몇몇 가족을 하나의 집단으로 구성하여 상담하는 방법이다. 특히 전자는 한 가족이 노인문제를 포함하여 특정한 위기를 경험할 때 주로 사용하는 방법으로, 이때 중요한 것은 집단상담자가 가족치료에 대한 전문적 지식을 갖추어야 하며, 상담을 받는 가족에 대하여 일반적 특성을 상세히 인지한 후 상담에 응하는 게 효과적이다. 후자는 노인을 가족구성원으로 두고 있는 몇몇 가족들의 문제가 유사할 경우, 같은 문제해결 차원에서 보다 효과적인 상담이 될 수 있다.

03 전화상담

노인에게서 전화를 통한 상담은 문제가 발생하였을 때 즉각적이고 신속하게 상담을 받고 정보를 얻을 수 있다는 장점이 있다. 즉 전화상담은 노인과 노인수발을 담당하는 가족과 친척 등이 신체적・정신적・사회적 문제에 대한 대처방법을 상담자가 있는 곳을 직접 방문하지 않고도 필요한 정보를 즉각 얻음으로써 문제에 대처할 수 있는 대응능력을 향상시키는 방법이라고 할 수 있다. 그러나 전화매체를 이용한 상담은 대면상담이 아닌 전화를 통한 방법이므로 면접상담에서 가질 수 있는 내담자의 다양한 감정을 충분히 이해할 수 없다는 단점이 있다.

그럼에도 불구하고, 전화상담이 중요한 것은 자신의 문제를 쉽게 노출하지 않으려는 노인 또는 노인의 가족 등과 전화를 통허 상담함으로써 문제를 축소, 또는 해소할 수 있는 기회를 제공하기도 하고 신속한 응급처리가 필요한 경우에도 도움을 줄 수 있기 때문이다. 우리나라의 대표적인 전화상담기관은 1994년 설립된 '한국노인의 전화'이다.

04 인터넷상담

정보화 시대에 매체를 이용한 또 하나의 상담에는 인터넷상담이 있다. 인터넷상담은 컴퓨터를 이용한 방법으로 그 특성상 익명성과 편의성, 그리고 즉각적 대응이 가능하다는 특징을 갖는다. 이러한 이유로 거동이 불편하거나 자신의 신분이 노출되는 것을 꺼리는 내담자의 경우 이용할 수 있는 적합한 상담매체라 할 수 있다. 그러나 노년인구의 인터넷 이용이 아직은 미미한 상태에 있다는 점이 현실적으로 상담매체로 자리 잡기에는 그 한계가 있다.

한국인터넷정보센터(2010)의 연령별 이용률을 보면, 40대 69.3%, 50대가 40.8%, 60대 이상 노인이 10.2%인 것으로 조사되었다. 다만 최근 노년인구의 인터넷 이용률이 점점 증가하는 추세에 있고, 정부에서도 정보화 사업의 한 방향으로 노년인구에 대한 인터넷 교육을 실시하고 있기 때문에 시간이 지날수록 인터넷 매체를 이용한 상담은 많아질 것으로 예측된다.

노년기에 인터넷을 활용할 수 있다는 것은 정보에 대한 접근이 다양해지는 효과도 있겠지만, 무엇보다도 노년기 적응과정에서 고독이나 소외감, 사회적 역할감 상실 등을 해소할 수 있고, 아울러 사이버 공간에서 다양한 집단과 접하게 되고 지지집단을 형성할 수 있어 정서적 안정감 확보에 좋은 영향을 미칠 수 있다. 인터넷상담의 장점은 다음과 같다.

첫째, 익명성이 보장된다.

둘째, 실시간으로 상담이 진행될 수 있다.

셋째, 비용을 크게 절감할 수 있다.

셋째, 단회적 상담이 대부분이나 여러 회기로 연장 가능하다.

넷째, 다양한 정보를 얻는 효과가 있다.

다섯째, 다른 상담사례를 통해 간접 경험을 얻을 수 있다.

생각나무 **눈에 콩깍지가 씌면?**

여성 카운슬러와 대화를 나누게 한 뒤에, 피험자에게 그 여성 카운슬러에 대한 평을 하게 하는 심리실험이 있었다. 카운슬러가 상대에 따라 '따듯하고 우호적으로 대하는' 조건과, '차갑고 서먹서먹하게 대하는' 조건에서 실험이 행해졌다.

카운슬러와 대화를 나눈 사람들에게는 "그녀는 연구목적 때문에 일부러 그렇게 대했다." 라고 말해 주었지만, 우호적으로 대하던 사람을 '우호적이 아니다.' 또는 쌀쌀하게 대하던 사람을 '차가운 사람이 아니다.'라고 믿는 사람은 거의 없었다. 피험자들은 여성 카운슬러의 역할을 무시하고, 그녀의 행동은 그녀 자신의 성격을 반영한다고 생각했던 것이다.

"당신은 여사원들에게는 친절하시네요."라고 애인에게서 핀잔을 들은 남성이 "업무상 그런 것뿐이야."라고 변명한다. 그러나 그녀는 '여사원에게 마음이 있는지 몰라. 그녀의 환심을 사려고 친절한 행동을 하는지도 몰라.'라고 의심을 갖게 된다. "역할이어서", "맡은 일이어서"라고 변명해도 통하지 않는다. "언제나 입술맞은 말만 하고 있어."라고 여사원 사이에서 혹평을 듣는 상사가 있다. 이런 남성이 엄한 표정으로 일을 지시해도 '또 시시한 말만 늘어놓으면서 시간만 끄는군. 정말 꼴불견이야.'라고 생각한다.

어떤 여성의 대화장면을 음성이 안 나오는 비디오로 보여주고, 그 여성의 성격을 평가하게 하는 심리실험을 했다. 그 비디오를 보여줄 때, 어떤 사람에게는 "그녀는 섹스에 관한 말을 하고 있다."라고 설명해 주고, 다른 사람에게는 "그녀는 정치에 관해서 말하고 있다."라고 설명했다.

그 결과 섹스에 관해서 말하고 있다는 설명을 들은 사람은 이 비디오에 나온 여성을 "불안하고 안정성이 없다."라고 보았으나, 정치에 관해서 말하고 있다는 설명을 들은 경우에는 그녀를 "활기차고 적극적이다."라고 보았다.

같은 행동을 해도 그것을 보는 사람의 선입견에 따라 평가가 달라지는 것이다. 이런 경향은 여성보다 남성이 더 강하다. 그녀는 '청조하고, 착실하고, 가정적인 여성'이라고 생각하는 남성은 그녀가 친구들과 시시한 이야기를 나누고 있는 장면을 보고도 인생과 사랑, 일에 관해서 대화를 나누고 있다고 추측한다. 미인이 자리에서 일어서는 것을 보고 '소변을 보려고 화장실에 간다.'고 상상하는 남성은 거의 없다.

눈에 콩깍지가 씌면 사람의 생각과 관점이 달라지는가?

-최광선의 『한 길 사람 속 읽기』 중에서-

CHAPTER 12 노인의 성격특징과 상담

정신분석 이론가인 프로이트(Freud)와 융(Jung)은 노년기를 아동기와 매우 유사한 것으로 보았다. 예컨대, 프로이트는 노년기에 우리 인간은 유아기의 자기중심적 성격으로 되돌아간다고 믿었으며, 융은 노년기에 우리의 사고는 무의식 세계에 깊이 잠수해 있는 상태라고 보았다. 따라서 노년기에는 현실세계와 접촉이 단절될 수 있다고 생각하였다. 이 장에서는 노인의 실제적 문제들을 상담하기 위해 노인의 성격과 관련된 특징, 노인의 성격과 적응, 노인의 성격과 상담에 대하여 살펴보고자 한다.

01 노인의 성격 특징

노년기는 많은 사람들이 그들의 인생을 과거뿐만 아니라 앞으로의 인생까지도 바라보면서 자신들의 인생을 재검토하는 때이며, 남은 시간을 어떻게 최대한으로 활용할 것인가를 결정하는 시기이다. 이런 노년기의 성격 특성은 일생 동안 지속되는 것도 있으나 변화하는 측면도 많다. 노인의 반응방식에 대한 잘못된 사회적 인식으로는 다음과 같은 내용들이 있다(이호선, 2005).

- 노인이 되면 뇌가 퇴행하여 자연히 정신질환을 갖게 된다.
- 노인은 고집불통이고 기억을 잘 못하며 아무 것도 배울 수 없다.
- 노인은 사망의 공포에 사로잡혀 있다.
- 노인에게 상실은 자연스러운 일이다.

그러나 노인들은 생리적 욕구, 안전의 욕구, 소속감의 욕구, 존중감의 욕구, 자아실현의 욕구와 같은 인간의 기본적인 욕구들이 충족되길 원한다. 또 노년기에도 좋은 기억력을 가지고 있는 경우가 많고, 자신의 능력을 인정받고자 하며 새로운 것을 배우고자 하는 욕구도 있다. 친구나 자녀와 정서적이고 감정적인 유대관계를 유지하면서 자신들의 존재가치를 인정받고 싶어 한다.

노인의 성격 특성에 대해서는 성격이 젊은 시절 그대로 유지된다는 주장과 변화한다는 주장이 있다. 반면, 노년기 성격의 연속성을 주장하는 이들은 노년기에도 성격이 그대로 유지된다고 주장한다. 이 주장에 따르면, 노년기에도 이전 발달단계와 마찬가지로 상황에 대한 적응력과 환경에 대한 평가가 거의 유사하게 유지된다.

1) 성격특성의 변화

개인 성격 특성이 노년기에도 일관성을 가지고 유지된다는 반면에 변화된다는 관점도 있다. 즉, 성격이 주어진 사회적 역할에 따라 결정되기 때문에 노인은 자신에게 적합하지 않은 상황에 적응하면서 성격도 변하게 된다는 것이다.

에릭슨(Erikson)은 심리사회적 발달단계를 통해 성격변화의 과정과 생애주기에 따른 과업수행 사이의 관계를 설명하고 있다. 그에 따르면 제7단계(장년기 45~55세)의 특징은 신체에 대한 민감한 반응으로 건강상태에 과민반응, 건강염려증 등이 있으며, 시간 전망의 변화로 연령은 늘지만 생애는 짧아진다. 또한 노인들은 중심성 경향, 내향적 성향, 새로운 지식이나 의사결정, 사고와 행동, 오랜 경험에 신중하게 반응하며, 폐경기 반응으로 생리적 변화인 생식능력 상실에 따른 노화를 실감하게 된다. 노년기 60세 이후에 나타나는 제8단계에서는 노년기에 나타나는 다음과 같은 일반적인 특징들이 있다.

(1) 내향성과 수동성 증가

인간은 나이가 들어감에 따라 사회적 활동이 점차 감소하고 사물의 판단과 활동 방향을 외부보다는 내부로 돌리는 특징이 있다. 노인들은 외부의 자극에 대한 반응이나 평가보다는 자기 자신의 사고나 감정에 의해서 사물을 판단하는 경향이 강하다.

내향성 증가와 더불어 나타나는 노인의 특징 중의 하나가 수동성의 증가다. 노인들은 어떤 문제해결을 위한 적극적 개입보다는 수동적 자세를 갖는다. 누군가에게 도움을 받거나, 혹은 적극적인 노력과 시도를 하기보다 신비적인 힘이나 우연에 맡기려는 경향이 두드러진다.

(2) 우울 감정의 증가

노인이 되면서 점차 우울 감정이 증가한다. 노인에게서 우울 감정은 주로 신체노화, 상황변화와 대처에 따른 스트레스라고 말할 수 있다. 노년기에는 신체적 질병, 배우자와 사별, 경제력의 약화, 과거에 대한 회한, 노화에 따른 고독과 소외감의 증가로 우울 감정이 커진다. 이 같은 우울증은 불면증, 강박관념, 무감각 등을 유발한다. 삶을 어떻게 조망하느냐의 개인차에 따라 그 정도가 다르다.

(3) 조심성과 경직성의 증가

노인이 될수록 조심성이 증가한다. 노인들은 시각과 정각 등의 감각능력의 감퇴를 경험하게 되면서 신체적·심리적 기능의 쇠퇴를 직접적으로 느끼게 된다. 조심성이 증가하면서 노인들은 새로운 사업을 시작하거나 익숙하지 않은 쪽으로 직업을 변경하거나 혹은 문제해결의 장면에서도 망설이게 된다. 또한 과거의 것을 고집하려는 보수적인 성향을 보인다. 이러한 경향은 경직성을 동반한다.

다시 말해서, 노인이 될수록 종래에 하던 안전한 방법을 고집하고 새로운 지식을 받아들이는 것을 주저하는 경향이 있다(이호선, 2005).

(4) 의존성의 증가

노년기의 의존성 증가는 노화와 함께 나타나는 자연스러운 현상이다. 유아기와 마찬가지로 노년기에도 절대적 의존기에 속한다. 하지만 노년기에는 신체적·정신적 능력이 쇠퇴하고, 사회적 역할을 상실하며, 경제적 수입이 감소하고, 사회적 유대관계가 축소되는 등의 상황변화로 인해 타인의 도움을 필요로 한다. 이에 의존성이 자연스럽게 증가되며 경제적·신체적·정신적·사회적 측면에서 다양하게 나타난다.

(5) 과거 회상의 증가

노인들은 현실적인 상황보다는 과거의 상황과 결과에 대한 회고와 평가에 관심이 있다. 이는 현재의 자존감을 높여주는 기능을 하기 때문으로 본다. 예컨대, 현재는 중요한 역할을 맡고 있지 못하지만 노인들이 과거에 겪은 다양한 경험과 그 경험에서 유래하는 정보들은 청년들이 갖지 못하는 귀한 자산이 된다. 또한 과거를 회상하며 의미 있는 한평생을 살았다는 느낌을 갖게 하여 자아통합감을 얻기도 한다. 따라서 노인의 회상 과정은 생애의 마지막 단계에서 최종적으로 지나온 삶을 되돌아보며 긍정적인 결론을 얻고자 하는 적극적인 심리과정이다.

(6) 양성화

노인은 나이가 들어감에 따라 남성은 여성들의 특징인 친밀성, 의존성, 관계지향성 등을 나타내 보이고, 여성은 공격성, 자기주장성, 자기중심성 및 권위적 성향을 나타내 보인다. 남성과 여성 모두 젊었을 때의 큰 성차가 줄어들고 반대성의 성향을 갖는 경향이 두드러진다.

(7) 친숙한 사물에 대한 애착

과거를 회상하는 비율은 상대적으로 나이가 들어감에 따라 점차 증가한다. 회상을 통하여 노인들은 오랫동안 간직해 온 물건이나 대상에 대한 애착심이 증가한다. 그러므로 노인들은 지금까지 살아왔던 집이나 추억이 있는 물건, 사진, 기념물 등 친숙한 물건들에 대해서 각별한 감정을 갖게 된다.

2) 노인의 성격적 적응

리차드 등(Reichard et al., 1962)은 노인의 성격적응 연구를 통하여 다섯 가지의 성격 유형을 확인하였다(정옥분 외, 2008).

① 성숙형(mature)

가장 이상적인 유형으로 자신의 장점뿐만 아니라 약점도 인정하며 자신이 지나온 삶을 긍정적으로 받아들인다. 자신에 대한 현실적인 지각을 하고 자신의 노화를 받아들인다. 흑백논리로 사고하지 않으며, 복잡한 문제를 지나치게 단순화하지 않는다. 이 유형은 대부분 행복한 유년기를 보냈으며, 과도한 스트레스를 경험하지 않고 성년기에 도달하였고, 결혼생활도 행복한 편이다. 이 유형의 노인들은 자신의 일생이 값진 것이었다고 느끼며, 과거에 대한 후회나 미래에 대한 두려움이 없다.

② 흔들의자형(rocking chair)

일생 지녔던 무거운 짐을 벗어던지고 복잡한 대인관계와 사회생활에서 해방되어 조용히 지내게 된 것을 다행으로 여기는 노인들이다. 은퇴한 노인들은 안도감을 느끼며, 아직 은퇴하지 않은 노인들은 은퇴를 고대한다. 이 유형의 노인들은 매우 수동적이고 의존적이며, 직업만족도가 낮고 야망이 없다. 따라서 노년기를 수동적으로 살고 싶은 욕구를 충족시키게 되어 젊은 시절에 갖지 못했던 기회를 맞았다고 좋아한다.

③ 무장형(armored)

늙어가는 것에 대한 불안을 방어하기 위해 사회적 활동과 기능을 계속해서 유지하는 노인들이다. 이러한 노인들은 노년기의 수동성과 무기력함을 그대로 받아들일 수 없어, 계속적으로 활동함으로써 신체적 능력의 저하를 막아보려고 애쓴다. 자녀로부터의 경제적 도움을 거부하고, 어떤 희생을 치르더라도 자립을 원한다. 성숙형이나 흔들의자형보다 젊음을 부러워하고 자신의 죽음에 대한 생각을 두려워한다.

④ 분노형(angry)

젊은 시절의 인생 목표를 달성하지 못하고 늙어버린 것에 대해 크게 비통해 하는 노인들에게서 볼 수 있다. 이런 노인들은 자신의 좌절이나 실패의 원인을 자기 자신이 아니라 불행한 시대, 경제사정, 부모형제, 자녀 탓으로 돌림으로써 남을 탓하고, 적개심이 많으며, 자신이 늙어가는 것과 타협하지 않으려고 안간 힘을 쓰는 사람들이다. 사물을 흑백논리 또는 선과 악으로 지나치게 단순화시키고 불확실한 것을 견디지 못한다. 자신의 늙어감을 인정하지 못하고 젊은 세대를 부러워함과 동시에 비판한다. 무의식적인 자기비하가 분노형의 또 다른 특징으로 자신을 인생의 실패자로 지각한다. 자신이 살아온 삶이 가치 있는 삶이라고 지각하지 않으며 죽음에 대한 두려움이 크다.

⑤ 자학형(self-haters)

열등감이 많고 인생의 실패 원인을 자기 자신에게 돌리고 자신을 꾸짖는다. 나이가 들수록 더욱 우울증에 빠지고, 자신이 보잘것없는 존재라고 비판하며, 심한 경우에는 자살을 시도하기도 한다. 만약 자신이 살아온 인생을 그대로 다시 한 번 살겠느냐는 질문에 자학형은 대부분 그렇게 하지 않겠다고 대답한다. 자학형은 젊은 사람들을 부러워하지 않으며, 죽음에 대한 언급을 많이 하고, 심지어 빨리 죽기를 바라는 사람도 있다.

위의 다섯 가지 유형 중에서 성숙형, 흔들의자형, 무장형은 비교적 잘 적응한 경우이고, 분노형과 자학형은 부적응 유형에 속한다.

02 노인의 성격과 상담

늙어감에 따라 노인들은 활동력을 잃고 상실감을 느낀다. 역할상실과 가치감 상실에 대해 노인들은 스스로 존재감을 갖고자 하는데, 이 과정에서 고집스러워지고 대인관계에서도 불필요한 감정을 형성하게 된다. 노인들은 자신들이 유용한 존재이며 사회와 가족, 친구들에게 필요한 사람임을 확인하고 싶어 한다. 따라서 자신들이 다른 사람들을 괴롭히거나 그들에게 의존하고 있는 사람으로 인식되기를 싫어한다.

1) 노인 성격 적응을 위한 노력

(1) 의사소통훈련

노인들은 자신들이 사회에서 소외되었다는 느낌과 앞으로도 자신들이 사회의 중요한 일원으로서 활동하거나 인정받지 못할 것이라는 생각으로 때로는 화가 나고 때로는 절망한다. 노인들은 자신을 표현하기 위해 경우에 따라 적절하지 않은 대화의 주제를 지나치게 반복하거나 불필요한 이야기를 길게 한다. 그러나 젊은 사람들은 노인들의 이러한 특성을 무시하거나 부정적으로 평가한다.

노인들과 가족 간의 갈등은 의사소통 형태의 문제인 경우가 많다. 이는 노인과 그 가족의 공통문제가 된다. 노인은 의사소통훈련을 통해 다른 사람의 의견을 존중하고, 받아들이고, 경청하는 방식을 배울 수 있다. 또한 자신을 표현하는 방법에 대해 훈련을 받은 경우보다 원활하게 대화가 이루어질 수 있다.

(2) 대인관계에서 자신감 끌어올리기

노인들은 자신들이 무시당한다고 여기거나 자신들의 지식이 시대에 뒤떨어져 있다고 생각한다. 예컨대, 최근에 출시되는 가전제품들은 그 기능이 복잡하고 자칫 잘못하다가 고가의 제품을 망가뜨릴 수 있다는 생각에 가정 내에서 가전제품조차 제대로 만지지 못하는 경우가 있다. 이로 인해 노인들은 가정 안팎에서 간단한 것도 사용할 수 없는 무능력한 존재로 취급 받는다. 그러므로 노인들은 자신감을 잃게 되고 다른 기족들과도 대화가 한정된다.

노인들은 자신이 할 수 없는 부분에 집착하기보다는 사용할 수 있고 이용할 수 있는 부분을 강화하고 새로운 기술을 습득하기 위해 노력할 필요가 있다. 이를 통해 일상생활에서의 자신감뿐만 아니라 대인관계에서의 자신감도 강화할 수 있다.

2) 효과적인 상담기술

정서적인 문제를 겪고 있는 노인과 효과적인 상담을 할 수 있는 가장 중요한 통로는 그들과 효과적인 상담을 진행할 수 있는 전문상담사의 능력이다. 많은 상담기술이 진단과 치료를 위한 의사소통에 유리하다(Blazer, 1978). 노인은 존경과 존엄을 가지고 접근해야 한다. 만약 노인상담사가 요양원이나 양로원에 있는 노인을 방문하게 된다면, 마치 임상의가 환자가 대기하고 있는 진료실에 들어가기 전에 노크를 하는 것처럼 노인의 방에 들어가기 전에 노크를 해야 한다. 또한 노인에게 적절한 호칭을 부르는 것이 좋다. 예컨대, 김 선생님, 이 여사님, 최 판사님과 같이 불리던 노인이 은퇴를 하면 어르신, 김민성 씨, 최영숙 씨 등과 같이 불리게 된다.

이런 친근하고 익숙한 호칭은 자신들의 사회적 역할이 바뀌었고, 이제는 어른이 아닌 아이로 취급된다는 것을 인식시켜 준다. 때때로 노인은 자신의 성이 아닌 이름 부르는 것을 허락하며, 심지어는 그렇게 불러주는 것을 더 좋아하기도 한다. 그러나 노인상담사는 노인이 더 이상 전문직에 있지 않기 때문에 이름을 불러도 된다고 생각하지 말고, 서로 친근해져서 이름을 부르도록 허락하는 신호가 올 때까지 기다려야 한다.

노인상담사는 특히 노인의 사생활을 침해하지 않도록 유의해야 한다. 사생활 침해는 병원이나 장기요양원에서 흔히 발생한다. 35세 여성 환자의 방에 들어갈 때 그녀가 옷을 다 갖춰 입었을 것이라고 가정하고 아무 때나 문을 불쑥 여는 남성 의사는 없을 것이다. 방을 출입하는 것어 대해 자연스럽게 조심하는 것은 임상의가 환자의 성별을 인식하고 있음을 반영하는 것이다. 젊은 상담사는 노인 환자가 더 이상 성적인 매력이 없다고 해서, 출입에 대해 조심하고자 하는 인식이 약화되어 노인이 제대로 옷을 입지 않고 있을 때에도 문을 벌컥 열고 들어간다. 그러나 노인은 자신의 외모와 정숙함에 대해 여전히 의식하고 있으며, 이는 35세건 85세건 다르지 않다. 신체검사 전에는 반드시 노인이 적절하게 옷을 갖추어 입고 있어야 하며, 옷을 벗은 경우에는 반드시 그 노인과 동성의 간호사가 자리를 같이해야 한다.

노인과 상담하는 동안 노인전문가는 가능한 한 노인과 가까운 곳에 자리해야 한다. 노인은 젊은 사람처럼 접촉하는 것에 대해 꺼려 하는 경우가 거의 없으며 또 감각 자극을 구별하는 데 어려움을 겪고 있기 때문에 노인전문가가 가능한 한 자신과 가까운 곳에 있는 것을 고마워한다. 노인전문가는 노인에게 다가가거나 접촉하기에 충분히 가까운 거리에 앉아야 한다. 노인과 전문가 사이에 가장 편안한 의자 배열은 상대방과 45도 정도의 각도이다. 의자는 같은 높이의 것으로 해야 하고 전문가는 상담하는 동안 서 있거나 걸어 다녀서는 안 된다.

노인과 상담하는 동안 노인전문가는 충분한 시간을 갖도록 해야 한다. 시간에 대한 부담은 근래에 매우 증가하고 있으며, 의료기술의 발달로 의사와 환자 간의 상호작용 시간이 줄어들었다. 정서적 문제를 가진 노인을 상담할 때 충분한 상담시간을 할애해야 한다.

다음으로 노인전문가는 반드시 노인이 이해할 수 있도록 정확하고 천천히 말해야 한다. 상담실의 조명을 적당히 밝히고(노인이 잘 들을 수 없을 때 입술을 읽을 수 있도록) 산만한 소음을 줄이는 것(노인이 가능한 한 정확하게 들을 수 있도록)과 함께, 언어 패턴은 노인이 특정한 질문을 이해하고 대답하는 능력에 중요한 도움을 줄 수 있다. 노인전문가의 언어는 천천히 그리고 분명해야 한다. 간단한 문장은 노인, 특별히 청력상실이나 기억상실을 겪고 있는 노인과 의사소통을 하는 데 가장 효과적인 방법이다. 예컨대, '만나서 반가워요. 오늘 기분 어떠세요? 어르신께서 두 달 전에 호소하셨던 수면문제가 더 나빠지셨는지 궁금했어요.'라고 말하는 것보다는 '오늘 기분이 어떠세요?'와 같이 한 번에 하나씩만 질문하는 것이 좋다. 별 관계가 없는 생각을 한꺼번에 막 이야기하는 것은 의사소통 능력을 방해한다.

노인은 많은 경우 전화상담으로 효과적인 의사소통을 할 수 있는데, 심하지 않은 난청을 겪고 있는 노인의 경우 수화기를 귀 뒤쪽에 있는 유양돌기 옆에 두고 통화하게 되면 골전도(bone conduction)를 이용할 수 있어서 유리하다. 그러므로 전문가는 적어도 대면진료를 하지 않아도 되는 경우에는 전화를 노인상담 수단으로 이용하는 데 주저하지 않아야 한다. 전화상담은 주로 특정 문제에 초점을 맞추기 때문에 오랫동안 통화할 필요가 없다.

노인전문가는 노인이 겪고 있는 정서적 문제를 보다 적극적이고 체계적으로 질문해야 한다. 노인은 문제가 드러나는 것을 꺼려 하며, 자신들이 겪고 있는 다양한 증상이 하나의 동일한 정신질환에서 비롯되었다는 것을 깨닫지 못할 수도 있다. 예컨대, 우울증 노인은 체중 감소와 수면장애가 자신의 삶에 대한 부정적 견해와 우울증으로 인한 무기력과 연관이 있다고 생각하지 않는다.

정서적 문제를 가진 노인이 체계적인 질문에 답변하는 시간은, 노인이 자신의 말로 자연스럽게 문제를 이야기하는 것뿐만 아니라 자신의 과거와 현재를 연결시켜 이야기할 수 있도록, 비구조화되고 비지시적인 상황에서 상담받는 시간과 적절하게 균형을 맞추어야 한다. 정서적 문제가 발생하게 되면 노인은 자신의 현재와 과거를 돌아보고 재해석하고자 한다. 정서적 문제는 노인에게 자신한테

다가오는 죽음을 상기시키고, 신체와 정신의 능력에 대해 통제력을 약화시키고, 결국 다른 사람에 대한 의존성을 증가시킨다.

노인이 회상하고 회고하며 겉보기에 두서없이 하는 이야기는 가능한 한 짧은 시간 내에 질병과 관련된 더 많은 정보를 얻고자 하는 바쁜 전문가를 좌절하게 만든다. 그럼에도 불구하고, 노인전문가는 노인가의 질문에만 응답하는 것이 아니라 문제에 대한 자신의 견해를 노인전문가에게 제대로 이야기하였다는 것을 인지할 수 있을 만큼 충분한 시간을 갖고 상담을 진행해야 한다. 대부분의 우리와는 다르게 노인은 침묵을 불편해하지 않는다. 침묵의 시간은 노인이 현재 겪고 있는 문제와 관련이 있다고 믿고 있는 사건과 이슈를 생각하고 기억하고 명확히 할 수 있는 기회를 제공한다(Blazer, 1978).

생각나무

오래 오래 꽃을 바라보면
꽃마음이 됩니다.
소리없이 피어나 먼데까지
향기를 날리는 한 송이의 꽃처럼,
나도 만나는 이들에게
기쁨의 향기 전하는 꽃마음
고운 마음으로 매일을 살고 싶습니다.

오래오래 별을 올려다보면
별마음이 됩니다.
하늘 높이 떠서도 뽐내지 않고
소리 없이 빛을 뿜어내는
한 점 별처럼,
나도 누구에게나 빛을 건네주는 별마음
밝은 마음으로
매일을 살고 싶습니다.

나는 누구에게 빛을 건네주는 사람이었습니까?

-이해인의 『꽃마음 별마음』 중에서-

13 CHAPTER 노인문제와 상담

다른 발달단계의 상담에서처럼 노인상담에서도 다양한 문제와 기법이 적용된다. 노인문제의 특성에 따라 상담기법도 큰 차이가 있으므로 이 장에서는 노인문제의 유형별로 어떤 상담기법이 효과적인지를 살펴보고자 한다.

01 노인문제와 상담의 관계

아직까지는 노인문제가 다른 발달단계의 상담만큼 그리 활발하게 연구되지는 못해 왔다. 최근 들어 노인문제 관련 노인상담의 필요성을 지각하고 있다. 특히, 노인상담의 유형은 비교적 최근에 활발하게 연구되고 있다. 기존에는 정서적 측면을 강조하여 상담을 주로 진행하였다면, 최근에는 이러한 틀에서 과감히 탈피하여 보다 광범위하게 상담 영역을 확대 진행하고 있다. 우리나라의 경우 통계청(2005a) 자료에 의하면, 노인이 겪는 가장 큰 문제는 경제적 문제이고 이어서 건강, 소외, 소일, 무직의 순으로 나타났다.

〈표 13-1〉에서와 같이 노인이 평소 겪는 문제는 개인적 문제로부터 사회적 문제까지 다양한 영역에 이른다. 그러므로 어려움을 호소하는 노인 또는 노인가족의 문제를 보다 효율적으로 상담 지원하기 위해서는 다양한 상담이 가능한 전문가와 이를 지원할 수 있는 적절한 제도적 조치와 방안이 요구된다.

〈표 13-1〉 노인이 겪는 문제 (단위: %)

구분	경제	건강	소외	소일	무직	시설	불효	경로
전체	44.6	30.1	6.4	6.3	4.9	4.2	1.6	1.8
남	46.4	25.9	4.6	7.1	7.0	4.9	1.4	2.6
여	43.3	33.0	7.5	5.8	3.4	3.7	1.7	1.3

출처: 통계청(2005a). 사회통계조사.

노인상담에서 다루는 주요 문제들은 노인의 우울증·고독·소외·자살 등의 심리적 문제, 가족구성원 간의 관계에서 생기는 가족문제, 가정 혹은 시설에서 발생하는 노인학대문제, 노인성 치매 문제, 은퇴 전후의 재정관리문제, 노인의 교육·여가·복지 등과 관련한 노후설계문제, 그리고 기타 일상생활과 관련한 여러 문제 등이다.

노인 내담자가 호소하는 문제들은 우울증·고독·자살 등의 심리적 문제에서부터 일상생활과 관련한 정보 문의에 이르기까지 수없이 많기 때문에 문제내용에 따른 상담유형도 다양한 형태를 띠고 있다. 그중에서도 노인심리상담, 노인가족상담, 노인학대상담, 노인치매상담 그리고 노인자살상담은 매우 중요한 노인상담의 영역이라 할 수 있다(정옥분 외, 2008). 이와 같은 다섯 가지 노인상담 영역을 차례로 살펴보면 다음과 같다.

02 노인심리상담

노년기에는 다른 연령층에 비해 신체적 쇠퇴와 함께 심리적 변화 또한 다양하게 나타난다. 특히, 주변에 가까웠던 지인들이 하나 둘씩 운명하는 것을 보면서 두려움과 쓸쓸함 등을 느끼게 된다. 약화된 심리상태에 있는 노인들이 주변상황의 변화를 극복하기는 쉽지 않다. 이때 느끼는 안타까움, 불안, 고독, 외로움 등은 자연스러운 심리적 상태이지만 이를 이겨내기 위한 노력이 무엇보다 필요하다.

그러나 정신적 통합기능이 떨어지게 될 경우 자기학대나 폭언, 폭행과 같은 공격적 충동 증상을 나타내 보이기도 하고, 심지어는 망상증, 양극성 장애 등과 같은 정신분열증이 발생하기도 한다. 이러한 측면에서 노인의 심리상태를 잘 이해하고 노년기의 정신적 문제를 정확하게 상담할 수 있는, 즉 전문적 자질을 갖춘 상담자의 역할이 절실히 요구된다(정옥분 외, 2008).

정신분석학적 관점에서 살펴보면, 노년기의 정신병리현상은 다양한 데서 원인을 찾을 수 있다(박재간 외, 2006).

첫째, 상실감이 큰 원인으로 주변에서 가깝게 지내던 지인들이 사망할 때 느끼는 큰 상실감이다. 또 은퇴 이후 사회적 관계가 단절되거나 감소되면서 삶에 대한 애착이 줄어들고 생명력을 잃게 될 수도 있다.

둘째, 과거에 대한 회상과정에서 많은 회환을 갖게 될 경우 정신질환 및 신체화 증상을 보일 수 있다. 특히 과거에 심하게 고생하였거나 누군가에게 잘못했던 기억이 크게 떠오를 경우 많은 후회를 하게 된다. 이것이 우울증으로 연결될 수 있으며, 심하면 스스로 학대하는 '자기학대' 증상으로 나타날 수도 있다.

셋째, 가족이나 친지 등과의 관계로부터 겪게 되는 좌절감이다. 특히, 자신의 의지와는 다르게 행동하는 자녀들과의 관계에서 오는 좌절감 및 상실감은 그 어떤 요인보다도 크게 작용한다. 온갖 정성을 다해 자녀를 양육해 왔던 자신의 노력을 알아주지 못하는 자녀에 대한 원망, 무력감과 상실감을 겪게 되고 이로 인해 우울증이 발생하고 더 심하면 자살로도 이어진다.

인간의 심리에 대한 상담과 치료는 환자의 증상과 복잡한 환경 등에 따라 다양한 기법이 존재한다. 이 같은 다양한 상담 및 치료기법들은 250여 가지가 넘으며(Corsini, 1987), 현재에도 계속하여 새로운 이론들이 개발되고 있다. 그것은 아마도 그만큼 사람의 심리적 문제를 어느 하나의 기법으로 모두 설명하기에는 그 한계가 있기 때문인지도 모른다.

그렇기 때문에 상담은 노인 내담자의 심리상태를 먼저 이해하기 위한 수단임과 동시에 치료의 시작에 불과하다고 할 수 있다. 상담에 대한 많은 이론과 기법이 개발된 이유가 바로 여기에 있다. 이들 다양한 상담이론과 기법은 정신역동적 상담, 인본주의적 상담, 행동주의적 상담 그리고 인지행동적 상담의 큰 범주 내에 있음을 생각해 볼 수 있다. 이 절에서는 많은 기법 중에서도 노인에게 주로 실시되는 회상요법, 조각기법 그리고 심리극 기법을 간략하게 소개하고자 한다.

1) 회상요법

회상요법(reminiscing technique)은 개인적으로 의미 있는 과거의 경험을 생각하거나, 그 경험을 현실의 문제와 관련시켜 내담자의 내면적 갈등, 죄의식, 가족이나 대인관계에서 발생했던 좋고 나쁜 기억과 화해하거나 용서하게 함으로써, 현재의 심리적 갈등을 해결하고 정상적 사회생활을 할 수 있도록 도와주는 방법이다(이호선, 2005). 이 기법에서 과거와 현재를 연결하는 기제로는 대개 자신의 사진첩, 자서전, 작품, 여행, 가계족보, 스크랩북, 중요 인물과의 재회 등을 사용한다. 이 같은 회상요법은 개인상담과 집단상담 모두에서 긍정적 결과를 보인다.

예컨대, TV의 프로 중에도 회상요법을 적용한 프로그램이 있다. 어릴 때 버려진 아들을 찾는 팔순 나이의 부친이 용서를 구하고, 용서를 받아들이는 자식의 재회를 통해 팔순 어른이 가슴에 묻어 둔 과거의 상처를 달래는 프로그램이 한 예가 될 수 있다(김희수 외, 2008). 주요 회상요법에 대하여 간단히 소개하면 다음과 같다.

(1) 자서전의 저술 및 녹음

자서전 방법은 노인 내담자가 자신의 생애를 잘 정리하고 서술하는 방법이다. 자서전 방법에서는 자서전에 서술되는 사건, 인물, 경험들이 무엇보다 중요하다. 아울러, 여기에 서술되지 않은 것들에 대해서도 주의를 갖는 게 필요하다. 예컨대, 성공적 인생을 살아왔다고 자타가 공인하는 한 노인은 자서전에서 본인의 어린 시절은 어떠한 언급도 없었다.

이상하게 여긴 상담자는 노인 내담자에게 묻자, 노인 내담자는 "나의 어린 시절은 나를 버린 부모에게 증오심만이 있었소. 지금 내가 성공한 것은 그 증오심 때문이랍니다. 성공을 통해 어디에선가 나를 지켜볼 내 부모에게 상처를 주는 것이오. 그런데 지금 살아계시면 102살인데, 살아 있겠소. 나의 마음이 부끄러워 차마 자서에는 토해 낼 수 없었답니다." 그리곤 회환의 눈물을 보였다(김희수 외, 2008). 이처럼 자서를 통해서 자신의 과거를 회상해 보고 고백을 통해서 새로운 삶의 전기를 마련할 수 있는 기법이기도 하다.

(2) 중요 인물과의 재회

사람들은 자신과 관련된 주요 타자를 통해서 자신의 모습을 되돌아보게 되고, 그 되돌아봄 속에서 또 하나의 새로운 삶의 전기를 마련하게 된다. 특히, 상담자는 내담자 중 일부는 자신의 모습을 부정적으로 보는 경향이 있는데, 이때 죄책감이나 회한이 느껴지지 않도록 컨설팅해 주는 게 중요하다.

(3) 가계족보

가계도를 밝히는 일은 개인에게 역사의 연속성을 느끼게 해 주고, 얼마나 많은 가족구성원이 죽음에 이르렀는지를 인식하게 함으로써 죽음에 대한 공포와 두려움을 조금이나마 지울 수 있다. 이 같은 활동으르 노인이 먼저 사망한 사람들의 묘지를 방문해 본다거나, 화장장이나 자신이 거주하는 지역의 기록들을 조사・연구해 보는 것도 큰 도움이 될 수 있다.

(4) 스크랩북, 사진첩, 오래된 편지 등 다양한 회상자료

그동안 살면서 보관해 온 소중한 물건은 자신에게 특별한 것들이다. 즐겁고 슬프고 가슴 아픈 추억이 있는 것들이다. 예컨대, 여러 권의 사진첩, 친구에게 받았던 서신, 취미로 모았던 레코드판, 만화책, 회갑잔치나 손자녀의 돌잔치 비디오, 우표, 도자기 등이 그 예이다. 이러한 것들을 통해서 오랫동안 잊고 있었던 사건이나 주요 타자들을 기억함으로써 정서적 경험을 회상해 볼 수 있다.

2) 조각기법

조각기법(sculpting technique)은 노인 내담자와 가족치료에서 적용하는 기법이다. 여기서 노인은 조각가가 되어 다른 가족구성원에게 자세를 취하게 한다. 이때 가족구성원은 노인 내담자가 의도하는 대로 가족 간의 관계를 조망하는 하나의 형태를 이루며 위치하게 된다. 노인이 자신에게 가깝다고 생각되는 사람은 가깝게 배열하고, 멀다고 생각하는 사람은 멀게 배열할 수 있다. 대체로 노인은 손자녀들을 가깝게 그리고 며느리나 가족 내 갈등의 주요 대상자는 멀리 배치하는 경향이 있다. 가족구성원의 배치도는 하나의 관계망을 가시적으로 드러내어, 노인이 가족과 형성하고 있는 관계망과 감정적 관계의 거리를 가시화한다(이호선, 2005).

이때 상담자는 가족구성원의 조각배열상태에서 가족구성원에게 자신의 감정을 있는 그대로 표현하도록 한다. 또한 배치된 가족구성원도 자신이 있는 자리에서 자신의 느낌을 말하도록 한다. 가족구성원의 이야기를 모두 들은 후 노인 내담자는 자신의 생각을 정리하면서 자신이 원하는 가족구조 형식대로 가족구성원을 재배치한다. 그런 다음 가족구성원이 새로운 배치형태에 대해 다시 한번 느낌을 진술하게 한다. 그 후 노인이 제안한 바람직한 변화를 위해서 가족 내에서 어떤 변화가 일어나야 할지 가족 모두가 새롭고 허심탄회하게 논의한다.

이 기법은 비언어적 방법의 모델을 적용한 치료방법이나, 궁극적으로는 가족구성원 간 조각배열상태에서 대화를 하게 되는 비언어적 방법인 동시에 언어적 방법이기도 하다.

3) 심리극 기법

심리극 기법(psychodrama technique)은 일찍이 모레노(Moreno)에 의해 창시된 '집단정신요법' 중의 하나로, 연극적 요소를 통해 인격의 구조, 대인관계 그리고 갈등이나 정신적 문제 등을 탐색하는 집단치료의 의미를 갖고 있다. 심리극의 목적은 내담자가 갖는 감정적 문제나 정서적 갈등, 혹은 여러 경험들을 극화하고 실제 연극에 참여시킴으로써 내담자 스스로가 자유로운 표현을 하게 하는 데 있다. 이 과정을 통해 오인된 가치, 왜곡, 편견과 오해를 해소하고 생활적응력을 회복시켜 치료를 돕는다(김충기 · 강봉규, 2001 ; 김희수 외, 2008).

심리극의 기법에는 혼자서 자신의 감정과 상황을 이야기하는 독백, 역할을 타인과 서로 바꿔 보는 역할 바꾸기, 자신의 상황을 타인이 거울에 비춰보듯 연기하는 거울기법, 자신의 가장 소중한 것을 찾고 이를 다른 것과 바꿔 보는 과정에서 통찰을 얻게 되는 마술 상점, 여러 개의 의자를 놓고 자신과 중요한 관계에 있는 인물을 설정한 후 혼자 대화하는 빈 의자, 보조자아가 내담자와 함께 행동하며 내담자의 심리를 보여주는 이중자아, 몇 사람의 보조자아가 환자가 행한 각각 다른 상태를 상황에 따라 달리 행동하여 상황에 따른 내담자의 특성을 알 수 있도록 돕는 복합이중성, 죽음에 대한 공포를 완화시키고 죽음 상황을 재연해 보는 죽음의 장면, 죽음 이후의 상황에서 현재의 상황과 심리를 파악하는 심판의 장면, 내담자가 없다는 가정하에 내담자에 대한 평가 나누기 등의 방법이 있다(이호선, 2005).

이 외에도 많은 심리극 기법들이 있으며, 이러한 심리극은 상담의 과정에서 각각 개별 기법으로 언제든지 사용될 수 있다. 심리극의 주요 기법 몇 가지를 소개하면 다음과 같다.

(1) 역할 바꾸기

역할 바꾸기(change roles)란 상대방의 역할을 서로 바꾸어 함으로써 상대방의 눈을 통해 자신의 문제나 갈등을 찾게 하는 기법이다(한정란, 2001). 이 기법을 통해 상대방의 역할을 이해하고 자신의 생각과 표현의 불일치를 깨닫게 한다. 무엇보다도 가족에게 자신을 표현하는 데 어려움이 있는 노인 내담자들이 질문에 대한 답변을 스스로 찾도록 조력하는 경우 상담자와 역할을 바꾸는 효과가 있다. 하지만 상담자와 내담자 간에 신뢰가 형성되지 않은 상태에서 실시할 경우, 간혹 내담자가 당황하거나 거부감을 갖는 경우가 초래되므로 상담자는 유의할 필요성이 있다.

(2) 거울기법

거울기법(mirror technique)은 자존감이 낮거나 대인관계가 어려운 노인, 비협조적 노인, 우울증 경향을 보이는 노인 내담자에게 매우 효과적인 기법이다. 이 기법은 노인 내담자의 모든 행동, 자세 말투 등을 거울에 투영해 보듯이 똑같이 흉내 낸다. 그럼으로써 내담자로 하여금 자신을 보다 객관적으로 보고 평가할 수 있게 해 주며, 자신의 표현방식을 변화시키고자 하는 의도를 불러일으킬 수 있다. 이 기법은 내담자에게 불쾌감을 줄 수도 있으므로 가급적 내담자의 동의를 구해서 하는 것이 바람직하다.

(3) 이중자아기법

이중자아기법(double technique)이란 내담자의 심리적 경향을 있는 그대로 또는 최고조로 평가함으로써 문제를 평가하고 갈등을 분석하며 상호 관계를 자극하고 촉진하는 기법이다. 상담적용방법으로는 지지, 해석, 극화, 풍자, 직면, 과장, 비언어적 의사소통의 언어화 및 반대화 등 다양하다.

상담자는 이중자아기법을 적용 시 우선 이중자아기법에 대하여 설명한 후 내담자의 동의를 구한다. 상담자는 허공을 보거나 내담자를 쳐다보면서 마치 상담자가 내담자의 마음인 듯 이야기하고 내담자의 반응을 기다린다. 반응이 없을 경우 다시 비슷한 내용의 이야기를 되풀이해서 강조한다. 만약 수정할 경우에는 수정된 내용으로 다시 한다. 공감을 표시할 경우에는 잠시 동안 침묵을 지킨 후 그럴 수밖에 없었던 심리적 원인에 대한 접근을 시도한다.

이 기법은 내담자가 자신의 깊은 감정을 표현하게 하는 데 효과적이다. 특히, 우울 증세가 있는 노인, 양가감정이 있는 노인, 의사소통이 없거나 말수가 적은 노인, 고립감을 느끼는 노인에게 더 좋다.

(4) 빈 의자 기법

빈 의자 기법(empty chair technique)은 빈 의자를 사용해서 내담자의 상상력을 자극하거나 역할연기를 하게 하는 기법이다. 이 기법은 자신에 대한 이해와 내면의 답을 찾는 데 도움이 되며, 그 대상이 사람이 아니고 빈 의자이기 때문에 자유롭게 상상할 수 있으며 내담자의 저항이 약화되는 강점이 있다.

상담자는 빈 의자를 앞에 두고 내담자를 그 상사의 인물과 대화하도록 하고, 내담자 스스로 그 인물이 되어 의자에 앉아서 대답하도록 한다. 필요에 따라서는 빈 의자 대신에 보조자아를 등장시켜 상상의 인물 역할을 같게 할 수도 있다. 이 기법을 통해서 자신의 내면을 투사해 볼 수 있다.

실행방법은 다음과 같다(이호선, 2005).

> 여기 빈 의자가 하나 있습니다.
> 누군가가 앉아 있습니다.
> 누굴까요?
> 몹시 보고 싶은 사람 또는 정말 보고 싶지 않은 사람을 생각해 볼까요?
> 어떻게 앉아 있나요?
> 표정은 어떤가요?
> 시선은 어디를 보고 있죠?
> 뭐라고 첫 마디를 하겠습니까?
> 그러면 그분은 뭐라고 대답하나요?
> 눈을 감아도 좋습니다.
> 이제 그분에게 정말하고 싶은 이야기를 해보세요.

상담자는 내담자가 안정적인 마음을 갖고 침착하게 응하도록 배려해야 한다.

03 노인가족상담

일반적으로 사람들은 자신의 가족의 문제를 외부에 알리는 것을 수치스럽게 생각하거나 거부감을 갖는 경향이 있다(정현희 · 이은지, 2007). 특히, 노인은 가족 앞에서 솔직한 자기감정을 표현하기를 주저하거나 문제가 발생되더라도 무조건 참는 경우가 많다. 이러한 속성 때문에 우리나라에서는 가족상담이 보편화되지는 못하고 있다. 그러나 노인가족상담은 활력 넘치는 새로운 가족관계를 구축하기 위해 가족문제에 대한 긍정적 접근과 사회적 인식 전환이 필요하다. 그리고 상담자는 상담 시 가족 각자의 생각과 느낌이 잘 표현되고 수용될 수 있도록 배려해야 하며, 노인과 가족구성원들이 함께 문제를 해결하려는 노력에 도움을 줄 수 있어야 한다.

노인가족상담에는 해결중심 가족치료와 경험중심 가족치료 접근이 활용될 수 있으며 그 내용은 다음과 같다(정문자, 2007).

1) 해결중심 가족치료

해결중심 가족치료(solution-focused family therapy)는 병리적인 것에 초점을 맞추기보다는 건강한 것, 문제가 없거나 문제시되지 않는 상황을 발견하여 이를 활용하도록 격려하는 것이다. 노인가족상담에 해결중심 접근법이 적합한 이유는 문제보다 해결에 중점을 두기 때문에 노인의 체면을 존중하면서 문제와 관련된 가족의 체면을 손상시키지 않고 상담을 진행할 수 있기 때문이다. 그리고 상담자의 재구성을 통하여 노인의 부정적 사고와 인식을 긍정적으로 전환하는 데 기여한다거나 노인의 지나 온 삶에 대해 성공적 경험과 강점을 발견하게 함으로써 자신감을 회복하는 데 기여할 수 있다.

해결중심 가족치료에서 사용하는 기법에는 예외질문, 기적질문, 대처질문, 관계성 질문, 간접적 칭찬, 재정의, 감정카드기법 등이 있다.

2) 경험중심 가족치료

경험중심 가족치료(experience-based family therapy)는 가족을 하나의 체계로 보기보다는 개인의 집합으로 보았으며, 가족구성원의 변화를 통해 가족이 변화하도록 하였다. 경험중심 가족치료의 핵심적 치료목표는 문제의 해결보다는 개인의 성장과 대인 간 변화이므로, 개인의 감수성을 향상시키고 지각을 확장시키는 것을 중요하게 생각한다. 인간은 성장하고 자아를 성취하려는 본성을 갖고 태어났으므로 이들을 방해하는 방해물과 개인의 방어가 감소되면 성장과 자아성취가 자연적으로 일어난다고 보았다. 경험중심 가족치료에서 사용하는 기법에는 가족조각기법, 가족그림, 밧줄기법, 빈 의자 기법, 나의 영향권 이해, 나의 생활사, 나의 모습 찾아보기 등이 포함되며 그중에서 노인을 대상으로 하는 '나의 영향권 이해'를 소개하면 다음과 같다.

'나의 영향권 이해 활동'은 우리의 삶 속에서 우리에게 지적, 정서적, 신체적, 사회적으로 영향을 준 사람이나 사건을 바퀴모양의 그림으로 만드는 것이다. 종이 중앙에 나를 그리고 나와 관계를 맺고 있는 가족, 생물, 환경 등을 나의 주변에 배치한다. 이때 나와 영향을 주고받는 정도에 따라 나와의 거리를 가깝게 또는 멀리 조정하며 이들 각각과의 친밀도를 선으로 표시한다. 영향을 준 사람과 사건을 묘사하는 형용사를 서너 개 적고, 이 어휘의 수용 정도에 따라 각 형용사 앞에 긍정(+) 또는 부정(−) 표시를 한다. 작업이 완성되면 팀을 만들어 나와 관계가 좋은 경우 그 관계를 유지하거나 향상하기 위한 방법에 대해, 나와 관계가 좋지 않을 경우 그 관계를 호전시키고 싶은지 여부에 따라 각자가 할 수 있는 방법에 대해 토론한다.

04 노인학대상담

우리나라의 노년층의 증가는 최근 다양한 사회문제로 나타나고 있다. 그러나 아직까지 노인에 대한 사회적 인식이 크게 변화되지 않은 상황에서 사회적 약자인 노인은 언제든지 소외와 고독, 학대와 같은 심리적·신체적 중압감을 받을 수 있을 뿐만 아니라, 범죄의 표적이 될 수도 있다. 노인을 대상으로 하는 범죄의 증가는 그 단적인 예가 된다. 특히 최근 들어 노인학대가 점차 증가추세에 있다. 「노인복지법」 제1조 제2항에는 노인학대를 "노인에 대하여 신체적, 정신적, 성적 폭력 및 경제적 착취 또는 가혹행위를 하거나 유기 또는 방임을 하는 일체의 행위"라고 규정짓고 있다.

그러나 노인학대는 대부분 가족의 문제로 치부하고, 외부의 도움을 받아 적극적으로 대처하려 하기보다는 가족 내에서 해결하려 하는 특성이 있다. 학대를 직접 받는 노인의 경우 학대의 원인을 '자신의 무능력'으로 생각하는 경우가 많기 때문에 그 학대를 참고 은폐하려는 경향이 강하다(여미옥, 2002). 학대받는 노인은 자신의 이러한 문제가 외부로 알려지는 것을 더 없는 수치심으로 생각하기 때문에 심한 좌절감을 느끼고, 우울증, 망각, 망상 등과 같은 정신질환의 증세를 보인다.

우리나라 노인학대의 특징 중 하나는 여성 노인 상당수가 가족 내 고부간의 갈등과정에서 정신적 학대를 경험하고, 심지어는 신체적 학대도 겪고 있다는 점이다. 그럼에도 불구하고, 자립능력이 없는 여성 노인은 가족에게 전적으로 의존하는 생활을 할 수밖에 없고, 다른 방법이 없는 상태에서 지속적 학대를 노인 스스로 인내하고 참는 방법 외에는 현실적 대안이 없다. 그 이유는, 우리나라에서 노인에 대한 부양책임은 거의 전적으로 가족이 지고 있기 때문에, 노인인구의 증가와 함께 노인학대가 매우 빠르게 증가하고 있는 것이다(정옥분 외, 2008).

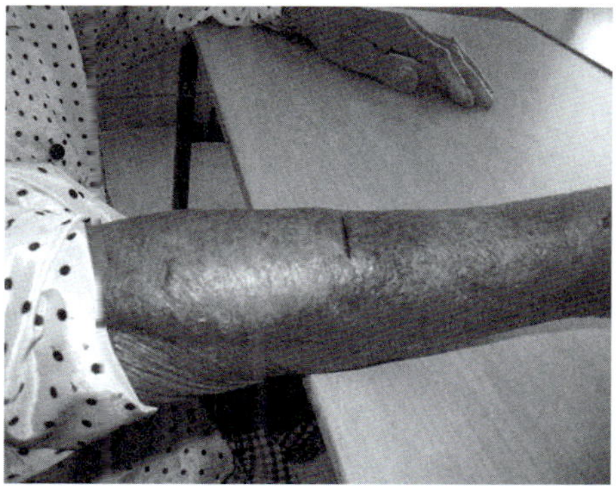

또 하나의 문제는 노인학대가 발생하고 지속적 학대가 예상되는 경우에도 학대받는 노인이 보호받을 수 있는 시설이 거의 없다는 점이다(이신숙・이경주, 2002). 결국 노인이 학대를 받으면서도 가정에 머물러 있어야 한다. 그렇지 않은 경우 현실적 대안으로, 다른 자녀 또는 친척 집으로 거처를 옮겨야 하는데, 이러한 도피는 근본적인 문제해결이 될 수가 없다.

노인학대의 징후들로는, 지속적으로 발생하는 신체적 손상(긁힘, 멍, 골절 등), 사람과 접촉하는 것을 극히 꺼리는 경우 등이 있다. 그러나 이러한 증상이 있다고 하여도 이를 노인학대로 단정하여 결론을 내리기는 어렵다. 다른 여러 가지 이유가 있을 수 있기 때문이다. 노인에 대해 전문가와 일반인의 장기간에 걸친 면밀한 관찰과 관심이 필요한 이유가 여기에 있다. 노인학대에 대처하는 차원에서뿐만 아니라 예방하는 차원에서도 노인학대의 문제를 이제 사회적 문제에서 인식하고 대처하는 적극적인 자세가 필요하다(박재간 외, 2006).

노인학대상담은 일종의 위기개입 형태이다. 위기개입이란 비정상적이고 돌발적인 일상생활 중의 사건이 개인이나 집단 혹은 지역사회가 감당하기 힘든 스트레스와 불균형상태를 야기할 때, 이들의 항상성을 회복시키기 위하여 의도적이고 즉각적으로 개입하는 원조과정을 의미한다(Greenston & Leviton, 2001).

위기는 발달과정상의 위기와 상황적 위기로 분류할 수 있다. 일반적으로 학대받는 노인에게는 이 두 가지의 위기가 복합적으로 작용하여 나타난다. 발달과정상의 위기는 은퇴나 노화의 과정에서 발생하는 것이며, 상황적 위기는 경제력의 상실, 치매 등과 같은 주요 질환의 발병, 가족과의 불화로 인한 갈등의 발생 등이 있다.

노인학대는 노인에게 있어서 매우 심각한 위기이다. 이 위기를 극복하지 못하면 노년기는 황폐해지며, 삶의 보람이나 의지를 보장받을 수 없고 하나의 인격체로서 사회의 구성원이 되기는 쉽지 않다. 이러한 위기가 발생했을 때, 일반적으로는 노인은 약화된 가족 내 입지 때문에 독자적으로 이 위기를 타개하기는 어렵다(유성호 외, 2000 ; 이영호, 2006). 노인은 사회적, 경제적, 심리적으로 이미 많이 위축되어 있기 때문에 적절한 사회적 개입과 중재가 필요하고, 필요한 경우 적절한 조치를 반드시 취해야만 한다.

노인학대가 발생했을 때에 노인은 심각한 정신적 피해를 입게 된다. 이를 치유하기 위해서는 피해노인에 대한 상담을 통해 우선 심리적 안정을 도모하는 것이 필요하다. 보건복지부 노인지원과에 따르면 노인학대가 발생했을 때 피해자만을 대상으로 상담서비스를 제공하는 경우가 2006년에 6,611건으로 전체의 76.4%에 이르며, 〈표 13-2〉와 같다.

〈표 13-2〉 노인학대 피해자에 대한 조치결과 (단위: 건, %)

구분	상담	복지	법률	의료	보호	정보제공	계
빈도	6,611	465	97	81	200	1,194	8,648
비율	76.4	5.4	1.1	1.1	2.3	13.8	100

상담서비스: 피해자 상담, 심리검사, 사후관리, 가족지원서비스.
복지서비스: 수급원 연결, 재가서비스 연결, 사회복지서비스 연결, 기타 자원 연결.
법률서비스: 법률상담 연결, 법적 조치 지원.
의료서비스: 방문간호 연결, 응급치료 및 의료처치.
보호서비스: 지킴이 연결, 일시쉼터입소, 시설입소.
정보제공서비스: 관련 정보제공, 재학대예방교육.
출처: 보건복지부 노인지원과 보도자료(2006.9.18).

그러나 노인학대에 대한 보다 근본적이고 효과적인 치료를 위해서는 피해 당사자와 함께 가해자 역시 상담하는 것이 필요하다. 가해자가 노인을 학대하는 원인과 주변 상황을 이해하는 것은 문제해결의 단추가 되기 때문이다. 이는 노인학대를 예방하는 차원에서도 필요하다. 노인학대가 예상되는 가족의 노인과 가족구성원을 동시에 상담함으로써 노인학대가 발생할 수 있는 원인을 사전에 차단하여 노인학대가 일어나지 않도록 예방할 수 있음이다(김유숙, 2002).

이때 중요한 것은 가해자(또는 예상되는 가해자)를 학대에 대한 결과만으로 범법자 또는 부도덕한 자로 미리 단정하여 상담해서는 절대 안 된다는 것이다. 가해자 역시도 자신이 가해자이지만 학대를 전혀 의도하지 않았다는 점에서 이를 해결하기 위해 누군가의 도움을 필요로 하는 피해자의 입장이 될 수 있다(홍주연, 2000).

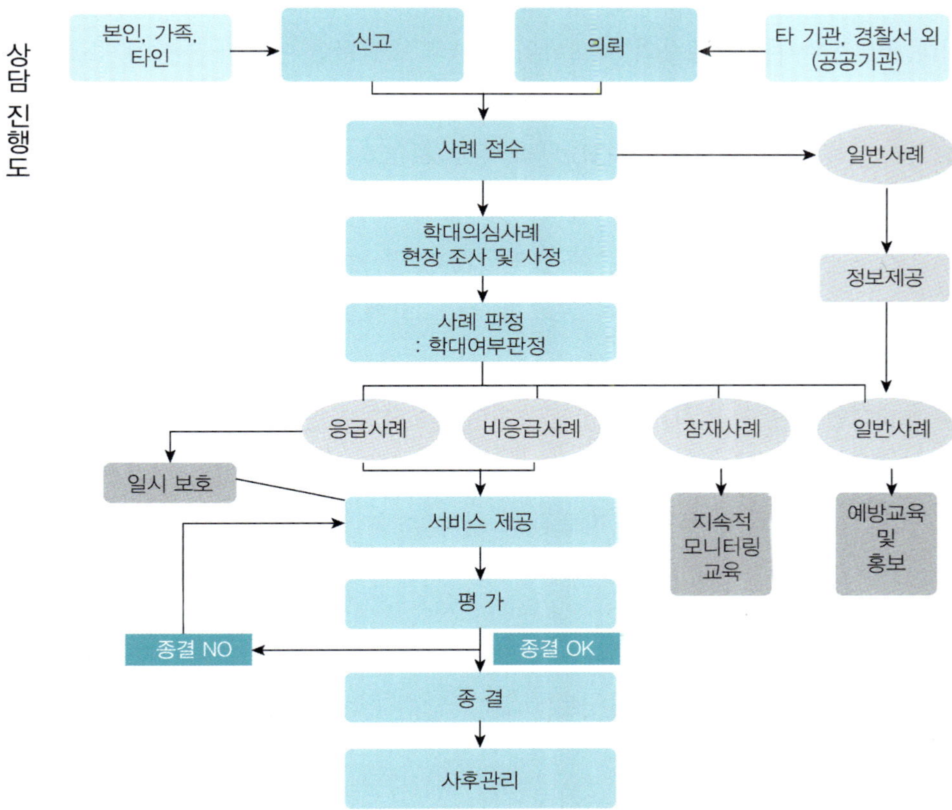

[그림 13-1] 노인학대 상담절차

그러므로 상담자는 학대현상이 발생하면 일의 정황을 먼저 이해하고자 노력해야 하며, 상담자가 중립적 태도를 견지하고 있다는 것을 보여줌으로써 가해자가 진솔하게 상담에 응할 수 있도록 이끌어야 한다. 노인학대상담의 절차는 일반적으로 [그림 13－1]과 같다(김희수 외, 2008).

노인학대가 일어나는 원인은 다양하다. 그 대표적인 예를 제시하면 다음과 같다.

첫째, 가해자가 약물이나 알코올과 같은 자신의 의지로 해결하기 힘든 정신적 질환이나 장애를 갖고 있을 경우, 이 질환이나 장애를 극복할 수 있는 프로그램을 소개해 주거나 이 문제를 중심으로 상담을 시도해 본다.

둘째, 노인학대가 가해자의 과도한 스트레스나 사회적 갈등에 기인하는 경우이다. 이 경우에는 가해자의 학대행위가 결국 노인뿐만 아니라 자신에게도 피해를 줄 수 있다는 점을 이해시키고, 아울러 가해자와 피해자를 서로에게 도움을 줄 수 있는 호혜적 관계로 전환할 수 있도록 돕는 수준에서 상담하도록 한다.

셋째, 흔하게 발생할 수 있는 원인으로 경제적 부양능력이 부족하여 노인학대가 발생하는 경우이다. 이 경우에는 지역사회 및 기관의 도움을 받아 개인의 경제적 부담을 완화할 수 있도록 도움을 주는 방향으로 대안을 모색해야 한다.

넷째, 노인이 만성질환이나 치매 등으로 장기간 보호를 필요로 하는 경우 노인을 수발하는 사람이 가해자가 될 경우이다. 이 경우에는 방문요양서비스 혹은 주간보호센터와 같은 지역사회중심의 지원서비스를 활용할 수 있는 정보를 제공하고, 오랜 수발로부터 누적된 피로감을 완화할 수 있도록 도움을 주어야 한다.

05 노인치매상담

일반적으로 치매는 뇌가 외부 충격이나 후천적 질병 등 외부적 요인에 의해 손상되어서 인지능력, 학습능력, 지능・언어 등 정신적 기능이 점점 감퇴하는 복합적 증후군을 총칭하는 것으로 설명할 수 있다. 또 치매는 내과, 신경과 및 정신과 질환을 대표하는 신경정신과적 질환이다(홍주연, 2000). 이 같은 치매는 그 원인이 복합 다발적이기 때문에 치매의 종류 또한 다양하다. 노인치매는 알츠하

이머병과 혈관성 치매를 유발하는 다발경색성 치매(multi-infarct dementia)가 대표적이다.

〈표 13-3〉 연도별 치매노인 증가 및 예상 수 (단위: 명, %)

구분	1995	2000	2007	2010	2020
치매노인 수	220,502	278,381	400,265	460,461	703,890
치매 유병률	8.3	8.2	8.3	8.6	9.0

출처: 통계청(2005b). 고령자통계.

현재 우리나라의 치매노인 수는 매년 증가하는 추세에 있고, 〈표 13-3〉에서처럼 치매 유병률 또한 계속 증가하여 2025년에는 약 10%에 이를 것으로 내다본다(통계청, 2005b).

치매는 뇌의 손상이 비교적 경미한 초기단계에서는 사소한 인지기능의 장애만을 보이나 손상 부위가 점차 광범위하게 진행됨에 따라 보다 심각한 인지기능 저하, 행동장애, 일상생활 및 직업적·사회적 기능장애를 나타내는 증상을 보이게 된다.

대개의 경우 환자나 그 가족은 치매의 초기단계에서 나타나는 인지기능장애를 단순히 노화과정에 의한 것으로 오인하기 쉬우므로 치매가 상당히 진행된 이후에나 병원을 방문하게 되는 경우가 많다. 그렇기 때문에 치매의 치료에서 가장 중요한 점은 뇌의 손상이 아직 경미한 초기단계에 진단을 받고 가능한 한 조기에 치료를 시작하는 것이라고 할 수 있다.

또한 치매의 초기단계에 환자에게 적절한 환경을 조성하는 것이 필요하다. 치매의 정도가 심해진 이후에 환자에게 맞도록 주거환경을 바꿀 경우, 환자의 인지기능이 심각하게 감퇴되어 새로운 환경에 적응하기가 힘들어진다. 이로 인해서 심리적 불안감은 치매 증상을 더욱 악화시키는 요인이 될 수 있다(한국노년학회 편, 2000).

치매는 아직까지 대부분 명확한 원인을 찾기가 어렵고, 치료도 오랜 기간을 필요로 한다. 따라서 치매가 발병할 경우 환자뿐만 아니라, 환자를 돌보는 가족 또한 상당한 고통에 시달리게 된다. 특히, 치매환자의 돌출된 행동은 가족의 항시적 불안요인이며 적절히 대처하기가 쉽지 않다.

치매노인상담은 대개 환자보다는 가족을 대상으로 하며, 또한 치매를 예방하고자 하는 일부 노년층이 주로 대상이 된다. 그러므로 상담자는 증상에 따른 적절한 대처와 개입방법을 조언해 주고 치매증상의 악화를 막을 수 있는 조치와 치매예방을 위한 방법 등을 상담할 수 있어야 한다. 다음은 보건복지부(2004)의 치매환자에 대한 약물치료와 행동장애 관련 상담자료를 제시한다(정옥분 외, 2008 재인용).

1) 약물치료

일반적으로 치매환자의 치료는 대부분 약물에 의존하고 있다. 하지만 신체적으로 약한 노인에게 약물은 의외로 많은 부작용을 야기할 수도 있다. 또한 치매뿐만 아니라 다른 질병을 치료하기 위해 관련 약물을 복용하는 경우도 많아 세심한 주의가 요구된다. 1일 용량을 3~4회로 나누어 복용하는 것이 바람직하고 진정작용, 혈압강하작용, 근육조화불능 등의 작용이 있는 약물은 조심스럽게 사용하여 부작용을 최소화할 필요가 있다.

(1) 인지기능 개선제

인지기능 개선제로는 콜린성 제제가 현재 가장 널리 사용되고 있다. '콜린성 제제'란 뇌의 아세틸콜린 활성도를 증가시키는 약물로서 현재 미국 FDA에서 공인되어 널리 사용 중인 아리셉트, 레미닐, 엑셀론 등이 이에 속하며 아세틸콜린 분해효소인 콜린 에스테라제의 기능을 억제하는 효과가 있다.

(2) 정신증상에 대한 약물

치매환자의 경우 많은 수가 우울증이나 망상, 환각 등의 정신병적 증상이 동반되며, 이러한 증상조절을 위해 약물이 사용된다. 이에 사용되는 약물은 항정신병 약물, 항우울제, 항불안제 등이 있으며, 약물을 선택할 때 부작용이 적은 약물을 선택해야 한다.

항우울제로는 선택적 세로토닌 재흡수 억제제가 기존의 삼환계 항우울제에 비해 부작용이 적어 노인에게 주로 처방되고 있으며 선택적 세로토인 재흡수 억제제 중에서도 졸로프트나 시프람이 부작용이 적어 노인에 대한 처방 시 선호된다. 항정신병 약물 가운데 전형적 항정신병 약물은 부작용이 자주 발생되어 최근에는 리스페달, 올란자핀, 서로켈과 같은 비전형 항정신병 약물이 치매환자에게 주로 처방되고 있다.

2) 행동장애의 접근방법

치매환자의 행동장애로는 불안, 흥분 및 공격적 행동, 배회, 망상, 성적 행동, 거부증, 섬망 등을 들 수 있다.

(1) 불 안

치매환자는 조금 전에 한 것을 곧잘 잊어버린다. 또한 시간, 계절, 자신이 있는 장소도 분명하게 지각하지 못할 수 있으며 증상이 진행되면 주변 사람을 제대로 알아보지 못하게 될 수 있다. 이러한 증상이 있는 치매환자는 사소한 것에서 불안이나 초조감에 시달린다. 치매의 정도가 경도나 중등도인 경우에 불안과 초조감이 특히 심한 경향을 보인다. 흔히 저녁이 되면 더욱 침착성이 없어지고 불안과 초조감을 나타내 보이기도 한다.

(2) 흥분 및 공격적 행동

일반적으로 치매환자는 쉽게 분노하고 감정의 기복이 크며 공격적 행동을 보인다. 치매환자가 공격적 행동을 보이는 데는 대부분 그 원인이 있다. 예컨대, 가족이나 주변 사람들이 치매노인의 자존심을 상하게 하거나, 말이나 생각에 오해가 있는 경우가 대표적이다. 이 외에도 신체적으로 불편할 때, 불만이 있을 때, 불안과 공포를 느낄 때, 노인이 과거의 괴로웠던 기억에 집착하고 있을 때에 흥분하거나 공격적 행동을 보일 수 있다.

치매환자는 자신의 의사표시를 할 수 없는 경우가 많다. 가능하면 노인의 행동원인을 이해하도록 하고, 노인의 곤란한 행동에 개입하는 과정에서 간병인이 흥분하거나 노인을 무시하는 모습을 보여서는 안 된다. 이러한 모습은 잘못된 문제행동이나 사고를 야기할 수 있기 때문이다. 원인이 짐작되지 않거나 간병인의 노력으로 이러한 행동이 해결되지 않는 경우에는 지체 없이 정신과 의사와 협의하여 약물치료 등을 받도록 조치해야 한다.

(3) 배 회

치매환자는 인지능력이 많이 떨어지기 때문에 집을 나간 후 돌아오지 못하고 행방불명이 되는 경우가 자주 발생한다. 이 경우 경찰서나 기타 안전한 장소에서 보호하고 있는 경우도 있지만, 예기치 못한 사고를 당할 수도 있기 때문에 치매환자의 외출은 매우 위험한 행동이 된다. 치매환자가 거주지를 떠나면 언제 길을 잃게 될지 모르므로 이웃 주민이나 교통순경, 역무원, 인근 상점주인 등에게 사전에 알려 주고 환자가 혼자 돌아다니고 있는 것을 발견하면 연락해 줄 것을 부탁하는 방법이 있다. 또한 이름과 연락처가 명기된 팔찌나 목걸이, 기타 부착물을 패용해 주는 것도 도움이 된다.

(4) 망 상

치매노인은 자신의 물건을 잃어버리는 망상이나 질투망상, 가족으로부터 버려졌다는 망상 등에 종종 시달린다. 치매노인에게 망상이 빈번하게 발생한다면 가까이서 돌봐 주는 사람을 힘들게 할 수 있다. 실제 발생한 일과는 무관하게 다른 사람이 자신의 물건을 가져갔다고 생각하며, 그 물건을 가져가지 않았다고 해도 환자는 쉽게 납득하지 못한다. 이때에는 환자가 주장하는 것이 잘못되었다고 하거나 설득하려 하면 더욱 강하게 불신하므로, 물건이 없다는 사실을 간병인이 받아들이고 환자와 함께 찾는 것이 오히려 도움이 될 수 있다. 노인의 행동을 자세히 관찰하면서 사람에 따라 물건을 감추는 장소에 특징이 있을 수 있으므로 노인의 손으로 직접 찾도록 유도하는 것드 도움이 될 수 있다.

(5) 성적 행동

치매환자는 인격의 변화나 상식의 쇠퇴로 주변 사람과 자신과의 관계를 알 수 없게 되므로, 간병인이나 가족을 곤란하게 하는 성적 행동을 취할 경우가 있다. 예를 들면 사람들 앞에서 옷을 벗고 아무 데서나 외설적인 이야기를 하며 조금 전에 한 성행위를 잊어버리고 다시 요구하여 배우자를 당황하게 할 수도 있다. 치매환자라는 편견을 갖거나 조소하는 것은 좋지 않으며 오히려 인간이기 때문에 나타나는 행동으로 받아들이는 것이 중요하다. 경우에 따라서는 정신과 의사와 의논하는 것이 필요하다. 또한 노인의 어깨를 주물러 주거나 등을 가볍게 쓰다듬는 등 다정하게 대해 주는 것이 도움이 될 수도 있다.

(6) 거부증

간병인이 치매환자의 일상생활을 도와줄 때 여러 가지 거부에 부딪힐 때가 있는데, 식사 거부, 약 복용 거부, 목욕 거부, 간병인 거부 등이 그것이다. 치매환자는 자기의 생각을 적절히 표현하지 못하므로, 거부하는 이유가 있음에도 간병인 측에서 그 이유를 모르는 경우가 많다. 간병에 대해 거부할 때에는 환자와 간병인의 생각에 차이가 있음을 알고 환자의 생각에 맞추면 도움이 될 수 있다.

식사 거부가 계속되면 영양실조나 수분부족으로 다른 병을 일으키거나 탈수 상태가 된다. 그 원인으로는 신체적 상태가 나쁠 때, 열이 있을 때, 먹는 방법을 잊어버렸을 때 등이다. 노인이 식사를 거부할 때에는 우선 신체적 상태가 나빠지지 않았나를 살펴본다. 평상시와 다른 경우는 의사와 상의한다. 때로 간병인이나 주위 사람들이 사소한 것에 자존심을 상하게 해서 식욕에 영향을 주는 일도 있으므로 식사 중에는 꾸짖거나 불필요한 주의는 주지 않는다. 음식물을 가지고 장난치는 노인은 간병인이 먹여 준다. 입원이나 입소 등 갑작스러운 환경 변화로 혼란이 왔을 때에는 식탁에 앉아서 식사하는 것이 곤란하게 되므로, 어떠한 형태로 어디에서라도 먹을 수 있도록 도와준다. 환경에 익숙해지면 노인이 안정되어 식탁에서 식사할 수 있게 될 수도 있다.

목욕을 거부하는 데는 그 나름대로 이유가 있다. 어떤 노인은 목욕하고 있을 때 벗어 놓은 옷이 없어지는 것이 아닌가 하고 불안해져서 목욕을 하지 않으려는 경우도 있다. 치매의 정도가 심해지면 목욕을 하자고 해도 무엇을 말하는지 이해하지 못하고 적절한 행동이 무엇인지도 알 수 없게 된다. 목욕을 거부하는 사람에 대해서는 그 이유를 파악하여 목욕을 하도록 유도한다. 치매의 정도가 매우 심한 경우에도 속옷을 벗는 것을 부끄러워할 수 있다. 아무리 시도해도 목욕을 거부하는 경우 간병인이 혼자서 목욕을 시키기가 어려운 경우에는 주위의 도움을 청하는 방법도 고려해 보아야 한다.

(7) 섬 망

치매노인은 밤에 자지 않고 잠이 덜 깬 것 같은 상태에서 착시 및 환시현상 등으로 커튼이나 벽의 옷을 보고 도둑이라 하며 소란을 피우고 흥분하거나 그 장소에 어울리지 않는 행동을 하는 때가 있다. 야간 섬망을 일으키는 원인으로는 골절, 수술, 화상 등의 신체적 질환, 알코올중독, 약물 부작용 등이 있다.

치매노인이 심하게 불안과 공포를 느끼는 경우 혼자 있지 않도록 하는 것이 필요하다. 보호시설의 경우에도 간병인이 옆에서 계속 관찰하여 사고방지에 노력해야 한다. '섬망'상태 때에는 자극적인 소리나 빛은 피하고 조용한 환경에서 지내도록 배려한다. 불안이나 혼란을 줄이기 위해서는 현실을 알려 주는 것도 중요하다. 예컨대 환각증상이 있을 때에는 그것이 무엇인지 상냥하게 물어 보면서 접근하고, 강한 직접조명에 의하여 그림자를 만드는 것은 되도록 피한다.

06 노인자살상담

최근 들어 노인의 자살 기도와 성공률이 증가하고 있다. OECD 국가 중에서도 1위이다. 특히, 정서장애 환자의 사망 원인 중 15%가 자살이라는 점을 볼 때 노인의 우울 증상은 노인 자살에 큰 영향을 미친다고 볼 수 있다. 노인의 자살 가능성이 가장 높은 시기는 우울증에서 어느 정도 회복되었다고 평가되는 때이므로 심각한 자살 위험 시기가 지난 후에도 상담자는 수개월 동안 내담자의 상태를 주의 깊게 살펴야 한다. 여기에서는 노인의 자살 경고 증상, 상담적 개입, 상담기법에 대하여 간략히 소개한다(이호선, 2005; 정옥분, 2008; 정민희, 이은지, 2007).

1) 자살 경고 증상

노인의 자살 경고 증상은 언어증상, 행동증상, 상황증상, 등으로 나타날 수 있다. 먼저 언어증상으로는 '죽고 싶다.', '모든 것이 소용 없다.', '차라리 내가 없는 것이 모든 사람을 위해 더 낫다.', '모든 게 나 때문이다.'라는 말을 자주한다. 두 번째 행동증상으로는 시신 기증, 사업이나 관계 정리, 유언 작성 및 변경, 보험 해지, 연금이나 보험금 수령인 변경, 갑작스런 신앙에 대한 관심 증가나 감소, 이유 없이 의사나 상담자 찾기 등으로 나타난다. 이를테면, 예전에 전혀 없던 관심과 행동 징후가 나타난다. 세 번째 상황증상은 배우자의 사망, 말기질환 진단, 가족, 친지, 가까운 친구에게 이유 없이 화를 냄, 후기 우울 증상, 신체기능에 대한 지나친 관심, 예컨대, 변비, 설사, 통증, 어지럼증, 심장 증상 등의 빈번한 호소, 자존심 저하, 무가치감, 무시당하는 느낌, 특별한 이유 없이 공포와 불안 표현 등으로 나타난다.

2) 상담적 개입

상담적 개입은 다음과 같은 절차에 의거 진행한다(이호선, 2005).

(1) 자살에 대하여 스스로 탐색하도록 돕는다.

내담자 스스로가 자살에 대하여 탐색할 기회를 부여하고 내담자의 자살 내용을 상담자가 판단하려 하기보다는 내담자를 지지해준다. 그리고 내담자가 존중받고 있으며 감정적 공감을 충분히 얻고 있다고 느끼도록 해주며, 내담자가 자살하려는 이유를 진지하게 받아들인다.

(2) 자살 사고 가능성에 대하여 직접 화법으로 질문한다.

질문 1. 현재 자살 시도계획을 가지고 있습니까? 혹시 있다면 구체적으로 말씀해 주십시오.

질문 2. 과거에 자살 시도 경험이 있습니까? 혹은 있다면 가족이나 지인의 자살을 목격한 경험이 있는지요?

질문 3. 가정으로나 사회적으로 지지망이 형성되어 있습니까?

질문 4. 현재 더 이상 견딜 수 없는 상황, 혹은 스트레스가 있습니까?

질문 5. 현재 알코올이나 약물을 남용하고 있습니까?

노인에게 자살에 대하여 구체적으로 질문을 할 때에는 다음의 단계를 밟는다.

단계 1. 지금처럼 사는 게 의미가 있는지, 죽는 게 더 나은지를 묻는다.

(그렇다고 생각하면↓)

단계 2. 죽음을 앞당길 생각이 있는지를 묻는다.

(그렇다고 생각하면↓)

단계 3. 빠른 시일 내에 일을 시도할 것인지를 묻는다.

(그렇다고 생각하면↓)

단계 4. 어떻게 실행에 옮길 것인지를 묻는다.

(그렇다고 생각하면↓)

단계 5. 언제 실행에 옮길 것인지를 묻는다.

단계 2~4에 '그렇다'라고 답변을 한 경우, 상담자는 내담자의 안전을 위해 행동을 취해야 하며 정신과 전문의를 만나게 해야 한다. 내담자가 정신과 전문의를 만나길 회피하거나 상담자가 내담자를 치료할 의지가 분명할 경우, 내담자의 가족을 상담에 필히 참여하도록 유도해야 한다.

(3) 자살 시도를 막도록 구체적 차원에서 합의를 하고 이를 실천하도록 돕는다.

상담자는 우선 자살 사고 정도와 자살 가능성 정도를 평가하여 타 기관의 입원의뢰 여부와 가족 및 보호자에게 내담자의 자살 사고와 자살 가능성에 관해 이야기 할 것인가를 결정해야 한다.

상담자는 내담자에게 상담자와 약소한 시간까지 결코 자살시도나 자해를 하지 않겠다는 '자살 서약서'를 상세히 기술하고, 이를 내담자가 큰 소리로 읽고 서명하게 한다. 그런 후 상담을 위한 구체적인 시간과 장소를 분명히 약속하여 내담자가 희망을 가지고 기다릴 시간을 한정시키는 것도 중요한 일이다.

(4) 알코올이나 약물에 의존한다면 우선적으로 이 문제에 개입한다.

알코올이나 약물에 의존하는 경우, 상담자는 자살상담 이전에 이 문제를 우선 다룬다. 알코올과 약물 의존의 결과는 자살 의욕을 부추기는 도화선이 되기 때문이다. 그러므로 이 문제가 먼저 다뤄져 자살상담 이후의 예후가 비교적 안정적일 수 있게 한다.

(5) 감정표현을 격려하며 내담자 스스로에 대한 이해를 도와준다.

심리적 아픔과 무가치감의 근원을 탐색하여 그 원인에 대하여 통찰할 수 있도록 격려한다. 이 과정은 내담자가 스스로 자신을 살피고 이해하는 데 도움이 된다.

(6) 자살과 관련된 내담자 사고를 인식하고 탐색하도록 돕는다.

상담자는 내담자가 자살 이유와 현재의 상황 등을 말로 표현할 수 있게 돕고, 자살 사고 이면에 무력감과 무가치감을 강화시키는 내담자의 사고를 인식할 수 있도록 격려한다. 즉, 내담자는 삶의 의미와 가치에 대한 개인적인 평가를 긍정적 차원과 부정적인 차원에서 살펴 삶에 대한 전반적인 통찰을 얻을 수 있다.

(7) 내담자가 가지고 있는 개인적 장점과 자원을 탐색한다.

상담자는 내담자의 긍정적 자원과 장점을 탐색・평가한다. 이를 위해 상담자는 내담자의 삶에서 최저점과 최고점을 살펴 당시 내담자의 대처 방법을 살피도록 한다. 그리고 내담자에게 가장 어려움이 되었던 자살 의지에 영향을 미치는 제반 문제들을 내담자의 긍정적 자원과 어떻게 연결할 것인가를 탐색하고 고민해야 한다.

3) 상담기법

노인 자살과 관련하여 주요 상담기법을 소거하면 다음과 같다.

(1) 최소화

최소화(minimizing)는 노인이 자신에게 발생한 문제의 심각성이나 그 중요성을 의식적으로 최소화 하는 방법이다. 상담자는 노인이 자신의 당면한 문제를 지나치게 심각하게 받아들이거나 실제보다 과장하여 이해하지 않도록 하고 자신의 문제를 최소화하도록 돕는다. 내담자가 심리적 안정을 찾고 이완이이 될 때 문제해결 의지는 상대적으로 커진다.

(2) 비난하기

비난하기(blaming)는 내담자가 가지고 있는 문제를 유발하였다고 생각하는 대상(상황 혹은 사람)에게 신랄하게 비난하게 유도한다. 또한 내담자가 문제의 발생요인을 자신에게 찾지 않도록 돕는다. 이 방법은 내담자가 문제의 핵심에 있다고 생각하는 대상을 비난함으로써 죄책감과 무기력감을 이완시킬 수 있다.

(3) 인지도 그리기

인지도 그리기(cognitive mapping)는 노인들이 본래 가지고 있는 지적 능력과 호기심을 사용하여 자살문제에 대한 관련 정보들을 얻는 방법이다. 이 방법은 내담자가 자신의 신체적 증상, 느낌, 바라는 바를 언어르 표시하도록 도와주어 문제의 원인과 해결방법을 찾도록 한다. 상담자는 내담자의 정보를 일련의 그림으로 제시하여 내담자가 자신의 사고과정을 살피게 한다. 내담자는 상담자가 보여주는 그림들을 점차 정교화 하면서 자신이 가지고 있는 문제에 대한 그림을 수정·확장하여 스스로의 문제를 해결하게 된다.

(4) 전 환

전환(substitution)은 내담자가 가지고 있는 환경적 특성들을 최대한 긍정적으로 활용하도록 돕는다. 예컨대, 내성적이고 우울한 내담자에게 집에 오래 머물거나 어두운 환경에서 머물기보다는 밖에 나가 햇볕을 쬐게 하거나 사회활동을 하게 하여 사람들과의 접촉을 돕는다.

(5) 회 피

회피(avoidance)는 내담자에게 문제가 되는 상황을 가능한 한 피하는 방법을 택한다. 예컨대, 노인 내담자가 자신의 아들과 사이가 좋지 않고 이를 비관해 자살에 대한 생각을 했다면, 상담자는 내담자의 아들과 일정기간 떨어져 있게 한다. 회피기법은 내담자를 어떤 문제와 분리함으로써 스트레스와 갈등을 완화시키는 효과가 있다. 또한 이 기법은 내담자가 거리를 두면서 문제를 생각하여 자신의 문제를 보다 객관적인 시각에서 실마리를 찾을 수 있게 만든다.

생각나무 하지 말라고 하면 더 하고 싶어지는 청개구리 심리

어릴 때는 '해서는 안 될 일'이 너무 많다. '아무거나 함부로 입에 집어넣어서는 안 돼', '위험한 곳에서 놀아서는 안 돼', '밤늦게까지 돌아다녀서는 안 돼', '담배를 피우거나 술을 마시면 안 돼' 등등 계속 하지 말라는 말만 듣게 된다.

또 '손가락을 빨아서는 안 돼', '머리를 긁어서는 안 돼', '호주머니에 손을 넣어서는 안 돼' 등 금지되는 동작도 많다. 어릴 때에는 어머니의 말을 듣지만, 좀 크면 부모의 눈을 피해 '하지 말라'는 것이 더 하고 싶어진다.

왜 하지 말라면 더 하고 싶어지는가? 심리학에서는 이것을 '심리적 저항'이라고 한다. 아이에게 자아의식이 생기면 자기 일은 자기가 결정하고 싶어지고, 또 행동 영역도 넓히고 싶어진다. 그러나 사방에는 부모가 세운 금지의 벽이 가로막고 있다. 그러면 아이들은 '그 벽을 뛰어넘으면 더 자유스럽고 즐거운 세계가 있음에 틀림없다.'라는 생각에 '하지 말라'는 것이 더 해보고 싶어지는 것이다.

누구나 좁은 방에 갇혀 있게 되면 자유로이 바깥을 달리고 싶어진다. 그러나 바깥에는 나가고 싶으면 언제라도 나갈 수 있기 때문에 오히려 방 안에 틀어박혀 오락 게임에 열중하게 된다. "오락 게임만 하지 말고 공부 좀 해라." 하는 부모의 잔소리 때문에 오히려 더 하고 싶은 것이다. 이것도 심리적 저항에서 나오는 행동이다.

그렇게 보면 인기 있는 게임 소프트웨어는 이 '심리적 저항'을 잘 이용한 것인지도 모른다. 또 대량 판매를 위해서 생산을 억제하여 품귀 현상이 일어나게 하는 경우도 있다. 그것을 "사면 안 돼."라는 말을 듣는 것과 같은 효과를 갖는다. 쉽게 손에 넣을 수 없으므로 더 갖고 싶어진다. 이 심리적 저항은 위협받고 있는 자유를 어떻게는 회복시키려고 한다. 따라서 금지된 것이 매력적으로 보이는 것은 그것이 위협받는 자유를 회복시켜 줄 것이라고 생각되기 때문이다. 따라서 너무 강하게 금지하는 것은 좋지 않다.

담배나 술은 물론 예외지만, 아이에게 무조건 못하게 하는 것보다는 자유롭게 해보게 하여 스스로 책임을 지게 하는 편이 아이에게 더 좋다.

무엇을 하지 말라고 하면 더 하고 싶어지는 충동을 느끼는가?

-최광선의 『한 길 사람 속 읽기』 중에서-

부 록

부록 1 다면적 인성검사의 소개

미네소타 다면적 인성검사(MMPI: Minnesota Multiphasic Personality Inventory)는 1943년 미국 미네소타 대학의 해서웨이(Hathaway)와 맥킨리(McKinley)에 의해 처음 발표된 이후, 진단적 도구로서의 유용성과 다양한 장면에서의 적용 가능성이 인정되었고, 현재 세계적으로 가장 널리 사용되고 광범위한 연구가 이루어진 구조화된 성격검사이다. 이 검사는 정신병리에 대한 평가뿐만 아니라, 임상집단과 정상집단 모두에 대해서 성격경향성을 평가하는 데도 널리 사용되고 있다. 여기에서는 김중술(2004)의 다면적 인성검사의 관련 내용을 저자의 경험을 트대로 해석하여 소개한다.

1. 타당도 및 척도의 의미

1) 타당도

(1) L척도(타인의식)

높을수록 고의적이든 아니든 자신을 잘 보이려는 성향이 강하다(45~59: 정상, 60~69: 부인 방어).

(2) F척도(특이반응)

높을수록 그 사람이 가지고 있는 문제영역이 많고 문제의 정도가 심하다. 이 척도가 높으면 문제의 하위 임상척도가 많거나 고의로 나쁘게 보인 경향을 의미한다.

- 50 이하: 정상
- 50~64: 문제영역이 있음
- 65~79: 보통과 다른 행위
- 80 이상: 장애발생

(3) K척도(방어성)

교육 정도가 높을수록 약간 상승하는 경향이 있다. 높으면 자신의 문제를 숨기려는 방어성을 의미한다.

- 35 이하: 너무 무관심, 민감성이 부족
- 36~69: 정상
- 70 이상: 의도적 숨기는 행위, 성격적 법의식 부족 등

2) 임상척도

(1) Hs(건강염려성)

높을수록 신체적 건강상태에 집착하는 경향이 있다. 65점 이상이면 지나치게 신체건강에 집착한다. 낮으면 건강에 자신감을 보인다.

- 44 이하: 신체적 증상에 대한 자신감, 타인이해 부족
- 65 이상: 질병 혹은 건강으로 인한 걱정, 자신감 부족

(2) D(우울증)

높을수록 우울증상을 보인다. 사기저하, 미래에 대한 희망의 상실, 자신의 생활에 대한 불만지수 등을 말한다. 메스꺼움, 어지러움, 피로감, 불면증, 두통, 수면증가, 과식, 감정기복, 공허 등의 신체적 특성을 보인다.

- 40 이상: 행동의 자유로움
- 70 이상: 우울증
- 100 이상: 필요에 따라 정신 및 약물치료 병행

※ 우울증－강박증: 75 이상 시 자살시도 가능성, 동작 및 말의 느림, 사고의 지체

우울증－편집증: 의존적, 기분저조, 눈물을 잘 흘리고 체중감소→자살기도, 과음

우울－반사회성: 가출, 타인원망, 약물복용

(3) **Hy(히스테리)**

많은 사람이 현실적 어려움이나 갈등을 회피하는 방법으로 마치 그것이 존재하는 것처럼 생각한다. 환상적인 생각을 많이 한다. 우울증과 같이 동반되는 경우가 있어 자살로 이어지는 경우도 있다.

- **40 이하:** 지나치게 현실적 융통성 부족
- **69 이상:** 히스테리 증세
- **80 이상:** 신체적 증세

※ 심리적 미성숙: 소아적, 유아적, 변화무쌍, 자기중심, 자기도취, 이기적, 심리 기복(성장과정에서의 거부, 애정결핍의 경우 발생률이 높음)

※ 두통, 흉통, 무기력감, 발작, 불안공포증, 우울증, 두근거림 증세 동반

(4) **Pd(반사회성)**

높아질수록 분노감이 많고 충동적이며 다른 사람의 마음을 깊이 이해하는 면이 부족하다. 적당히 높으면 자기주장적, 솔직, 모험적, 진취적이다. 무책임하고 신뢰가 약하며, 변덕이 심하고 자기제어가 약하다. 목표의식이 없고 작은 것에 분개한다. 속박에 대한 거부감, 죄책감, 불필요한 열등감, 자기 스트레스를 느낀다. 권태감, 공허함, 자포자기, 형식적 모습, 틀에 박힌 행동에 지루해하거나 적응력 낮다. 가족/사회/주변 환경에 불화/실패감이 많을 경우에 나타난다.

- **40~69:** 정상
- **70 이상:** 저항적, 반항적, 파괴적, 공격적, 무책임감

※ 반사회성－경조증: 남에게 좋은 인상을 보이려고 애쓰나, 가까운 사람에게는 돌변하거나 좋지 않은 감정 표현으로 생활이 일치되지 않는 경향이 있음

반사회성－Mf: 동성애적

반사회성－정신분열: 퇴행 현상, 자기도취

반사회성-편집증: 화를 잘 내고 논쟁이 많음, 성 생활 곤란

반사회성-강박증: 과격행동, 도발적, 분개적 → 친구는 많으나 가까운 친구가 없는 편임

(5) Mf(성향: 남성특성-여성특성)

남성과 여성의 의미가 다른 척도이며, 여성이 이 척도가 높으면 전통적 여성으로 보이기보다는 실용성을 중시한다. 자기중심적, 공격적이며, 남성은 심리적 관심이나 수동성과 관련된다.

- **남성의 경우**: 척도 4가 70 이상이고 Mf가 높으면 동성애적 성향(남성에 강한 집착), 성 생활에 불만족, 여성 비하, 여성 적대감 등이 발견
- **여성의 경우**: 척도 4가 70 이상이고 Mf가 낮으면 동성애적 성향(여성에 강한 집착), 남성과의 성 생활에 두려움, 여성애증, 남성 적대감, 성생활 회피 등이 발견
- 40 이하(남성: 보수적, 가부장적, 엄격, 비가정적, 여성: 전통적 여인상, 복종, 순종, 가정적, 희생적, 자상함)
- 65 이상(남성: 융통성, 가정적, 부드러움, 자유스러움, 이해적, 여성: 자기중심적, 남성적 성향, 비유교적, 진취적, 공격적, 비순종적)

※ 여성성-정신분열 연결: 정신질환, 자기학대, 가족력 약화, 정서적으로 까다로움, 성적 갈등이 많으며 알코올 남용 증세가 나타날 수 있음

(6) Pa(편집증)

이 척도는 대인관계의 예민성으로 적당히 높으면 다른 사람의 생각과 기분, 그리고 그것이 나에게 어떤 영향을 미칠지 생각한다. 지나치게 높으면 예민성이 더해져 피해의식이 있을 수 있다.

- **44~70**: 정상
- **낮은 사람**: 고집이 세고, 현실 회피적, 지나치게 조심스러움, 유연성 부족,

통찰력이 부족, 수줍음, 학습동기와 성취동기에 관심 부족, 냉정하게 보임

- **높은 사람**: 의심, 과민반응, 왜곡된 지각, 오해, 신체적 및 도덕적 공포감, 적대적, 경계심, 민감, 논쟁성, 타인의 탓→좋지 않은 추억을 오래 기억하고 반복해서 도출 및 적용, 남의 생각을 들으려 하지 않고 자신의 입장에서 생각하는 경향

(7) Pt(강박증)

이 척도는 만성적 불안을 측정하며 스트레스를 많이 받는 정도를 측정한다. 높을수록 부정적 사고나 특정 행동을 나쁜지 알면서 수행한다. 자신이 하는 일이 잘못된 줄 알면서도 반대급부로 행동하면서 타인에게 상처를 주거나, 실망을 안겨 주어 대리만족을 느끼기도 한다. 내성적 성격과 연결될 때에는 주의집중 곤란, 자기비판, 자신감 저하, 명상을 즐기는 현상이 나타난다. 우울증과 함께 나타날 때에는 열등감, 불안정감, 우유부단 현상이 나타날 수 있다. 분열증과 함께 나타날 때에는 사고장애나 건강 이상 반응도 확인이 필요하다. 강박증보다 분열증이 10점 이상 높을 때에는 순환기 계통, 소화기 계통, 비뇨기 계통 질환이 있을 수 있다(피로감, 불면증, 악몽, 오줌소태 등).

- **40~70**: 정상
- **40 이하**: 우유부단, 모든 것에 관심이 없고 할 수 없다는 생각이 강함
- **70 이상**: 부정적 사고, 지나친 성취욕구, 타인 의식, 삶의 가치에 대해 부정적, 행복감이 없고 해야 하기 때문이라 말함, 불안 및 초조, 걱정이 많음(어떤 일을 해보기 전부터 일에 대한 두려움, 공포감, 불신으로 특정 행동 반응)

(8) Sc(정신분열증)

이 척도는 다양한 사고, 감정, 행동의 장애를 의미한다. 지나치게 높으면 감정반응의 위축, 양면성, 현실회피성, 공격성, 특이반응을 보인다. 순간순간의 변화가 많고 의사소통이 어렵다. 감정반응의 위축, 양면성, 회피성, 공격성을 보이고 특이반응을 통해 쾌감을 느낀다. 죄책감이 점점 소멸한다. 가족 간 갈등, 환상, 심한 불만, 열등감, 괴팍, 자기불만감, 유별나며, 돌출행동을 한다.

- **60~69:** 비정상
- **70 이상:** 상담적 개입 요구
- **80 이상:** 필요에 따라 정신적 약물치료를 포함한 관찰 및 보호가 요구되기도 함
- **33 이하:** 지나치게 이성적이고 냉정함, 대인관계가 원만하지 못할 수 있음, 혼자 있는 것을 선호

(9) Ma(경조증)

정신적 에너지를 의미한다. 높으면 높을수록 정력적이고 무엇인가를 하지 않고는 못 견딘다. 이 욕구가 만족하지 못하면 긴장도가 높아지고 불만감이 증대된다. 지나치게 높으면 화를 잘 내고 성취도가 떨어진다.

- **40(35) 이하:** 무기력감, 목표의식 없고, 생활에 생명감이 없음
- **정상:** 성인(40~50), 청소년(50~59)
- **60 이상:** 비정상
- **70 이상:** 상담 및 제어, 치료가 요구됨
- **높으면:** 성취결과가 떨어지고, 매우 바빠지고, 스트레스 받고, 자괴감으로 발전, 자기를 발견하지 못하는 홍수현상 발생 가능성이 있음

(10) Si(내향성)

높을수록 내향성이 강하며 좋고 나쁨의 관계는 없다.

2. 검사의 실제 연습: 다면적 인성검사 적용 및 임상실습

다음의 척도별(남자) 점수를 고려하여 검사소견을 작성하고 피험자에게 어떤 결과를 집중적으로 설명하고 상담할 것인지 생각해 보자.

<table>
<tr><th>구분</th><th colspan="4">타당도</th><th colspan="10">임상척도</th></tr>
<tr><td>척도명</td><td>?</td><td>L</td><td>F</td><td>K</td><td>Hs
+.5k</td><td>D</td><td>Hy</td><td>Pd
+.4k</td><td>Mf</td><td>Pa</td><td>Pt
+1k</td><td>Sc
+1k</td><td>Ma
+.2k</td><td>Si</td></tr>
<tr><td>원점수</td><td>0</td><td>4</td><td>12</td><td>12</td><td>16</td><td>36</td><td>35</td><td>28</td><td>27</td><td>10</td><td>34</td><td>30</td><td>23</td><td>46</td></tr>
<tr><td>K교정</td><td></td><td></td><td></td><td></td><td></td><td></td><td></td><td></td><td></td><td></td><td></td><td></td><td></td><td></td></tr>
<tr><td>T점수</td><td></td><td></td><td></td><td></td><td></td><td></td><td></td><td></td><td></td><td></td><td></td><td></td><td></td><td></td></tr>
</table>

1) 검사소견

2) 상담적 개입

3. 표준점수규준표

전체일반여자 규준표

N=862

T	?	L	F	K	Hs+.5k	D	Hy	Pd+.4k	Mf	Pa	Pt+1k	Sc+1k	Ma+.2k	Si	T
70	26	9	24				37			20	46			53	70
69	25			20	29	40		36	24			53	30	52	69
68	24		23				36			19	45	52			68
67	23			19	28	39	35	35	25		44	51	29	51	67
66	22	8	22											50	66
65	21				27	38	34	34	26	18	43	50			65
64	19		21	18		37						49	28	49	64
63	18		20		26		33	33			42	48		48	63
62	17	7		17		36			27	17			27	47	62
61	16		19		25		32				41	47			61
60	15					35	31	32	28	16	40	46	26	46	60
59	14		18	16	24							45		45	59
58	13					34	30	31	29		39				58
57	12	6	17	15	23					15		44	25	44	57
56	11				22	33	29	30			38	43		43	56
55	10		16	14					30			42	24		55
54	9				21	32	28	29		14	37			42	54
53	8	5	15			31	27		31		36	41	23	41	53
52	7			13	20					13		40		40	52
51	5		14			30	26	28	32		35	39			51
50	4			12	19								22	39	50
49	3		13			29	25	27		12	34	38		38	49
48	2	4			18				33		33	37	21		48
47	1		12	11		28	24	26		11				37	47
46	0				17		23		34		32	36		36	46
45			11	10		27		25				35	20	35	45
44		3			16	26	22		35	10	31	34			44
43			10	9									19	34	43
42					15	25	21	24			30	33		33	42
41			9		14				36	9	29	32	18		41
40		2		8		24	20	23				31		32	40
39			8		13		19		37	8	28			31	39
38				7		23		22				30	17	30	38
37			7		12		18		38		27	29			37
36				6		22		21		7		28	16	29	36
35		1	6		11		17				26			28	35
34						21	16	20	39		25	27	15		34
33			5	5	10	20				6		26		27	33
32			4				15		40		24	25		26	32
31		0		4	9	19		19		5			14	25	31
30			3				14		41		23	24			30
29					8	18		18				23	13	24	29
28			2	3			13			4	22	22		23	28
27					7	17	12	17	42		21				27
26			1	2								21	12	22	26
25					6	16	11	16	43	3	20	20		21	25
24			0	1	5							19	11		24
23						15	10		44	2	19			20	23
22					4	14		15			18	18	10	19	22
21				0			9					17		18	21
20					3	13	8	14	45	1	17	16			20
T	?	L	F	K	Hs+.5k	D	Hy	Pd+.4k	Mf	Pa	Pt+1k	Sc+1k	Ma+.2k	Si	T

N=862

T	?	L	F	K	Hs+.5k	D	Hy	Pd+.4k	Mf	Pa	Pt+1k	Sc+1k	Ma+.2k	Si	T
120	80								2	39	75	91			120
119	79		49									90	51		119
118	78							58	3	38	74				118
117	77		48								73	89	50		117
116	76							57	4			88			116
115	74		47							37	72	87			115
114	73							56					49		114
113	72		46						5		71	86			113
112	71							55		36	70	85	48		112
111	70		45						6			84			111
110	69						60			35	69		47		110
109	68		44					54	7			83			109
108	67						59				68	82			108
107	66		43				58	53	8	34		81	46		107
106	65					60					67				106
105	64		42				57	52			66	80	45		105
104	63				48	59			9	33		79			104
103	62		41				56	51			65	78			103
102	60				47	58			10	32			44		102
101	59		40		46		55	50			64	77			101
100	58					57	54		11			76	43		100
99	57		39		45					31	63	75			99
98	56					56	53	49			62		42		98
97	55	15	38		44				12	30		74			97
96	54		37			55	52	48			61	73			96
95	53				43	54			13			72	41		95
94	52		36				51	47		29	60			70	94
93	51	14		30	42	53	50				59	71	40	69	93
92	50		35					46	14			70			92
91	49				41	52	49			28	58	69	39	68	91
90	48		34	29					15					67	90
89	46				40	51	48	45		27	57	68			89
88	45	13	33	28			47		16			67	38	66	88
87	44				39	50		44			56	66		65	87
86	43		32	27	38	49	46			26	55		37	64	86
85	42							43	17			65			85
84	41	12	31		37	48	45				54	64		63	84
83	40			26				42	18	25		63	36	62	83
82	39		30		36	47	44				53				82
81	38			25			43		19	24		62	35	61	81
80	37		29		35	46		41			52	61		60	80
79	36	11					42		20		51	60	34		79
78	35		28	24	34	45		40		23				59	78
77	33						41				50	59		58	77
76	32		27	23	33	44		39	21			58	33	57	76
75	31	10				43	40			22	49	57			75
74	30		26	22	32		39	38	22				32	56	74
73	29					42				21	48	56		55	73
72	28		25		31		38		23		47	55	31		72
71	27			21	30	41		37				54		54	71
T	?	L	F	K	Hs+.5k	D	Hy	Pd+.4k	Mf	Pa	Pt+1k	Sc+1k	Ma+.2k	Si	T

전체일반남자 규준표

N=805

T	?	L	F	K	Hs+.5k	D	Hy	Pd+.4k	Mf	Pa	Pt+1k	Sc+1k	Ma+.2k	Si	T
70	37		26		27	38					44	53		50	70
69	35	9	25	21			34	37			43	52	31		69
68	33				26	37	33		34	19				49	68
67	32		24	20				36			42	51	30	48	67
66	30				25	36	32		33	18		50		47	66
65	28	8	23	19				35			41	49			65
64	27		22		24	35	31		32		40	48	29	46	64
63	25			18		34	30	34		17		47		45	63
62	24		21		23						39	46	28	44	62
61	22		20			33	29	33	31	16					61
60	20	7		17	22						38	45	27	43	60
59	19		19			32	28	32	30		37	44		42	59
58	17			16	21					15		43		41	58
57	16		18		20	31	27	31	29		36	42	26		57
56	14	6	17	15			26			14		41		40	56
55	12				19	30		30			35		25	39	55
54	11		16	14		29	25		28		34	40		38	54
53	9		15		18			29		13		39	24		53
52	7	5				28	24		27		33	38		37	52
51	6		14	13	17			28		12		37		36	51
50	4					27	23		26		32	36	23	35	50
49	3		13	12	16		22				31				49
48	1	4	12			26		27		1		35	22	34	48
47				11	15	25	21		25		30	34		33	47
46			11					26		10		33	21	32	46
45			10	10	14	24	20		24		29	32			45
44		3						25			28	31		31	44
43			9		13	23	19		23	9		30	20	30	43
42				9			18	24			27			29	42
41			8		12	22						29	19		41
40			7	8		21	17	23	22	8	26	28		28	40
39		2			11						25	27	18	27	39
38			6	7		20	16	22	21	7		26		26	38
37			5		10						24	25		25	37
36				6	9	19	15	21	20				17		36
35		1	4				14			6	23	24		24	35
34					8	18		20			22	23	16	23	34
33			3	5			13		19	5		22		22	33
32			2		7	17		19			21	21			32
31		0		4		16	12		18			20	15	21	31
30			1		6		11	18		4	20			20	30
29			0	3		15			17		19	19	14	19	29
28					5		10	17		3		18			28
27				2		14			16		18	17	13	18	27
26					4		9	16				16		17	26
25						13				2	17	15		16	25
24				1	3	12	8	15	15		16	14	12		24
23							7			1				15	23
22				0	2	11		14	14		15	13	11	14	22
21							6					12		13	21
20					1	10		13	13	0	14	11	10		20
T	?	L	F	K	Hs+.5k	D	Hy	Pd+.4k	Mf	Pa	Pt+1k	Sc+1k	Ma+.2k	Si	T

N=805

T	?	L	F	K	Hs+.5k	D	Hy	Pd+.4k	Mf	Pa	Pt+1k	Sc+1k	Ma+.2k	Si	T
120			57						56	39	74	95			120
119								61				94			119
118			56								73		52		118
117								60	55	38	72	93			117
116			55									92	51		116
115			54				60	59	54		71	91			115
114										37		90			114
113			53				59	58	53		70	89	50		113
112			52							36	69				112
111							58					88	49		111
110			51		48			57	52		68	87			110
109	100					60	57			35		86	48		109
108	98		50		47		56	56	51		67	85			108
107	96		49			59				34	66	84			107
106	95				46		55	55	50				47		106
105	93		48			58					65	83			105
104	91		47		45		54	54		33		82	46		104
103	90					57			49		64	81			103
102	88		46		44		53	53		32	63	80	45		102
101	87				43	56	52		48			79			101
100	85		45			55		52			62	78			100
99	83		44		42		51		47	31			44		99
98	82					54		51			61	77			98
97	80		43		41		50			30	60	76	43		97
96	79		42			53		50	46			75		70	96
95	77				40		49				59	74	42	69	95
94	75	15	41			52	48	49	45	29		73			94
93	74				39	51					58			68	93
92	72		40				47	48	44		57	72	41	67	92
91	70		39		38	50				28		71		66	91
90	69	14					46	47			56	70	40		90
89	67		38	30	37	49	45		43	27		69		65	89
88	66		37					46			55	68	39	64	88
87	64			29	36	48	44		42		54			63	87
86	62	13	36			47		45		26		67		62	86
85	61		35	28	35		43		41		53	66	38		85
84	59					46		44		25		65		61	84
83	58		34	27	34		42				52	64	37	60	83
82	56					45	41	43	40		51	63		59	82
81	54	12	33		33					24		62	36		81
80	53		32	26	32	44	40		39		50			58	80
79	51							42		23		61		57	79
78	49		31	25	31	43	39		38		49	60	35	56	78
77	48	11	30			42		41			48	59			77
76	46			24	30		38			22		58	34	55	76
75	45		29			41	37	40	37		47	57		54	75
74	43			23	29					21			33	53	74
73	41	10	28			40	36	39	36		46	56			73
72	40		27		28						45	55		52	72
71	38			22		39	35	38	35	20		54	32	51	71
T	?	L	F	K	Hs+.5k	D	Hy	Pd+.4k	Mf	Pa	Pt+1k	Sc+1k	Ma+.2k	Si	T

부록 2 심리검사 및 TAT 검사의 소개

1. 심리검사란 무엇인가

심리검사는 성격, 지능, 적성 같은 인간의 다양한 심리적 특성을 파악하고자 하는 목적을 가지고, 다양한 도구를 이용하여 이런 특성들을 양적, 질적으로 측정하고 평가하는 일련의 절차를 말한다. 심리검사를 통해서 우리는 각 사람마다의 개인차를 파악할 수 있으며 또한 심리적 과정 자체에 대한 이론적 통찰을 얻을 수 있다. 즉 심리검사는 개인에 대한 진단과 평가의 도구가 되면서 동시에 학문적 연구의 도구가 된다.

임상심리학의 주 관심사인 개인에 대한 심리평가는 심리검사를 통해서 얻은 정보를 중심으로 하여 면담, 행동관찰, 개인력 등에서의 자료를 참조하여 종합적 평가를 내리는 전문적 과정이다. 즉 한 인간에 대한 포괄적 이해가 목적인 심리평가의 장에서 심리검사는 핵심자료를 제공하는 중요한 절차이다.

1) 심리검사의 의미 및 중요성

본질적으로 개인의 행동을 측정하기 위한 측정도구이다. 수많은 개인의 행동 가운데 일부를 표본으로 삼아 신뢰할 수 있는 수준에서 그 구인을 측정하여 상담이나 치료에 적용하고자 하는 목적을 갖는다. 심리검사가 제대로 되지 않았거나 상담자의 전문성이 부족할 때에는,

① 실력도 없는 학생이 수능시험에 좋은 성적을 받아 특차로 입학할 수도 있고,
② 정상적인 사람이 정신장애인으로 몰려 정신병원에 수용될 수도 있고,
③ 전혀 맞지 않는 안내를 하여 정신적 고통을 안길 수도 있다.

2) 심리검사의 사용 및 해석

① 검사자는 자신의 한계를 알고, 훈련받은 범위 안에서의 검사 실시, 평가, 해석만을 실시해야 한다. 또한 상담자는 교육을 받았더라도 심리검사도구를 제대로 사용할 수 있는지 검증을 받아야 한다.

② 상담사는 검사도구나 방법에 대해 언급할 때, 정확한 정보를 제공하고 오해가 없도록 해야 한다. 검사 점수가 근거 없는 의미를 내포하지 않도록 특별한 노력을 기울여야 한다.

③ 상담사는 심리평가채점이나 해석을 무자격자에게 위임하여 맡겨서는 안 된다.

④ 상담사는 검사의 선택 시 검사도구가 다양한 만큼 최적의 검사도구가 선정될 수 있도록 신중을 기해야 하며, 자신의 능력에 맞는 검사지를 선택하여 적용한다.

⑤ 상담사는 선입관이나 편견을 갖고 평가결과를 해석해서는 안 된다.

3) 심리검사의 실시시기

심리검사는 보통 임상장면의 초기단계에 실시된다. 이를 통해 임상가는 피검자의 심리적 상태에 대한 포괄적 이해를 얻을 수 있게 되는데, 이런 과정은 치료가 상당 기간이 진행된 후에야 얻을 수 있게 될 자료를 미리 파악하게 해 줌으로써 시간을 효율적으로 사용할 수 있도록 해 준다.

또한 심리검사를 통해서 면접만으로는 드러나기 어려운 내적 욕구, 충동, 방어의 위계적 배열을 파악할 수 있게 된다. 이렇게 심리검사를 통해서 얻어진 정보는 임상가가 현재 피검자가 치료를 받기에 적절한지, 적절하다면 어떤 종류의 치료가 적합한지, 어떤 유형의 치료자가 그 피검자에게 가장 효과적일지를 결정하는 데 도움을 주게 된다.

심리검사가 치료의 중기나 후기에 시행되기도 하는데, 특히 치료과정에서 특정한 문제가 생겨 자문이 필요할 때 중요한 역할을 할 수 있다. 이런 경우 심리검사를 통해서 전체적 통찰이 되지 않을 때이다. 이런 경우에는 심리검사는 피검자에 대한 통합적 해석의 틀을 제공하는 역할을 훌륭히 해낼 수 있다.

그러나 심리검사에 대하여 주의할 관점도 있다. 심리검사를 대하는 극단적인 두 가지의 태도가 있을 수 있다. 즉 지나치게 평가절하를 하거나 반대로 과도하게 전적인 기대를 하는 태도인데, 두 태도 모두 합당하지 않다. 임상가는 심리검사가 줄 수 있는 이점과 강점뿐 아니라 한계에 대해서 잘 이해하고, 심리검사를 통해서 최선의 결과를 얻을 수 있도록 해야 한다.

2. 주제통각검사

주제통각검사(TAT: Thematic Apperception Test)는 머레이(Murray, 1945)가 제작한 성격검사이며, 로르샤흐 검사와 함께 전 세계적으로 널리 사용되고 있는 대표적인 투사적 검사이다. 이 검사는 로르샤흐 검사와 마찬가지로, 모호한 대상을 지각하는 과정에는 개인 특유의 심리적 과정이 포함되어 독특한 해석을 도출하게 된다.

이 검사에서는 인물들이 등장하는 모호한 내용의 그림자극을 제시하고 그에 대한 이야기를 구성해 보도록 하는 방법을 사용하는데, 이 과정에서 개인의 과거 경험, 상상, 욕구, 갈등 등이 투사되면서, 성격의 특징적인 면, 발달적 배경, 환경과의 상호 관계 방식 등에 대한 정보를 제공해 주게 된다. 여기에서는 최정윤(2007)의 TAT검사에 관한 일련의 내용을 저자가 분석 및 보충하여 소개한다.

1) 검사카드 구성

총 31개 도판으로 구성되어 있으며, 그중 11장은 검사 대상과 관계없이 공통으로 적용된다.

도판 BM 8개: 3BM, 6BM, 7BM, 8BM, 9BM(2), 17BM, 18BM

도판 GF 6개: 3GF, 6GF, 7GF, 8GF, 17GF, 18GF

도판 BG 1개: 12BG

도판 F 1개: 12F

도판 M 1개: 12M

도판 B 1개: 13B

도판 G 1개: 13G

도판 MF 1개: 13MF

* 성인남자(M), 성인여자(F), 소년(B), 소녀(G)

2) 검사 실시

검사 실시는 약 한 시간 정도, 두 번의 회기로 나누어 시행한다. 이때 두 검사 회기 간 적어도 하루 정도의 간격이 있어야 한다. 이는 피로 효과를 최소화하여 환자가 충분히 반응할 수 있도록 하기 위해서이다. 통상 1~10번 카드는 첫 회기에, 11~20번 카드는 두 번째 회기에 시행한다. 특별한 이유가 있다면, 9~12개의 카드만으로 단축검사를 실시할 수도 있다. 가장 유용한 카드로 성인용은 1, 2, 3BM, 4, 6BM, 7BM, 8BM, 10, 12M, 13MF, 18GF, 청소년용은 1, 2, 3BM, 4, 6BM, 7GF, 8BM, 10, 12M, 13MF, 16, 18GF이다.

검사 전 상담자는 내담자와 라포를 형성하고, 정신적·신체적으로도 피로하지 않은 상태에서 검사를 시작한다. 다음과 같이 검사를 지시한다.

지금부터 몇 장의 카드를 보여드리겠습니다. 그림을 보면서 솔직하게 극적인 이야기를 만들어 보십시오.

① 이 그림은 무엇을 묘사하고 있습니까? ② 지금 어떠한 일이 일어나고 있습니까? ③ 주인공의 성격을 어떻게 보십니까? ④ 어떠한 결과가 일어날 것 같은가? 등을 묻는다.

두 번째 검사 회기에는 다음과 같이 지시를 한다.

오늘 하시는 방법도 지난번과 동일한데, 단지 좀 더 자유롭게 상상해 보십시오. 상상력을 마음껏 발휘해 보세요.

16번 백지 카드에 대해서는 다음과 같이 지시한다.

이 백지에서 어떤 그림을 상상해 보고 그것을 자세하게 말해 보십시오.

만약 피검사자가 이 지시에 잘 따르지 못한다면 다음과 같이 지시한다.

당신의 눈을 감고 무엇인가를 상상해 보십시오. 그 상상을 이야기로 꾸면서 저에게 말해 주십시오.

대부분의 내담자는 TAT의 비구조화된 상상활동의 특성 때문에 위협감을 느낄 수 있고, 간혹 환상을 두려워하는 내담자의 경우 그러한 지시에 경직되어 별 가치 없는 비정상적 자료를 내놓을 수 있기 때문이다. 일반적으로 검사자는 표준 지시를 내린 후에는 더 이상의 지시를 내리지 않는 것이 원칙이다. 그러나 다음의 경우에만 짤막하게 지시를 보충해야 한다.

① **장면을 기술하기만 할 때**(예: "아이가 바이올린 앞에 앉아 있다."): "그림을 잘 묘사했습니다. 그러면 이제 좀 더 구체적으로 이야기를 만들어 보십시오."

② **과거나 미래를 생략하거나 현재의 생각이나 행위를 적절하지 않게 기술했을 때**: "무엇을 하고 있는지 잘 말해 주었습니다. 그런데 이 장면이 있기까지 어떤 일이 있었고 앞으로 어떻게 될지 이야기해 보십시오."

③ **내담자가 카드의 분명치 않은 세부를 결정하기 어려워하면서 그에 대해 물어 보면**(예: 3번 카드에서 "이게 총인가요?"): "당신에게 보이는 대로 보면 됩니다."

④ **이야기가 지나치게 짧을 때**: "잘 했습니다. 그런데 그래서 어떻게 되었나요?"

이 같은 개입은 원칙적으로 첫 두 카드에서만 적용된다. 그 후부터는 중간에 개입 없이 그대로 진행하고 나중에 추가질문을 통해 보충한다.

중간 질문이나 종결 질문을 통해서도 가치 있는 정보를 얻을 수 있다. 중간 질문은 검사자가 생각하기에 불완전해 보이는 부분에 대해 한다. 예컨대, "이 소년은 친구와 같이 가지 않았다."고 응답한 경우, "이 소년은 어떤 느낌이었을까?" 혹은 "이 소년과 같이 가지 않은 친구에 대해 더 이야기해 줄 것은 없는가?"라고 질문한다. 그러나 이런 질문은 경험이 많은 전문가가 조심스럽게 해야 하는데, 자칫하면 연상의 흐름을 방해하고 이야기의 내용을 유도할 수 있기 때문이다. 대부분 중간 질문은 초보자에게 위험하기 때문에 초보자는 종결 질문을 하는 게 좋다.

종결 질문은 20개 카드에 대한 반응이 모두 끝난 다음에 첫 카드부터 검사자가 보충하고 싶은 부분에 대해서 질문을 던지는 것이다. 종결 질문에서 그가 가장 좋았던 카드와 가장 싫었던 카드를 고르게 하고 그 이유를 묻는 것도 도움이 될 수 있다. 또한 검사시행 후 그림에서 반응된 피검자의 이야기가 그의 순수한 생각인지, 아니면 다른 잡지나 소설, 혹은 친지의 경험에서 나온 것인지 등, 이야기의 출처에 대해 질문해 보는 것도 도움이 된다.

3) 방어기제

① **억압**(repression): 의식하기에는 현상이 너무나 고통스럽고 충격적이어서, 무의식 속으로 억눌러 버리는 것을 말한다. 억압은 다른 방어기제나 신경증적 증상의 기초가 된다. 반면 의식적으로 생각과 느낌을 눌러 버리는 것은 억제(suppression)이다.

② **부인**(denial): 고통스러운 현실을 인정하지 않는 것을 말한다. 사랑하는 사람의 죽음이나 배신을 인정하려 들지 않고 사실이 아닌 것으로 여기는 것이 그 예이다.

③ **투사**(project): 자신의 심리적 속성이 타인에게 있는 것처럼 생각하고 행동하는 것이다. 자기가 화가 나 있는 것은 생각 못하고 상대방이 자기에게 화를 냈다고 생각하는 것이 그 예이다.

④ **고착**(fixation): 다음 단계로 나아가는 것이 불안해서, 현 단계에 그냥 머물러 버리는 것을 말한다. 어른다운 행동과 사고를 해야 할 대학생이 되었는데도 고등학교 수준의 행동 및 사고방식에 머물러 있는 것도 그 예이다.

⑤ **퇴행**(regression): 비교적 단순한 초기의 발달단계로 후퇴하는 행동이다. 동생을 본 아동이 나이에 어울리지 않게 응석을 부리는 것도 한 예이다.

⑥ **합리화**(rationalization): 현실에 더 이상 실망을 느끼지 않으려고 그럴 듯한 구실을 붙이는 것을 말한다. 예컨대 먹고는 싶으나 먹을 수 없는 포도를 보면서 "신 포도이기 때문에 안 먹겠다."고 말하는 경우가 그 예이다.

⑦ **반동형성**(reaction formation): 미운 녀석에게 떡 하나 더 준다는 속담처럼 사실과 반대로 행동하는 것이다. 실제로 자기를 학대하는 대상인데도, 그 대상을 좋아하는 것처럼 보이는 행동이 그 예이다.

⑧ **전환**(conversion): 전환에서의 용납되지 않은 충동은 자율신경근육 계통과 감각 계통의 신경 흥분 또는 금지로 전환된다. 따라서 히스테리성 마비, 수축, 무감각증, 눈이 멀거나 귀머거리 등의 증상을 보인다.

⑨ **승화**(sublimation): 현실 원칙이 용인하는 형태로 욕구를 발산하는 것이다. 고급 아파트에 살던 사람이 갑작스러운 경제적 어려움으로 단칸방으로 이사를 하게 되면 처음에는 부적응 반응을 보인다. 그러나 머지않아 현실을 직시하고 차츰 적응력을 키워 나가는 것이 그 예이다.

⑩ **감정전이**(transference): 어느 특정한 개인에게 돌려야 할 감정을 유사한 사람에게 돌려 발산하는 것이다. 서대문에서 뺨 맞고 동대문에서 화풀이하는

것이 그 예이다.

⑪ **치환**(displacement): 어떤 대상이 싫어지면 그와 관련된 모든 것이 싫어진다는 것이다. 며느리가 미우면 손자까지 밉다거나 수학 선생님이 미워지면 수학 과목도 싫어진다는 것이 그 예이다.

⑫ **도피**(escape): 현실이 괴로워서 다른 것에 에너지를 쏟는 것이다. 학교에서 집단따돌림을 당한 학생이 학교에 등교하는 것을 거부하고, 가정에 머물며 기타만 연주하는 것이 그 예이다.

⑬ **보상**(compensation)

- **직접보상**: 결혼해서 미혼의 열등감을 해소한다.
- **간접보상**: 전문직에 취직해서 인종 열등감을 해소한다.

⑭ **동일시**(identification): 혼자서 불안하므로 자타일체감을 갖고 싶어 하는 것이다. 마음의 상처가 많은 사람은 상처가 많은 사람을 이해한다는 것이 그 예이다. 유유상종(類類相從)을 의미한다.

⑮ **지성화**(intellectualization): 감정을 생생하게 표출하는 것이 두려울 때 추상화시켜 표현하는 것이다. 가을에 외롭고 쓸쓸한 사람이 떨어지는 낙엽을 보면서 자신을 불사조처럼 생각하는 것이 그 예이다.

4) TAT 반응 특징

(1) 정신분열증

- 이야기 구조의 와해, 지각의 오지각, 기이한 언어화, 일관된 주제의 결여, 환자 자신과 그림의 사건을 구별하지 못하는 거리감의 상실 등이 나타난다.
- 내용상에서는 사회적으로 수용될 수 없는 이야기(금기된 공격, 성도착 등), 불합리하고 기이한 요소, 상반되는 내용, 망상적 자료, 엉뚱한 독백이나 상징주의 등이 표상된다.
- 인물들은 감정의 깊이가 결여되어 있으며 고립되어 있거나 철수되어 있다.

(2) 우울증

- 사고가 위축되어 있고 반응과 언어가 느리고 정동이 가라앉아 있다.
- 이야기는 대개 자살사고, 고립감, 거부당함, 무가치감, 인물들의 무능력 등에 관한 주제를 포함한다.

(3) 경조증

- 언어방출에 대한 압력, 사고비약, 다행증 등으로 대단히 빨리 말한다.
- 정신증적 수준에서 현실 검증력을 상실한 조증 환자들은 부인이라는 원시적 방어기제를 자주 사용하는데, 내용상 우울, 죄책감, 분노, 무기력 등이 부인되고 유쾌함, 평온함, 좋은 감정 등이 교대로 출현한다.

(4) 히스테리증

- 두드러진 특징으로 정서적 가변성을 들 수 있다. 공포스럽거나 예쁜 장면에 대한 정서적 반응이 급변하여 나타난다.
- 언어적 표현에 있어서는 서술자료를 지나치게 많이 사용하고 이야기가 양가적이다.
- 내용상 피상적이고 성적인 내용이 많이 나타난다.

(5) 강박증

- 이야기 길이가 길고 수정을 많이 한다.
- 주로 인물들의 주저와 망설임을 표현하는 경우가 많고 주제도 부지런함과 복종, 완벽함이 강조된다.
- 객관적인 것은 기술할 수 있으나, 주관적인 이야기는 잘 못하는 경우가 있다.
- 불확신감으로 인해 지루하고 반추적이고 현학적인 이야기를 만들어 낸다.

(6) 편집증

- 일반적으로 회피적이고 검사의 목적을 의심한다.

- 이야기가 자기 개인적이 아닌 것임을 강조한다.
- 단서에 민감하고 방어가 심하다.
- 이야기가 매우 간결하고 의심과 방어적 특성이 나타날 수 있으며, 어떤 경우에도 이야기가 과대적이고 확산적인 조증 경향을 드러낼 수도 있다. 아니면 허위 논리를 중심으로 세세한 증거들을 수집, 언어화하여 자신의 결론을 정당화할 수도 있다.
- 불신, 교활함, 사악한 외부의 힘에 대한 강조, 갑작스런 인물의 변화 등이 나타난다.
- 인물의 성이나 연령 등을 오지각하는 경우를 말한다.

(7) 불안증

- 모호, 주저, 당황을 암시하는 표현이 많다.
- 양자택일의 상황이 자주 나타난다.
- 검사자에게 불안 섞인 질문을 자주한다.
- 내용상으로 갈등, 욕구좌절, 비극 등이 흔히 나타난다.
- 도판 내의 인물과 직접적 동일시를 나타낸다.

5) 임상기록 및 분석용지

이름: ( )	생년월일: 년 월 일
나이: ( ) 성별: 남·여	검사일자: 년 월 일
학력: ( )	분석자:

각 도판에 대한 반응을 얻은 후 이야기 내용을 그 페이지에 있는 항목에 따라 분석하십시오. 모든 도판에서 각 항목에 있는 정보가 나오는 것은 아닙니다. 각 항목들을 분석할 때 어떤 차원에서 간과하지 않도록 하기 위하여 참고로 제시한 것입니다.

TAT 도판에서 나온 내담자의 이야기를 분석하고, 자세히 듣고 나서 각 항목에 따라 도판 순서로 기입해 가십시오. 맨 마지막에 검사 도판의 이야기를 종합하여 요약하십시오. 그렇게 하면 TAT 반응의 최종 종합 보고서를 얻을 수 있습니다.

종합적 진단과 의견

TAT 분석표(Picture No.:　　　)

<table>
<tr><td colspan="2">1. 주제</td><td colspan="6"></td></tr>
<tr><td colspan="2" rowspan="4">2. 주인공</td><td>① 나이</td><td>② 성별</td><td>③ 직장</td><td>④ 취미</td><td colspan="2">⑤ 능력</td></tr>
<tr><td></td><td></td><td></td><td></td><td colspan="2"></td></tr>
<tr><td colspan="2">⑥ 성격특징</td><td colspan="2">⑦ 적응정도***</td><td colspan="2">⑧ 신체상 및 자아상</td></tr>
<tr><td colspan="2"></td><td colspan="2"></td><td colspan="2"></td></tr>
<tr><td rowspan="3">3. 주인공의 주욕구</td><td>① 행동적 욕구
(역동적 추리)</td><td colspan="6"></td></tr>
<tr><td>② 등장한 인물, 사물 및 상황
(그에 대한 욕구)</td><td colspan="6"></td></tr>
<tr><td>③ 생략된 인물, 사물 및 상황
(그에 대한 욕구)</td><td colspan="6"></td></tr>
<tr><td colspan="2">4. 환경에 대한 개념</td><td colspan="6"></td></tr>
<tr><td rowspan="3">5. 인물 평가</td><td>① 부모상(부 · 모)</td><td colspan="6">로 보이며, 대상의 반응은 (　　　　　)이다.</td></tr>
<tr><td>② 동년배(남 · 여)</td><td colspan="6">로 보이며, 대상의 반응은 (　　　　　)이다.</td></tr>
<tr><td>③ 연하자(남 · 여)</td><td colspan="6">로 보이며, 대상의 반응은 (　　　　　)이다.</td></tr>
<tr><td colspan="2">6. 주요 갈등</td><td colspan="6"></td></tr>
<tr><td colspan="2" rowspan="4">7. 불안의 성질**</td><td colspan="3">① 신체적 벌 및 위해에 대해</td><td colspan="3">⑤ 질병 또는 상해에 대해</td></tr>
<tr><td colspan="3">② 비난이나 거부당함에 대해</td><td colspan="3">⑥ 궁핍에 대해</td></tr>
<tr><td colspan="3">③ 애정결핍이나 상실에 대해</td><td colspan="3">⑦ 버림받은 데 대해</td></tr>
<tr><td colspan="3">④ 압도당하고 무기력함에 대해</td><td colspan="3">⑧ 괴롭힘을 당함에 대해</td></tr>
<tr><td colspan="2" rowspan="2">8. 갈등 혹은 불안에 대한 주된 방어기제***</td><td>억압</td><td>반동형성</td><td>투사</td><td>고립</td><td>퇴행</td><td>지성화</td></tr>
<tr><td>부인</td><td>고착</td><td>합리화</td><td>전환</td><td>기타</td><td></td></tr>
<tr><td rowspan="2">9. 초자아의 엄격성 정도</td><td>① 죄에 대한 징벌</td><td>즉시</td><td>공평</td><td>지나치게 엄격</td><td>지연</td><td>불공평</td><td>지나치게 관대</td></tr>
<tr><td>② 억제</td><td colspan="3">더듬다</td><td colspan="3">초기반응이나 말 잇기가 느리다</td></tr>
<tr><td rowspan="4">10. 자아의 통정성***</td><td rowspan="2">① 주인공의 적절성</td><td>① 결과</td><td>행복</td><td>불행</td><td>현실적</td><td colspan="2">비현실적</td></tr>
<tr><td>② 해결</td><td colspan="2">적절</td><td colspan="3">부적절</td></tr>
<tr><td rowspan="2">② 줄거리에 나타난 사고과정</td><td>구조적</td><td>비구조적</td><td>전형적</td><td>만들어 낸</td><td colspan="2">완전한</td></tr>
<tr><td>적절한</td><td>부적절한</td><td>이성적</td><td>기이한</td><td colspan="2">불완전한</td></tr>
<tr><td colspan="2">11. 지능*</td><td>우수</td><td>보통 상</td><td>보통</td><td>보통 하</td><td colspan="2">열등</td></tr>
</table>

* 보통, ** 중요, *** 매우 중요.

6) 도판별 내용과 기본반응

도판 1
한 소년이 바이올린 앞에서 무엇인가 골몰이 생각하고 있다.

[도판 1]에서 피검자는 소년과 동일시하는 경향이 많고 어린 소년이 부모에 의해 바이올린 공부를 하거나 연주하도록 강요받고 있다는 이야기가 흔히 나타난다. 여기서 부모의 태도와 이에 대한 주인공의 반응을 볼 수 있다. 부모의 태도가 강압적이고 위협적인가, 아니면 수용적이고 이해적인가를 알 수 있으며, 부모의 요구에 대한 주인공의 반응으로는 수동적 태도, 순종, 공격적 행동, 공상으로의 도피 등이 나타난다. 이를 통해 권위에 대한 복종과 자립에 대한 갈등, 혹은 자립에 대한 죄책감 등을 파악할 수 있다.

또 다른 주제로는 야망, 희망, 성취동기 등이 잘 나타나는데, 이러한 이야기는 주로 야망이나 성취수준이 높은 피검자에게 기술된다. 이 경우 피검자의 태도가 현실적인가 또는 공상적인가에 특히 주의해야 한다. 이야기의 진행과정이나 결말 부분에서 자신의 능력이나 미래를 대하는 피검자의 태도가 나타나기도 한다.

도판 2
시골풍경으로 앞에는 한 젊은 여인이 손에 책을 들고 있고, 그 뒤에는 한 남자가 들에서 일을 하고 있으며 오른쪽 측면에는 한 중년 여인이 나무에 기대어 먼 곳을 응시하고 있다.

[도판 2]에서는 앞쪽의 젊은 여인이나 뒤에 있는 남자가 주인공이 되는 경우가 많다. 주인공이 처한 환경 및 가족관계에 관한 이야기가 주로 언급되는데, 자극이 별로 없는 환경이나 불만족스러운 환경에 대한 주인공의 반응, 또는 가족과의 갈등이나 가족 간의 상호작용 등이 언급된다. 이를 통해 피검자의 환

경에 대한 지각이나 환경에 대한 반응으로서의 자립, 복종, 야망의 정도를 알아볼 수 있고, 가족에 대한 반응으로서는 가족의 이산(離散), 부모의 태도가 잘 나타난다. 한편 나무에 기대어 있는 부인과 관련되어 성적 갈등이나 임신, 잉태에 관한 내용이 나오기도 한다.

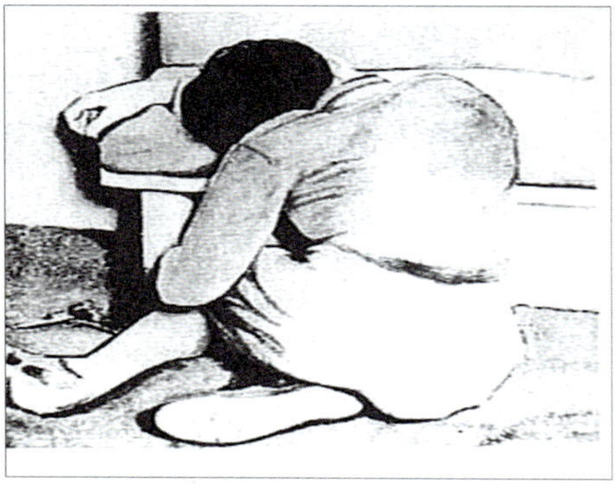

도판 3BM
한 소년이 의자에 기대어 머리를 파묻고 마룻바닥에 주저앉아 있으며 그 옆에는 권총과 비슷한 물건이 놓여 있다.

[도판 3BM]에서는 우울, 낙담, 자살과 관련된 이야기가 많이 나오며 보통 소년이 피해를 입었거나 무슨 잘못을 저지른 사람으로 그려진다. 이야기의 전개과정에서 주인공이 이러한 곤경을 어떻게 해결해 나가는지를 통해 문제해결과정이나 대처방식이 나타난다. 여기서 피검자가 경험하는 욕구좌절의 양상과 이에 대한 반응을 살펴볼 수 있다.

때로는 주인공을 소년이 아닌 소녀로 보거나 권총을 왜곡하여 지각하는 경우가 있다. 주인공을 소녀로 볼 때에는 잠재적 동성애의 경향을 나타낼 수 있으며 이러한 경향이 다른 그림이나 검사에도 반복적으로 나타나는지를 살펴보아야 한다. 권총은 공격성의 표상으로 공격의 방향이 외부로 향해 있는지, 내부로 향해 있는지를 살펴보아야 한다. 또한 공격성이 억압되어 회피되는지를 알아볼 수 있다.

전자의 경우에는 권총을 가지고 남을 쏜다는 등의 방식으로 표현되는데 이 경우는 공격의 원인이나 징벌대상 및 초자아가 어떻게 작용하고 있는지를 관찰

해야 하며, 후자는 스스로 자살을 한다거나 장난감 등 다른 형태의 물건으로 취급하는 이야기로 나타날 수 있다. 권총을 장난감으로 왜곡할 때에는 그것이 표면적 도피를 나타내는 것인가, 또는 무처벌적 경향을 나타내는 것인지를 잘 판단해야 한다.

[도판 3GF]에서의 이야기는 여주인공의 우울, 실망, 억울한 심정이 주로 언급되는데 남편이나 여인, 가족과의 갈등이나 실연, 사별 등으로 상심하고 있거나 어떤 부정한 행위에 가담하여 죄책감을 느끼면서 해결책을 모색하는 이야기들이 나타난다.

도판 3GF
젊은 여인이 오른손으로 얼굴을 가리고 왼팔을 문 쪽으로 뻗쳐 머리를 수그린 채 서 있다.

[도판 4]에서는 전면의 남자와 여자 사이의 갈등이 많이 언급된다. 피검자가 남자이면 자신이 계획한 바를 실천에 옮기기 위해서 여인을 떠나려고 하고 있고 여자는 남자를 붙들어 두려고 한다는 이야기가 주로 나온다. 때로는 뒤에 있는 반나체의 여성을 남자의 정부나 여자 친구로 지각하여 삼각관계라는 주제가 언급되기도 한다. 여기서 결혼의 적응문제나 여성이나 성에 대한 피검자의 태도 및 지각을 알 수 있다.

도판 4
한 여인이 마치 자기한테서 빠져나가려는 듯한 남자의 어깨를 붙들고 있다.

피검자가 여자일 경우 일반적으로 언급되는 주제는 남성이 다른 여성 때문에 혹은 사업적 계획 때문에 떠나고 싶어 한다는 것을 주로 이야기하며 남자를 다루는 데 사용되는 기법이나 상황을 처리하는 기술이 표현되기도 한다.

도판 5
한 중년의 여인이 방문을 열고 방안을 들여다보고 있다.

[도판 5]에서는 중년여인이 비밀스러운 행동을 하는 사람을 보고 놀라는 장면이 묘사되는 경우가 많다. 이 여성은 주로 어머니나 부인, 자기 자신으로 표현되며 중년여인이 여러 가지 이유로 방 안을 엿보는 주제가 언급되기도 한다. 또는 자위행위가 발견되는 것에 대한 공포감이나 성적 호기심이 암시되는 경우도 있다. 이러한 이야기를 통해 일반적으로 어머니나 부인에 대한 태도는 피검자가 관심을 두고 있는 상황에 대한 단서가 나타난다.

[도판 6BM]에서는 늙은 여자와 젊은 남자가 보통 어머니와 아들로 보인다. 이들은 오랫동안 계획해 왔던 어떤 일을 하도록 허락해 달라고 어머니에게 요청하는 모습으로 이야기된다. 남자는 다른 도시에서 일하거나 결혼을 하거나, 군 입대를 위해서 집을 떠나고 싶어 할 수 있다. 그의 소망은 보통 어머니와 갈등을 일으킨다. 이러한 이야기에서 주로 모자간의 갈등과 해결이 보이며 어머니에 대한 태도나 가정불화의 원인이 드러난다. 경우에 따라서는 외디푸스 콤플렉스가 반영되기도 한다.

도판 6BM
나이 든 여인과 젊은 남자가 서 있는데, 여인은 남자와 등을 돌리고서 창문을 바라보고 있고 남자는 침울한 표정으로 밑을 내려다보고 있다.

도판 6GF
안락의자에 앉아 있는 여인이 그녀의 어깨너머로 입에 파이프를 물고 이야기를 건네는 나이 든 남자를 바라보고 있다.

[도판 6GF]에서 남녀는 어떤 대화나 토론, 논쟁에 열중하고 있는 것으로 보이며, 둘 간의 관계는 우연적이거나 보다 심각한 관계일 수도 있다. 남자를 아버지로 보는 경우도 있으나 대부분 이성관계로 지각하며 남자가 여자를 유혹하는 것으로 표현되는 경우도 흔하다. 여자는 남자의 행동이나 동기 때문에 놀라고 거기에 대처하려고 한다. 여기서는 남성에 대한 태도, 여성의 역할, 이성관계에 대한 문제가 잘 드러난다.

도판 7BM
백발의 남자가 젊은 남자와 머리를 맞대고 뭔가 이야기를 하고 있는 듯한 모습이다.

[도판 7BM]에서는 젊은 남자가 늙은 남자에게 조언을 구하거나 공동의 관심사에 대해 논의하고 있는 것으로 표현된다. 이 두 사람은 흔히 부자관계로 묘사되는데, 여기에서 아버지나 성인 남자에 대한 피검자의 태도와 권위에 대한 반

응이 잘 나타난다. 또는 음모를 꾸미거나 비밀스러운 거래를 하고 있다는 내용에서 반사회적 경향이나 편집증적 경향이 드러나기도 한다.

도판 7GF
한 여인이 책을 들고 앉아서 소녀에게 말을 걸거나 책을 읽어 주고 있으며 인형을 안고 있는 소녀는 딴 곳을 쳐다보고 있다.

[도판 7GF]는 흔히 어머니와 딸로 지각되며, 어머니가 딸에게 이야기를 하거나 무엇인가를 읽어 주고 있는 것으로 보인다. 또한 딸이 다른 곳을 쳐다보고 있으므로 어머니에 대한 항의나 거부적 태도도 쉽게 보인다. 따라서 이러한 이야기에서는 모녀관계에 대한 중요한 정보, 어머니에 대한 태도, 자기 자신에 대한 태도가 반영된다.

[도판 8BM]은 흔히 앞에 보이는 젊은 남자가 주인공이 되며 10대 소년으로 묘사된다. 피검자의 공격성이 주로 반영되는데, 의사가 되고 싶은 소년의 야망을 이야기함으로써 보다 사회적으로 승화된 형태로 표현하거나, 살해장면이나 총기사건 이후의 수술장면과 같은 이야기로 직접적으로 표현되기도 한다. 피검자의 공격성이 향하고 있는 대상을 밝힐 수 있으며 야망이나 성취동기가 드러나

도판 8BM
한 젊은 소년이 정면을 응시하고 있으며 한쪽엔 엽총 같은 것이 보이고 뒤에는 수술하는 장면이 흐릿하게 보인다.

기도 한다. 이 카드에서 유난히 반응을 회피하거나 장면을 왜곡하는 경우는 공격성에 대한 강한 부인이나 억압이 시사된다.

[도판 8GF]에서 여자는 주부나 다른 어떤 직업을 가진 여자로 보일 수 있다. 보통 일을 하다가 휴식을 취하며 자신의 현재 생활을 생각하거나 미래에 대한 상상을 하고 있는 것으로 묘사된다. 미래에 대한 태도나 현실의 어떤 어려움 등이 나타나기도 한다.

도판 8GF
한 젊은 여자가 턱을 고이고 앉아 어딘가를 바라보고 있다.

도판 9BM
네 명의 남자가 풀밭에 누워 휴식을 취하고 있다.

[도판 9BM]은 남자들이 힘든 하루 일을 마치고 휴식을 취하며 잠을 자고 있거나 일하러 돌아가기 전에 짧은 휴식을 취하고 있는 것으로 보인다. 여기서는 일과 동료에 대한 태도, 교우관계, 사회적 태도나 편견이 드러난다.

도판 9GF
해변가를 달려가는 한 여인을 나무 뒤에서 다른 여인이 쳐다보고 있다.

[도판 9GF]는 바닷가를 달리고 있는 여자는 남자와 어떤 관계에 얽혀 달아나고 있으며 나무 뒤의 여자는 일어나는 일을 바라만 보고 있다든가, 진행되는 상황에 만족을 보이고 있다고 흔히 보고된다. 때로는 두 여인이 삼각관계에 있거나 대립하고 있는 경쟁상대로 묘사되기도 한다. 이 같은 이야기에서 여성에 대한 태도를 알 수 있으며 자매간의 갈등이나 경쟁의식, 동년배 여성에 대한 적의나 질투심 등이 반영된다.

[도판 10]은 두 사람이 서로에게 애정을 표현하고 있는 것으로 간주되는 경우가 많고 사랑하는 사람과의 이별에 대한 주제도 나타난다. 흔히 남녀관계 문제, 부부관계에 대한 태도가 반영되며 때로는 부모상에 대한 의존이나 미래의 결혼생활에 대한 적응문제가 암시되기도 한다. 한편 이 두 사람을 모두 남자로 지각할 경우에는 동성애의 경향을 나타낸다고 볼 수도 있다.

도판 10
한 여인이 남자의 어깨에 머리를 기대고 있다.

[도판 11]은 흔히 뒤편의 모호한 대상이 용에게 공격을 받고 있는 것으로 보며

이에 대한 투쟁방법이 나타난다. 혹은 이 남자가 미지의 지역을 탐험하고 있는 모험가나 과학자로 묘사되기도 한다.

소아기적 공포나 원시적 공포에 대한 피검자의 방어수단이 보이며, 위험이나 신기한 경험에 대한 호기심의 정도도 파악할 수도 있다. 때로는 용의 머리가 남성 성기나 구강기적 공격의 상징으로서 내면에 있는 본능적 욕구를 나타내기도 한다.

도판 11
높은 절벽 사이로 길이 나 있고 길 저쪽에는 모호한 장면이 보이며 왼편에는 용의 머리 같은 것이 암벽에서 불쑥 튀어 나와 있다.

[도판 12M]은 보통 안락의자에 누워 있는 젊은 남자가 이야기의 주인공이 되는 경우가 많다. 젊은 남자가 자고 있는데 나이 든 남자가 깨우려 하거나 최면을 걸고 있거나, 또는 병을 앓고 있는데 중년 남자가 그의 건강상태를 조사하고 있다는 등의 이야기가 흔히 나온다. 이 그림에 대한 이야기는 성인 남자에 대한 피검자의 태도를 나타내는데, 상사와 연장자에 대한 두려움이나 공포가 표현되기도 하며 피검자가 가지고 있는 수동적 의존성이나 치료에 대한 태도가 드러나기도 한다.

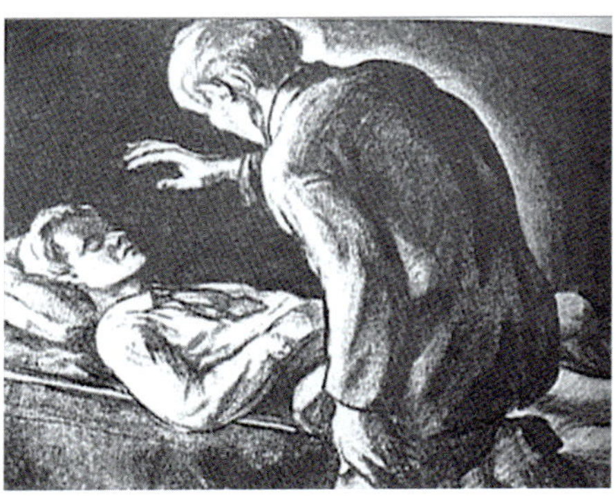

도판 12M
한 남자가 눈을 감은 채 누워 있고 중년의 남자가 누워 있는 남자의 얼굴 위로 손을 뻗치면서 몸을 굽히고 서 있다.

[도판 12F]에 나타난 두 여자는 서로 어떤 관계가 있는 것으로 보는 수가 많다. 두 여자가 갈등관계에 있거나 늙은 여자가 젊은 여자에게 충고를 하고 있는 것으로 이야기되기도 하며, 뒤에 있는 여자가 죽은 사람으로 보일 때도 있다.

도판 12F
젊은 여자가 있고 그 뒤에 머리에 숄을 걸친 섬뜩하게 생긴 늙은 부인이 얼굴을 찡그리고 있다.

또 다른 주제로는 젊은 여자의 두 가지 측면을 보여주고 있다는 것으로, 젊은 여자는 현재를, 늙은 여자는 미래를 나타낸다거나 젊은 여자는 자기 자신이고 늙은 여자는 양심을 나타내는 것으로 표현되기도 한다. 따라서 그림 속의 두 사람으로부터 선과 악의 이야기가 나오기도 하며, 일반적으로는 피검자가 가지고 있는 어머니에 대한 개념이 잘 나타난다.

[도판 12BG]에서는 사람이 없는 것이 특징이다. 여기서는 흔히 자살, 죽음, 우울의 경향이 잘 나타나고 은둔적 경향이 드러나기도 한다.

도판 12BG
숲속의 시냇가에 빈 배가 하나 있고 무성한 나무가 한 그루 서 있는 풍경이다.

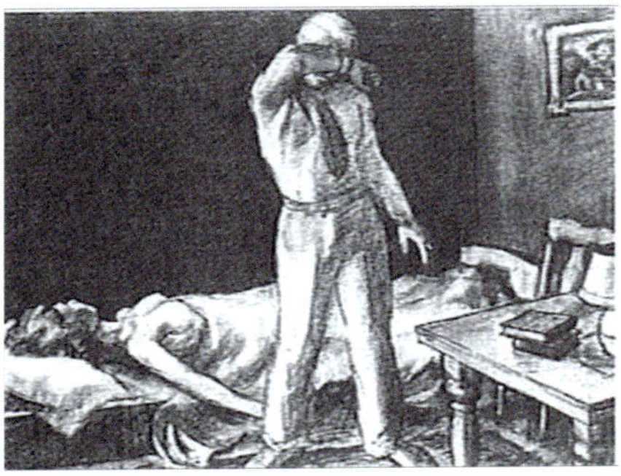

도판 13MF
한 젊은 남자가 팔에 얼굴을 파묻은 채 서 있고 뒤에는 한 여인이 침대에 누워 있다.

[도판 13MF]에서는 성적인 내용이 가장 자주 나타난다. 젊은 남자는 보통 침대의 여자와 성관계를 가지려고 하거나 이미 가진 장면으로 보인다. 여자는 젊은 아내이거나 여자 친구, 혹은 윤락여성으로 보일 수 있다. 그러므로 이러한 이야기는 여성 또는 성에 대한 태도, 성행위에 대한 죄책감 등을 나타낸다.

때로는 여성에 대한 적개심이나 부정적 태도가 드러나기도 하는데, 이러한 경우 침대에 누워 있는 여인이 병이 들었거나 죽은 아내로 간주한다. 피검자가 여자인 경우에는 성적 충격, 성적 공격을 당하는 내용으로 반응하거나 남자가 여자를 죽였거나 부정행위를 한다는 내용을 통해 남성에 대한 불신감을 나타내기도 한다.

[도판 13B]에서는 주로 소년 시절의 이야기가 주요 주제로 떠오르며 혹은 집을 비운 부모가 돌아오기를 기다리는 내용이 언급된다. 외로움이나 부모에 대한 애정의 욕구가 나타나기도 한다.

도판 13B
한 어린 소년이 통나무 집 문 앞에 쪼그리고 앉아 있는 모습이다.

[도판 13G]는 혼자 어떤 일을 하는 것에 대한 느낌(외로움이나 지지욕구, 또는 독립심 등)이 나타나거나 미지의 장소, 미지의 시간에 대한 태도가 드러날 수도 있다.

도판 13G
한 어린 소녀가 꼬불꼬불한 계단을 올라가고 있다.

[도판 14]는 창문가에 있는 인물이 불면의 밤을 보내고 있는 것으로 흔히 보인다. 이 사람은 창문가에서 여러 가지 문제를 생각하고 있다거나 자연을 관찰하고 있다거나 죽으려고 창문을 뛰어내리려 한다는 것으로 보일 수 있다. 이러한 이야기에서 피검자 자신의 문제, 욕구, 야망, 걱정 등이 나타나며 자살에 대한 집착이나 자살충동이 표현되기도 한다.

도판 14
까만 배경 속에 열린 창가에 한 남자가 서 있다.

[도판 15]에 나타난 인물이 보통 죽은 사람의 무덤 앞에서 기도를 하고 있는 것으로 묘사되는데, 죽은 이에 대해 이 사람이 가지고 있는 감정과 태도가 나타난다. 피검자가 죽은 것으로 말하는 사람은 현실에서 상당한 공격심을 느끼고 있는 대상일 경우가 많다. 이러한 이야기에서 피검자의 적대감이나 이에 대한 죄책감, 죽은 사람에 대한 공포, 우울경향이 반영될 수 있다.

도판 15
이상한 모습의 남자가 묘비 한가운데서 앙상한 손을 모으고 있다.

도판 16
백지

[도판 16]에서는 피검자가 아무런 단서 없이 자유롭게 그림을 구성할 수 있게 되므로 여러 가지 많은 이야기들이 나올 수 있다. 흔히 피검자가 가장 고민하고 있는 문제나 현재 상태, 느낌 등을 이야기하며 검사자나 치료자에 대한 태도가 표현되기도 한다. 상상력이 결여된 피검자에게는 이 도판이 부적당한 것으로 밝혀지고 있다. 저자의 경험으로 보면 방어가 유연한 피검자에게 어떤 예감능력이 드러나기도 한다.

밧줄에 매달려 있는 남자는 보통 많은 관중 앞에서 자신의 운동기술과 신체적 능력을 과시하고 있거나 위험한 장면으로부터 도피하려는 것으로 이야기된다. 전자의 경우는 피검자의 인정에 대한 욕구, 야망의 수준, 과시경향이 드러나며 후자는 해결하기 힘든 문제나 상황을 회피하고자 하는 욕구를 반영한다.

도판 17BM
벌거벗은 듯한 남자가 줄에 매달려 올라가거나 내려오는 동작을 하고 있다.

[도판 17GF]에서는 여자가 사랑하는 사람이 돌아오기를 기다리고 있거나 골똘히 자기 생각에 빠져 있다고 이야기될 수 있다. 흔히 우울과 불행에 대한 감정이 나타나며, 여인이 자살하기 위해 다리를 내려가고 있다는 내용에서 자살경향이나 자포자기한 태도를 나타내기도 한다.

[도판 18BM]에서 피검자들은 흔히 나타나 있는 손의 정체를 파악할 수 없다는 데 관심을 갖게 된다. 흔히 주인공이 취해 있다거나 사고를 당한다거나 하는

내용이 반응되는데, 이때 보이지 않는 인물이 구조를 하고 있거나 공격을 하고 있다고 이야기되기도 한다. 여기에서는 자신에게 향해져 있을지라도 모르는 공격에 관한 불안이나 외부환경에 대한 두려움 때로는 알코올중독이나 약물중독에 대한 반응이 드러나기도 한다.

도판 17GF
한물 위에 다리가 놓여 있고 한 여인이 다리에서 아래를 내려다보고 있으며 그 위에는 높은 건물들이 보이고 아래에는 작은 남자들의 모습이 보이고 있다.

도판 18GF
한 여자가 쓰러지려는 사람을 붙들어 안고 있으며 손을 목에 대고 있는 듯한 모습이다.

[도판 18GF]는 서 있는 여인이 난간에 기대어 넘어지려는 사람을 도와주려는 것으로 반응되기도 하고 이 두 사람이 한창 심한 논쟁을 벌이고 있거나 살인이나 교살에 대한 이야기가 언급되기도 한다. 여성 간의 공격행동이나 질투심, 열등감 등이 보이며 모녀관계나 일반적 여성과의 관계가 표현된다.

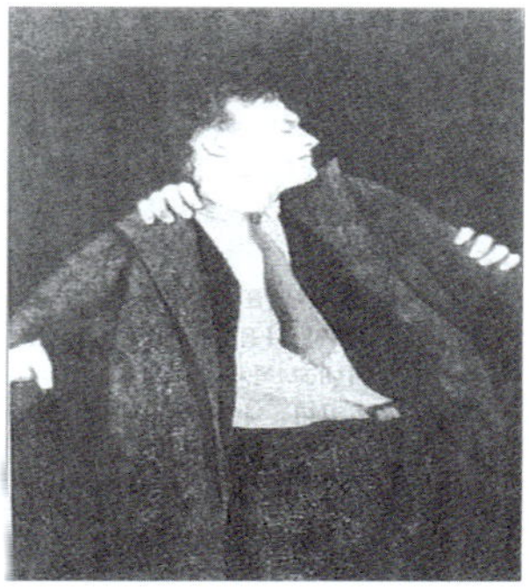

도판 18BM
한 남자가 보이지 않는 사람들의 손에 붙잡혀 있다.

도판 19
눈에 덮인 한 시골집의 움막이 있고 그 위로 구름이 덮여 있는 그림이다.

[도판 19]는 다른 그림에 비해 모호하고 기이한 방식으로 그려져 있기 때문에 이야기 전개가 어려우며 피검자가 가지고 있는 불안이나 불안성이 표현될 수 있다. 자주 이야기되는 주제는 오두막집이 눈에 갇혀 있지만 그 안에 살고 있는 사람들은 편안하다는 것이다. 움막집에 사는 사람들의 환경조건이나 어려움을 대처해 나가는 가운데 가지는 희망이 표현되며 이러한 이야기는 안전에 대한 욕구, 환경의 어려움을 극복해 나가는 방식에 대한 정보를 제공한다.

도판 20
한 남자 또는 여자가 밤중에 가로등에 기대어 서서 희미한 불빛을 받고 있다.

[도판 20]에서는 가로등에 기대어 있는 인물은 보통 연인을 기다리고 있거나 자기 마음속에 떠오르는 여러 가지 문제들을 반추하고 있는 것으로 보인다. 또는 희생자를 공격하기 위해 기다리고 있는 사람으로 묘사되기도 한다. 흔히 피검자가 몰두하고 있는 문제가 나타나는데, 이성관계에 대한 문제나 태도, 공격적 성향 등이 표현된다. 어둠이나 불확실함에 대한 두려움, 외로움을 나타내는 피검자도 있다.

부록 3 노인상담 요령

치매환자 상담요령(1) – 집에 가겠다고 고집부릴 때

치매환자인 남편이 20년 동안 살아온 집에 있으면서도 집에 가야 한다고 고집을 부릴 때 간호하는 부인은 당황하게 된다. 아내는 남편이 왜 자기 집을 낯설게 느끼는지 이해하지 못한다. 환자는 자주 "나 집에 가고 싶어, 나 집에 가고 싶다고."라고 말하곤 한다.

① **요령 없는 방법**: "여기가 20년이나 살아온 당신 집이에요. 내가 집문서라도 보여 줄까요? 우리가 이 집을 장만하기 위해 얼마나 노예처럼 살았는지 기억 안 나요?"

② **요령 있는 방법**: "우리 집에 대해서 자세히 말해 보세요. 우리 집 이야기를 해주세요."

③ **상담 요령**: 요령 없는 방법은 치매환자와의 논쟁에서 이기려고 하거나 환자에게 자세하게 설명하려는 무모함을 보여준다. 환자는 아마 아내의 짜증스럽고 절망스러운 목소리를 알아차릴 것이다. 정말로 환자는 자신의 집이 아니라고 생각할 수도 있고, 과거에 살았던 다른 집을 기억하고 있을지 모르며, 그의 말이 말 그대로 집에 가고 싶다는 의지가 아닐 수 있음을 알아야 한다.

요령 있는 방식은 집에 가자는 환자의 말에 뭔가 다른 의미가 있음을 이해하려는 노력을 보인다. 집에 대하여 환자에게 더 이야기해 보도록 함으로써 환자의 감정이나 집에 대한 느낌을 말해 보도록 한다. 아마 이런 이야기를 하고 나서 환자는 다른 화제로 넘어가거나 말한 것 자체로 만족해할 것이다.

치매환자 상담요령(2) - 슬퍼할 때

환자가 "난 오늘 굉장히 서글퍼. 아무도 나를 더 이상 좋아하지도 않아."라고 며느리에게 말했다.

① **요령 없는 방법:** "어머니 자신을 처량하게 생각하는 것은 좋지 않아요. 조금 있으면 일본에서 찾아올 손녀 영주, 오하이오에 있는 조카 그리고 뉴욕에 있는 동생을 생각해 보세요. 어머니는 복 받은 분이에요. 어제는 행복하다고 하셨잖아요. 자꾸 행복하다고 생각해 보세요."

② **요령 있는 방법:** "우울하시다니 유감이네요. 저도 가끔 우울해질 때가 있어요. 하지만 어머니, 어머니는 제 친구나 다름없으시고 제가 어머니를 얼마나 사랑하는지 아시죠? 손녀 영주가 곧 올 테니 그 때는 정말 재미있게 지낼 수 있을 거예요."

③ **상담 요령:** 요령 없는 방법은 환자의 기분에 대해 아무 것도 알지 못하는 반응이다. 며느리는 환자에게 한꺼번에 너무 많은 정보를 쏟아 붓고 있다. 우울한 환자에게 일목요연하게 말하는 게 항상 좋은 것은 아니다.

요령 있는 접근방식에서는 환자의 외로움에 대한 옳고 그름을 따지지 않고 그저 듣고 받아들이는 긍정적인 태도를 보인다. 슬픔도 우리 인생의 일부분이므로 항상 치매환자를 기쁘게 해 주려고 애쓸 필요는 없다. 며느리도 우울할 때가 있다는 점을 알려 줌으로써 환자는 혼자가 아니라고 느끼고 이런 감정이 누구에게나 있을 수 있다는 것을 받아들이게 된다. 사랑한다는 표현이 환자의 마음을 따뜻하게 하고 기분을 좋게 할 것이다.

치매환자 상담요령(3) - 부적절한 성행위를 요구할 때

간호하는 사람의 입장에서 가장 당황스런 일 중에 한 가지는 환자가 부적절한 성적인 행위를 요구하는 것이다. 남자 환자가 딸에게 성적인 시도를 한다면 어떻게 해야 하는가?

① **요령 없는 방법**: 화가 나고 분노한 딸은 "이 추잡한 노인네야! 당장 치우지 못해!"라고 말할 것이다.

② **요령 있는 방법**: "아버지, 아버지 딸 인영이에요. 이 엄마 사진을 좀 보세요. 엄마 참 예쁘지요?"

③ **상담 요령**: 요령 없는 방식에서는 환자가 사람을 잘 혼동한다는 것을 잘 이해하지 못한 것이다. 딸들은 엄마를 닮게 마련이며 환자는 자신을 아주 젊은 사람으로 생각한 것이다. 환자가 딸을 아내로 생각하였다면 그의 행동이 그렇게 잘못된 것은 아니다.

요령 있는 방식으로 접근한 경우는 여러 가지 측면에서 사려 깊은 사람이다. 딸은 "아버지, 저 아버지 딸 인영이에요."라고 말함으로써 자신이 누구인지 명확히 가르쳐 주고 있다. 그리고 나서 아버지에게 어머니의 사진을 보여 줌으로써 역할과 정체성에 대한 더 많은 정보를 환자에게 제공하였다. 그리고 딸은 조용하고 비난하지 않는 태도로 상황에 접근하였다.

성적으로 부적절한 행동이 때로 뭔가 잘못 되었음을 나타내기도 한다는 것을 아는 것도 중요하다. 환자가 옷을 자꾸 벗으려고 한다면 환자가 너무 더워서 그럴 수도 있다. 남자 환자가 바지를 내리는 것이 성기를 노출시키기 위해서가 아니고 화장실에 가기 위한 행동일 수도 있다.

노인상담 프로그램(1) - 생각을 낚자

1. 목 표

① **행동적 측면**: 참가자들은 완성되지 않은 문장을 집단 앞에서 큰 소리로 완성하여 자기 자신을 드러낸다.

② **인지적 측면**: 참가자들은 큰 소리로 완성되지 않은 문장을 자신해서 완성하여 자기인식을 높인다.

2. 준비물

① 완성되지 않은 문장들

② 바구니나 상자

3. 방 법

완성되지 않은 문장들을 복사해서 자르고, 접은 후에 바구니에 담아 둥그렇게 앉은 집단의 중앙에 놓는다. 바구니에서 완성되지 않은 문장이 적힌 종이를 낚을 수 있는 기회가 집단구성원 모두에게 주어진다. 낚시를 끝낸 참가자는 자기 자리로 돌아와 자신의 말로 문장을 완성하면서 이를 크게 읽는다. 다음 낚시꾼이 낚시를 해야 할 시간이 될 때까지 완성한 문장을 놓고 집단은 토론을 진행한다.

4. 지 침

대개의 경우 노인들은 극적 연출이 이루어지는 것을 좋아한다. 문장이 든 바구니를 잘 활용함으로써 노인들에게 흥미를 느끼게 하는 것도 좋은 일이다. 예를 들어 의자를 테이블 위에 놓아 바구니의 위치를 높일 수 있다. 혹은 바구니를 바닥에 두고, 낚시하는 분위기를 연출하기 위해 물을 상징하는 파란 스카프를 바구니에 씌울 수도 있다. 또는 문장이 든 바구니를 보기 좋게 장식해서 각 집단구성원에게 돌릴 수도 있다. 이러한 준비는 당신의 상상력이나 열정이 책임질 일이다.

완성된 문장이 나왔을 때 적절한 토론이 이루어지게 하는 것은 리더에게 매우 중요한 일이다. 이와 관련하여 시간 배분 또한 매우 중요하다. 토론과 자발적 상호작용이 아무리 잘 이루어진다 하더라도 집단구성원 중에 자신의 차례를 맞지 못하는 사람이 있다면 이는 이상적 집단활동이라 할 수 없을 것이다.

완성된 문장이 나온 후에 리더가 집단에게 적절히 질문함으로써 피드백과 토론을 이끌어 낼 수 있어야 한다. "세영씨, 이 대답에 대해 어떻게 생각하세요?" 혹은 "경숙씨, 세영씨의 대답이 좀 놀랍지 않아요?" 또는 "미주씨의 대답에 대해 누구, 하고 싶은 말이 있지 않나요?" 등과 같이 질문할 수 있다.

완성되지 않은 문장들은 개인의 감추어진 정보를 끌어낼 수 있도록 만들어졌다. 이 같은 정보가 어떤 식으로 이용되느냐는 리더 자신의 치료방식에 달린 것이다.

5. 마무리

다음의 몇 가지 이유로 노인들은 이 집단활동을 좋아한다.

첫째, '무대에서' 일어나는 현상을 두려워하는 동시에 사랑하기 때문이다. 미지의 문장이 곧 완결될 것이라는 예상이 이들의 기대감을 고조시킨다.

둘째, 적절한 자극이 부족하여 다른 치료환경에서는 서로 나눌 수 없었던 정보를 이 집단활동을 통해 끌어낼 수 있기 때문이다.

6. 생각을 낚자: 완성되지 않은 문장들

(복사하여 절취선을 따라 접는다.)

나의 가장 큰 두려움은 ______________________________이다.

다른 사람이 나를 헐뜯을 때, ______________________________.

누군가가 ____________________________했을 때 나는 화가 난다.

나 자신에 대해 가장 싫어하는 점은 ______________________이다.

나는 ________________________________할 때 슬픔을 느낀다.

나의 부모님이 ________________________________을 알았으면 좋겠다.

....

나를 좋아하지 않는 누군가를 좋아하게 될 때, 나는 ____________________.

....

나에게 가장 아픈 시절의 추억은 ______________________________이다.

....

________________________하기만 한다면 나의 가정은 더 좋아질 것이다.

....

내가 좋아하지 않는 사람이 나를 좋아할 때, 나는 ____________________.

....

나는 ______________________________(것)을 좋아한다.

나에게 가장 행복했던 시간은 ______________________이다.

나는 ________________________________에 실패했다.

나는 ______________________________(것)을 증오한다.

______________________________할 때 내가 최고이다.

나는 ________________________하는 이유를 이해할 수 없다.

내가 ______________________________ 할 때는 나의 길을 찾은 것 같다.

나의 가족들에게 일어날 수 있는 최고의 일은 ____________________ 이다.

나를 가장 힘들게 하는 것은 _________________________________ 이다.

나에 관해서 한 가지 것을 바꿀 수 있다면, 나는 ______________________.

다른 사람들로부터 가장 도움을 받고 싶은 것은 __________________ 이다.

나는 ____ 이 필요하다.

노인상담 프로그램(2) - 서로에게 따뜻한 편지 전하기

1. 목 표

1) 행동적 측면

① 참가자들은 집단의 모든 사람에게 긍정적 메시지가 담긴 편지를 쓴다.

② 참가자들은 자기가 받은 메시지 중 가장 마음에 드는 것을 집단 앞에서 크게 읽는다.

2) 인지적 측면

① 참가자들은 모든 집단구성원과 개인적 메시지를 교환함으로써 집단에 대한 소속감을 높인다.

② 참가자들은 긍정적 메시지를 주고받음으로써 자기존중감을 높인다.

2. 준비물

모든 집단구성원이 각각의 구성원에게 편지를 쓸 수 있을 만큼의 충분한 종이(예를 들어 집단의 성원이 여덟 명이라면 집단구성원 각자가 일곱 장의 종이를 사용하게 된다.), 집단구성원 수만큼의 봉투, 필기도구

3. 방 법

모든 집단구성원은 각 집단구성원에게 긍정적 내용이 담긴 편지를 쓴다. 집단구성원 각자는 자신의 이름이 쓰인 봉투를 갖는다. 그성원 각자에게 봉투가 전달되고 각자의 편지가 이름에 맞게 넣어진다. 봉투는 이름에 따라 전달되고 편지를 읽는다. 각 집단구성원은 가장 마음에 드는 편지를 집단과 함께 나눈다.

4. 지 침

집단구성원이 편안하게 편지 쓸 수 있는 자리를 잡도록 지도한다. 종이와 필기도구, 봉투를 집단구성원에게 나누어 준다. 모든 참가자들은 각자 집단구성원에게 긍정적인 내용의 편지를 써야 한다고 말한다. 이는 편지를 통해 집단구성원에게 그들의 좋았던 점 혹은 그들에게 고마웠던 일들을 말할 수 있게 하는 것이다. 편지의 시작은 "사랑하는 ○○에게"가 되도록 한다. 이름을 밝히는 것은 보내는 사람의 뜻에 달려 있다.

나눠 준 봉투에 자신의 이름을 쓰도록 집단구성원에게 요청한다. 대부분의 참가자들이 편지를 다 쓴 것 같으면, 자신의 이름이 적힌 봉투를 돌리게 한다. 이름을 잘 보고 편지봉투에 편지를 넣어야 한다. 이름에 따라 봉투가 전달되고, 모든 집단구성원은 편지를 읽게 된다. 끝으로 자신에게 온 편지 중 가장 마음에 든 것을 한 사람씩 돌아가면서 차례대로 집단과 함께 나누도록 한다.

5. 마무리

긍정적인 내용의 편지는 쓰는 사람이나 읽는 사람 모두에게 좋은 약이 된다는 점을 말하면서 이 집단 활동을 마무리한다.

노인상담 프로그램(3) - 가족 기억

1. 목 표

1) 행동적 측면

① 참가자들은 행복한 가족 기억 그리고 부정적/불행한 가족 기억을 명확하게 그려 냄으로써 긍정적 가족 기억과 부정적 가족 기억을 표현한다.

② 다른 참가자들과 그 기억에 관해 얘기한다.

2) 인지적 측면

① 다른 참가자들이 좋은 기억과 나쁜 기억 둘 다 나누는 것을 듣고 자신만의 유일한 느낌이라는 생각을 줄인다.

② 참가자의 고통스러운 기억이 자각과 가벼운 토론을 가져온다.

③ 참가자 자신의 가족에 대한 어떤 긍정적인 견을 곰곰이 생각한다.

④ 개인적 정보를 나눔으로써 집단의 유대감을 높인다.

2. 준비물

그림을 그릴 수 있는 큰 종이, 컬러 펜

3. 방 법

집단구성원은 행복한 가족 기억과 불행한 가족 기억을 그린다. 그림에 관해 구성원들과 함께 나누고 그려진 사건을 설명한다.

4. 지 침

그림을 그릴 종이와 펜을 나눠 준다. 구성원에게 그 종이를 어두운 색의 선으로 반 나누라고 한다(이 방법이 두 장의 종이를 사용하는 것보다 나을 것이다. 왜냐하면 가족이라는 하나의 단위(종이) 안에서 긍정적 사건과 부정적 사건 모두가 일어나는 것을 그리기 때문이다.).

구성원에게 모든 가족에게는 좋은 일과 나쁜 일 둘 다 일어나기 마련이라고 말한다. 종이의 한쪽에는 가족의 행복한 기억을 그리고, 다른 한쪽에는 불행한 기억을 그리라고 한다.

구성원 모두가 그리기를 마쳤으면 돌아가면서 발표하고 그림에 표현된 이야기를 다른 구성원들과 나누라고 권한다.

5. 마무리

이 간단한 활동은 나이가 많거나 적거나 모두에게 좋다. 이 활동을 통해 공동체의 마음을 간직하게 할 수 있다.

부록 4 주요 용어 설명

가변성(*changeability*) 개인의 성격은 일생 동안 끊임없이 변화한다는 기본 가정이다.

각인(*imprinting*) 어떤 동물이 최초로 본 비교적 큰 움직이는 대상을 따라가는 것을 학습하는 학습의 한 형태이다. 예컨대 어린 오리 새끼가 출생 후 11~18시간 내에 성숙한 암컷(대개는 어미)을 따라 다니는 것을 학습한다. 그러나 그때 그 오리 새끼들이 보는 대상은 어미가 아니라 다른 움직이는 물체라도 되며 그 후에 계속해서 그 대상을 따라 다닌다.

감수성(*sensitivity*) 자극의 수용에 포함되는 조건이나 능력과 자극의 강도 및 변화에 대한 개인의 반응성과 타인의 감정에 민감하게 반응하도록 만드는 특성이다.

감정이입(*empathy*) 타인이 느끼는 것을 직접 경험하지 않더라도 그 사람의 감정을 이해할 수 있는 능력으로 정서적 경험이라기보다는 지적 경험으로 이해된다.

감정전이(*transference*) 정신분석의 치료 상황 중의 하나로 환자가 무의식적으로 치료자를 정서적 반응의 대상으로 삼아서 치료자를 마치 자신의 과거에 의미 있는 인물, 흔히 부모인 것처럼 대하는 내담자의 감정이다. 가족치료에서 전이는 치료자 혹은 다른 가족 구성원에 대한 왜곡(*distortion*) 및 가족 시스템 전체의 집합적 전이를 포함한다.

강박증(*compulsion*) 강박관념에 관한 반응으로 나타나는 반복적이고 의도적인 행동이 일정하거나 상동화된 형태로 나타난다. 의도하지 않았지만 반복적으로 되풀이되는 비합리적 행동이나 자기의 의지 또는 의식과 반대되는 행동을 말한다. 예컨대 계단을 오르내릴 때 계단 수를 헤아린다든지, 포장도로를 지나면서 갈라진 틈을 일일이 세거나 틈 하나하나를 꼭 밟고 지나가야 된다고 생각하는 것 등이다. 일상생활에서 누구에게나 나타나는데 편지를 우체통에 넣고 나서 재차 확인해 보는 강박행동은 불안의 결과로 인한 행동이기도 하다. 너무나 엄격한 표준을 설정해 놓고 행동하는 사람을 강박인격자라고 하는데 보다 심각한 강박증은 정신질환병과 관련이 있다. 비합리적 행동을 하는 것을 강박감이라고 하며 도벽, 방화 등이 해당한다.

강화(*reinforcement*) 어떤 주어진 행동을 보상함으로써 그 행동이 일어날 수 있는 가능성을 증가시키는 것으로 모든 조건화의 기초이다. 긍정적 강화(*positive reinforcement*)와 부정적 강화(*negative reinforcement*)가 있다.

거세 콤플렉스(*castration complex*) 프로이트는 남성의 경우 자신의 남근 손실에 대한 불안 때문에, 그리고 여성의 경우 한때 가지고 있었던 남근을 손실당했다는 환상 때문에 생기는 콤플렉스로 설명했다. 이 콤플렉스는 성적 욕구의 충족에 대한 처벌로 거세당할 것이라는 유아기의 불안에 기원을 둔다.

게슈탈트 치료(*Gestalt therapy*) 게슈탈트는 전체(*whole*) 혹은 형태(*pattern*)를 의미하는 독일어로 경험은 어떤 의미 있는 전체를 형성하고 있는 요소들의 형태를 의미한다. 게슈탈트는 '지금-여기(*here and now*)'에 초점을 둔 '전체'로서의 유기체를 다루는 치료방법이다. 유기체 환경 간의 통일에 대한 내담자의 자각이 문제가 되며, 상담자의 역할은 내담자로 하여금 성격기능의 조직화된 전체를 회복하도록 돕는 것이다. 게슈탈트 치료는 펄스(*Fritz Perls*)에 의해 개발된 현상학적·실전적 치료 양식으로 지금-여기의 경험을 중요시하며, 자각의 확장, 책임감의 수용 및 개인의 통일을 강조한다.

결정적 시기(*critical period*) 유기체의 발달과정에서 어떤 환경의 영향에 특별하게 민감한 영향을 받는 시기, 이 시기가 지나면 그 환경요인은 별로 영향을 미치지 못한다.

고착(*fixation*) 정신분석에서 성심리적 발달의 초기단계를 원만하게 거치지 못하거나 애착 대상을 바꾸지 못함으로써 특정한 발달단계나 대상에 얽매이어서 머물러 있는 것을 말한다.

공감(*empathy*) 감정이입이라고 한다. 상대방의 경험, 감정, 사고, 신념을 상대의 준거체제에서 자신이 상대인 것처럼 듣고 이해하는 능력이다.

낙인이론(*labelling theory*) 사회심리학에서 일탈행위를 설명하는 한 방법으로 사람들이 일탈된 사람이라고 낙인한 사람에 대해 어떻게 행동하는지에 초점을 맞춘다. 예컨대 한 사람이 편집증으로 낙인되면, 다른 사람들은 이 사람이 하는 행동을 모두 편집증 측면에서 해석하게 된다.

도구적 조건형성(*instrumental conditioning*) 동물이 지렛대를 누르는 것과 같은 올바른 도구적 반응을 했을 때에만 강화물을 주는 학습방법이다.

동조(*alignment*) 집단압력 때문에 자신의 의사와는 무관하게 집단이 취하는 행동이나 생각에 따라가게 되는 것이다.

동화(*assimilation*) 자신이 이미 가지고 있는 도식 또는 구조 속에 외계의 대상을 받아들이는 인지과정이다.

라포르(*rapport*) 친밀관계로 해석한다. 상담자와 내담자 사이의 따뜻하고 가까운 신뢰관계, 심리검사에 있어 검사자와 피검사자 사이의 안락하고 따뜻한 분위기 상담의 촉진적 관계이다.

로르샤흐 검사(*Rorschach test*) 대칭적 잉크 반점을 가진 10개의 카드를 자극으로 사용하여 피험자의 반응을 평가하는 투사법에 해당하는 검사이다.

명료화(*clarification*) 비지시적 치료에서 내담자가 방금 이야기한 것의 의미를 요약하고 더 분명하게 만들어 주기 위해 상담자가 하는 진술을 말한다. 이때 상담자는 내담자게 비관적 태도를 보여서는 안 된다.

무의식(*unconsciousness*) 개인이 잊었고 기억해 낼 수 없는 기억과 생각, 정신분석에서는 꿈과 환상 등을 통해서 무의식의 내용을 추적·해석한다. 즉 무의식은 의식으로 이용할 수 없는 기억이나 충동이나 욕망 등을 말한다. 프로이트 정신분석이론에 따르면, 고통스러운 기억은 억압되어 무의식 상태로 있지만 계속해서 우리 행동에 영향을 미친다고 하였다.

방어기제(*defense mechanism*) 자존심을 위협하거나 불안을 증가시키는 성격 특성 및 동기가 의식되지 않도록 특정 행동을 회피하거나 다른 행동을 보이는 적응 양식

(*adjustment pattern*)이다. 주로 무의식적으로 나타나며 부정, 투사, 억압, 합리화가 그 예이다. 개인이 불안 또는 불유쾌한 감정을 완화, 소멸시키기 위해서 현실을 왜곡하는 과정을 말한다.

변별(*discrimination*) 강화를 받는 자극에는 반응하고, 강화받지 않는 자극에는 반응하지 않는 것을 학습하는 과정이다. 물리적 에너지의 강도가 동일한 두 개의 자극 중에서 하나를 변형시킬 때 두 자극 간의 차이를 구별하는 것이다.

변별강화(*discrimination reinforcement*) 행동치료에서 소거의 효과를 극대화하기 위한 방법으로 바람직한 표적행동이 일어날 때는 확실히 강화하고 문제행동은 조심스럽게 무시하는 방법이다.

변별조건(*discriminative stimulus*) 어떤 구체적 반응은 강화 또는 강화되지 않은 것이라는 것을 나타내는 자극 또는 자극의 단서이다.

사티어(*Virginia Satir, 1916~1988*) 미국 가족치료의 제1인자로 1936년에 위스콘신 대학에서 교육학을 전공하고, 5년간은 초등학교 교사로 근무하였다. 1948년 시카고 대학에서 문학박사학위를 취득한 후 가족치료의 선구자로서 일을 하였다.

양가감정(*ambivalent feelings*) 서로 상반되는 가치를 지닌 감정으로 암 투병하는 부모를 잃었을 때 슬프기도 하지만 안도감이 있는 것을 말한다. 즉 어떤 사물이나 개인에 대하여 긍정적 감정과 부정적 감정을 동시에 가지는 것을 말한다.

억압(*repression*) 억압은 위협적 충동이나 생각을 의식 밖으로 밀어내는 것을 말하며, 가장 기본적이면서 중요한 방어기제로 원치 않은 생각이나 충동이 의식에 떠오르는 것을 막는 방어기제이다.

억제(*inhibition*) 정신적 방해 또는 행동상의 망설임, 초자아의 방해에 의해 본능적 충동이 의식화되는 것을 막는 방어기제이다.

인간중심치료 로저스(*Rogers*)에 의해서 개발된 심리치료의 한 방법으로서, 치료자는 비지시적 태도를 취하며, 거울처럼 반영적이고 해석하거나 충고하지 않는다. 치료적 가정은 내담자가 자기 자신의 문제에 대해서 가장 훌륭한 전문가이며 문제에 대해 비판적이고 수용적 분위기 속에서 해답을 내놓을 수 있다는 것이다.

역할연기(*role acting*) 심리치료에서 내담자에게 갈등이 되는 장면을 극으로 구성한 후, 내담자가 역할을 수행하게 함으로써 대인관계에 중요한 태도와 행동을 이해시키는 기법이다.

역할수행연습(*role-playing*) 심리치료나 지도자 훈련에서 내담자로 하여금 자발적 행동을 수행하게 함으로써 대인관계에서의 중요한 태도나 행동을 지도하는 방법이다.

외향성(*extroversion*) 개인의 관심을 바깥쪽으로 돌리는 것이다. 자기 자신보다 주위 환경이나 다른 사람에게 더 관심을 기울인다. 외적·사회적 활동에 관심을 보이는 것이다. 외향적 사람은 특별히 사교적이고, 태평스럽고, 안정적이고, 낙관적이며 실천성이 있다.

욕구단계(*hierarchy of needs*) 욕구의 중요성에 따라 이를 하급에서 고급으로 순서 지어 놓은 것을 말한다.

욕구불만(*frustration*) 욕구나 욕망이 좌절되는 것, 기본적 욕구와 충동을 충족시키려는 노력을 방해하는 것, 정신기제(*mental mechanism*)를 사용하도록 유도한다.

원초아(*id, 原超我*) 정신분석이론의 성격구조의 한 부분으로 리비도(*libido*)가 위치하는 곳이다. 이 정신세계는 쾌락원칙에 의해 지배되고 동기의 즉각적 만족을 꾀하여 현실에 대한 배려를 하지 않는다.

인격장애(*personality*) 이는 평균 범위에서 벗어난 인격으로 지속적이며 예측 가능하며 현실적응에 있어서 자신 및 사회와의 관계성에서 주요한 기능장애를 초래하는 이상성격의 양상이다. 인격장애자는 스스로 치료를 받으려고 하지 않는다. 원인으로는 유전적, 생리적, 또는 환경적인 것이 있다. 정신의학자가 상용하는 DSM-IV(*Diagnostic and Statistical Manual*)에는 열 가지의 인격장애를 진단한다. 즉 편집성, 분열성, 분열형, 표면성, 자기애성, 반사회성, 경계성, 회피성, 의존성, 강박성 인격장애로 나누어서 설명하고 있다.

인지과정(*cognitive process*) 지각하고 기억하는 정신과정과 정보를 획득하고 계획을 세우고 문제를 푸는 정보처리 과정을 말한다.

인지학습이론(*cognitive learning theory*) 자극은 신경계를 경유해서 나타나는 반응과 직접적으로 연결되어 있다는 행동주의자의 입장에 반대하는 심리학의 학파이다. 이들은 복잡한 학습은 뇌에서 지식이나 생각을 제구조화하고 재조직화함으로써 이뤄진다고 보고 있다.

인지행동치료(*cognitive behavior therapy*) 사람 신념, 사고 및 행동에 대한 자기진술의 영향을 강조하는 하나의 심리치료적 접근으로 행동치료의 확장이라고 할 수 있다. 이 접근법을 대표하는 사람은 아론 벡(*Aron Beck*), 엘리스(*Ellis*) 등이다.

일화기억(*episodic memory*) 일상생활에서 경험하는 자기에 대한 기억이다.

자극변별(*stimulus discrimination*) 여러 환경자극의 각각에 대하여 어떻게 하면 적절하게 반응할 것인지를 학습하는 과정을 일컫는다.

자극통제(*stimulus control*) 행동치료에서 특정 반응이 좀 더 많이 일어나거나 좀 더 적게 일어나도록 환경을 배열하는 것을 말한다. 예컨대 흡연의 가능성을 줄이기 위하여 하루에 담배를 한 갑만 사는 것이다.

자기강화(*self-reinforcement*) 자기가 통제할 수 있는 보상을 스스로 자기에게 줌으로써 자기행동을 개선하거나 유지하는 과정을 말한다.

자기규제(*self-regulation*) 자기 자신의 행동에 영향력을 행사할 수 있는 개인의 능력이다.

자기효능감(*self-efficacy*) 개인이 스스로 생활을 극복할 수 있고 자신의 노력으로 자신이 원하는 결과를 얻을 수 있다는 신념 또는 기대를 의미한다.

자기(*ego*, 자아) 개인이 갖는 자기 자신에 대한 개념이다. 정신분석에서는 원초아(*id*)로부터 발전된 의식기능(*consciousness function*)으로 본다. 즉 자기와 현실 사이를 구별하는 것을 학습하고 원초아(*id*)의 욕구와 비판적이고 도덕적인 면을 추구하는 초자아(*superego*) 사이를 조절하는 역할을 한다.

자기개념(*self-concept*) 인간이 성장함에 따라 자신을 환경과 분리하여 생각할 줄 알게 된다. 이러한 인식과 기능이 발달함에 따라 환경적 경험으로부터 자아에 대한 인식이 생기게 되는데, 이것이 자아개념(자기개념)의 발달이다. 자아개념의 발달은 유기체가 자신의 경험을 어떻게 지각하느냐에 따라 그 차이가 나타난다. 이는 사람들에 대해서 갖는 자타의 생각, 감정 및 태도의 종합을 의미한다.

자기도취(*narcissism*) 자기 자신의 신체적 속성이나 행위에 부적절하게 과도한 가치를 부여하는 특성을 말한다. 정신분석에서는 자아가 타인이 아닌 자기 자신을 사랑의 대상으로 삼을 수 있으며 이러한 자애적(自愛的) 사랑은 생의 전반을 통해 어느 정도 유지되는 것으로 극단적인 경우에는 정신분열증세(*schizoparenia*)로 발전하기도 한다.

자기분석(*self-analysis*) 자기 자신에 대한 냉철한 정신분석 실시, 일반적으로 개인이 자신의 동인, 정서, 잠재력의 한계에 관해 이해하려는 시도를 의미한다.

자기조절(*self-regulation*) 행동치료에서 부적응행동을 수정하기 위해서 자기 자신의 행동을 감시하고 자기강화와 같은 방법을 사용하거나 자극조건을 통제하는 것을 말한다.

자기통제(*self-control*) 자신의 행동을 통제하는 능력, 즉 충동적 행동이나 감정을 억압하거나 저지하는 능력을 말한다.

자아정체성(*ego identity*) 자기지각의 전체성(*totalities*)으로서 이것은 개인에게 유일감(*uniqueness*)과 시간상의 연계성(*continuity*)을 제공한다. 이는 자신의 자아가 연속성과 동일성을 갖는 것으로, 경험하고 그렇게 행동하도록 자아를 확립해 가는 탐색능력을 말한다.

자존심(*self-esteem*) 자신을 수용하고 적어도 어느 면에서는 자신이 가치 있는 사람이라고 느끼며, 자신을 존중할 수 있는 것, 즉 자아긍정과 비슷한 개념이다.

장이론(*field theory*) 형태심리학파가 주장하는 이론 가운데 가장 잘 알려진 유형으로 인간과 고등 동물의 행동, 그리고 뇌의 기능에 있어서 전체는 부분의 합 이상이며, 뇌는 단순한 신경 세포의 합보다 전체적인 장으로서 더 잘 이해될 수 있고, 어떤 특정 행동의 원인은 가장 분명한 외부적 자극보다는 상호작용하는 요인들의 전체적 장 속에 존재한다는 이론이다.

적응(*adjustment*) 장애를 극복하고 욕구를 만족시키기 위한 유기체의 활동과정 및 변화, 신체적·사회적 환경과 조화 있는 관계를 수립하는 것이다. 적응은 개인과 대상 혹은 사회 환경이 조화를 이루는 것, 혹은 이 조화로운 관계가 획득될 수 있는 과정을 말한다.

전의식(*preconsciousness*) 개인이 어떤 순간에 의식하지 못하지만 쉽게 의식화될 수 있는 사고, 의식(*consciousness*)과 무의식(*unconsciousness*)의 중간 지대에 있는 인간 의식의 한 부분으로 프로이트가 설명했다. 이 전의식은 어떤 순간에나 기억할 수는 없지만 조금만 노력하면 쉽게 의식할 수 있는 생각이나 느낌(예컨대 당신의 생일은 언제인가?)을 말한다.

전이(*transference*, 轉移) 내담자가 이전의 대인관계 중 중요했던 사람에게 가졌던 감정을 상담자에게 전달하는 것으로 주로 부모-아동 간의 정서적 관계를 재현하는 데 사용한다. 정신분석에서는 상담자가 전이의 대상이 되며 내담자로 하여금 상담자 및 타인에 대해서 가졌던 감정을 표현할 수 있도록 하기 때문에 분석에 도움이 된다. 전이는 환자가 과거 중요한 인물(주로 부모)에게 향했던 감정을 치료자에게로 전향시키는 것으로 정신분석학적 요법에서 중요하게 다룬다.

정서장애(*affective disorder*) 정서혼란을 초래하는 정신병으로서의 조증, 우울증, 조울증(*manic depressive psychosis*) 등을 말한다.

조건강화(*conditioned reinforcement*) 일차적 강화가 아닌 중립자극이 강화의 기능을 하는 것으로 이차적 강화라고도 한다.

조건반사(*Conditioned Response: CS*) 무조건반응과 비슷한 것으로서 조건반응은 중립적 자극이었던 것을 매개로 하여 유발된다.

조건자극(*Conditioned Response: CR*) 고전적 조건형성에서 무조건자극과 짝 지어짐으로써 새로운 반응을 방출하게 하는 자극을 의미한다. 조건자극은 어떤 반응을 자연적으로 일으키는 자극과 연합됨으로써 그 반응을 일으키는 촉진적 자극이다.

조건형성(*conditioning*) 조건반응(자극과 또 다른 자극, 반응의 연합)이 학습되는 과정으로 고전적 조건형성(*classical conditioning*)과 조작적 조건형성(*operant conditioning*)이 있다.

조화(*congruence*) 개인의 경험과 그의 자아개념 간에 불화가 없음으로 해서 생기는 상태를 말한다.

종속변인(*dependent variable*) 독립변인의 변화에 기인하여 측정 변화된 변인이다. 심리실험에서 종속변인은 자극에 대한 반응을 일컫는다.

좌절(*frustration*) 목표지향적 행동에 대한 방해나 그 결과로 생긴 긴장되고 불안한 상태, 즉 좌절은 욕구나 소망이 억압당하는 것 또는 개인적 목표의 달성이 봉쇄되는 것을 의미한다. 주제통각검사(*TAT: Thematic Apperception Test*)는 여러 장의 그림으로 구성된 투사검사(*projective test*)이며 경험자들이 그림을 보고 이야기를 만든다. TAT는 흔히 개인의 무의식적 사고, 환상, 그리고 동기를 조사하는 목적으로 사용된다. 주제통각검사는 개인이 갖고 있는 요구-압력관계를 비롯한 여러 가지 심리적 역동관계(*psychological dynamic relation*)를 분석, 진단, 해석하려는 것으로 여러 그림을 보고 떠오르는 대로 얘기를 엮어 가는 투사법의 하나이다.

지시적 상담(*directive counseling*) 이 상담은 로저스(*Rogers*)가 새로운 상담체계로 비지시적이라는 명칭을 붙이면서 시작되었다. 이 상담의 특성은 내담자의 문제해결과 상담하는 과정에서 논리적·지적 도구를 사용하며, 인간의 전인적 발달을 중시한다. 또한 상담 방법에 있어서는 실험실에서의 엄격한 실험의 결과보다 상식이나 경험에 더욱 의존한다. 따라서 내담자보다는 상담자 중심으로 상담이 진행된다. 이 상담은 고전적 상담학자인 윌리암슨(*Williamson*)이 주장한 상담이다.

지식화(*intellectualization*) 지식화도 감정과 생각을 분리시키는 방어기제의 하나다. 상처받은 사건에서 감정을 분리해서 추상적이고 현학적인 것으로 만들어 그 사건에 담겨 있는 감정을 배제시키는 것이다.

초자아(*superego*) 부모, 특히 아버지로부터 얻는 도덕기준과 억제행동 등이 합쳐져 발달하는 성격의 일부로서 자아(*ego*)와 원초아(*id*)의 활동을 자제하는 역할을 한다. 양심

(*conscience*)과 밀접히 관련된 것이며 어린 시절에 획득한 이상을 추구할 수 있도록 돕는다. 초자아는 정신분석이론에서 성격구조의 윤리적·도덕적 측면으로 이것은 개인이 사회의 규범을 내면화한 것과 보상과 처벌을 통해 부모로부터 학습한 행동의 기준을 나타낸다.

치환(*displacement*) 어떤 대상에 대한 감정적 갈등이 있는데 그 대상이 갈등을 표출할 대상이 되지 못할 때 감정을 다른 대상에게로 옮기는 것이다. 예컨대 직장 상사와 안 좋은 일이 있는 남편이 일찍 귀가해서 아내에게 짜증을 부리고 아내는 자식에게 화를 내고 자식은 강아지를 걷어차는 일, 사랑하는 여자와 이별한 뒤 그 여자와 비슷한 용모를 보인 새로운 여자와 사랑에 빠지는 일 등이다. 자기가 원했던 이상이나 목표를 상실했을 때 그것에 대체할 수 있는 것에 집착하여 자기가 이루지 못한 이상이나 목표를 달성하려는 행위를 말한다.

타나토스(*thanatos*) 죽음을 나타내는 그리스 말로 프로이트가 죽음의 본능, 혹은 죽음의 힘이라는 개념으로 사용한 용어로 자기파괴의 경향성을 지칭한다.

타임아웃(*Time Out: TO*) 부적절한 행동이나 문제행동을 할 때 그 사람을 강화의 요소가 없는 장소에 일시적으로 고립시키는 행동수정의 한 방법이다.

통각(*apperception*) 지각자가 주의를 기울이는 지각대상을 분명하게 인식하고 이해할 수 있는 지각과정의 마지막 단계이다.

통찰학습(*insight learning*) 어떤 문제해결이 이루어지지 않다가 어느 순간에 갑자기 생각에 의해서 해결되는 인지학습의 한 유형이다.

투사법(*projective technique*) 비구조적이며 애매한 자극체나 자료에 대한 지각적·상상적 반응을 통해 피검사자(내담자)의 욕구체계 및 성격기능을 탐색하는 검사이다. 가장 보편적으로 사용되는 검사로 로르샤흐 검사와 주제통각검사가 있다.

파블로프(*Pavlov, 1849~1936*) 개의 타액분비에 관한 연구로 노벨상을 수상한 러시아 생리학자이다. 개에게 음식을 주었을 때 침을 흘리는 것이 아니라 주기 전에 흘렸다는 사실을 발견하고 발전시킨 것이 바로 행동주의 심리학이다.

파이현상(*phi phenomenon*) 두 개의 불빛 사이에 적절한 시간차를 두고, 연속적으로 이 두 불빛을 켰다 껐다 반복하면, 사람들은 불이 이 두 지점을 움직이는 것처럼 지각한다. 이러한 착시는 영화나 만화, 네온사인에서 운동을 지각하는 기초가 된다. 최초의 형태심리학자들이 20세기 초에 영화 사업이 시작된 직후에 발견했다.

합리정서적 요법(*rational emotion Behaviour therapy*) 엘리스(*Ellis*)에 의해 1960년대에 발달된 성격치료이론으로서 내담자의 비합리적 생활태도, 사고방식, 철학이 정서적 증상이나 문제 밑에 깔려 있으므로, 이 비합리적 사고를 합리적인 것으로 바꾸어 주면 합리적 행동이 따른다는 것이다. 인간은 스스로를 통제할 수 있으며 생각이 오히려 감정을 지배한다는 것을 전제로 한 치료요법이다. 즉 합리적 정서행동치료기법 사람들이 가지고 있는 비합리적 신념에 도전하는 다양한 인지적·정서적·행동적 치료방법을 적용한다.

행동주의 상담(*behavioral counselling*) 이 상담은 파블로프(*Pavlov*)의 고전적 조건형성 이론에서 시작하여 왓슨(*Watson*)에게 영향을 미쳐서 1950년 초반에는 헐(*Hull*)의 학습이론을 통해 정신분석이론에 도전한 이론이다. 이 이론은 인간의 구체적 행동을 수정하여 사회규범에 적응시키며, 개인의 삶을 개선하는 데 역점을 두고 있다. 행동치료라고 하는 이 기법은 학습의 원리에 기초된 심리치료의 한 방법이다. 예컨대 행동을 변화시키기 위해 역조건 조성, 강화 및 모델링 등의 방법을 사용한다.

현실요법(*reality therapy*) 정신과 의사인 글래서(*Glasser*)에 의해 발전된 것으로 내담자의 현재 행동에 중점을 두며, 자신을 정확히 발견하고 현실을 직면하여 성공정체감(*success identity*)을 갖도록 상담자가 도와주는 데 초점을 둔다.

혐오치료(*aversive therapy*) 제거되어야 할 행동을 혐오스러운 자극상태와 연합시킴으로써, 이 혐오자극에 대한 회피와 함께 바람직하지 못한 행동도 없어지게 하는 방법이다.

부록 5 학습내용 정리하기

1. 상담의 정의와 거리가 먼 것은?

가. 역동적 상호작용의 관계

나. 인간적 성장을 위해 노력하는 학습과정

다. 인지적, 정서적, 행동적으로 변화

라. 충고, 제안, 권장

2. 상담목표를 설정하는 이유가 옳은 것은?

가. 내담자를 변화시켜 장차 만족된 삶을 살도록 촉진하기 위함이다.

나. 상담목표를 세워야 상담을 시작할 수 있기 때문이다.

다. 내담자의 책임감을 주기 위해서이다.

라. 내담자를 변화시켜 가정의 화목을 가져오기 위함이다.

3. 프로이트의 발달단계 중 항문기에 적절한 보호를 받지 못할 경우 성장단계에서 나타날 수 있는 증세와 거리가 먼 것은?

가. 강박증

나. 결벽증

다. 애정인색

라. 죄책감

4. 상담자는 〈보기〉와 같은 상황을 조심스럽게 경계한다. 이 같은 상담이론은?

> 동성이는 컴퓨터 게임을 마친 후, '이제 공부 좀 해야겠다.'라고 결심하였다. 그리고 책꽂이에서 책을 꺼내 공부하려고 하는데, 갑자기 밖에서 "얘, 이제 공부 좀 해라!"라는 엄마의 말씀을 듣고 공부할 의욕이 사라졌다.

가. 행동주의 상담론

나. 현실요법 상담론

다. 인간중심 상담론

라. 형태요법 상담론

5. **다음 중 내담자의 비밀을 지켜 주어야 할 상황에 해당하는 것은?**

가. 내담자 자신이 명백한 자살의 위험에 빠져 있을 때
나. 타인의 생명이 명백히 위험에 노출되어 있을 때
다. 비밀공개에 대한 법적 요구가 있을 때
라. 친권자의 요구가 있을 때

6. **로저스의 상담자 자질에 대한 내용과 거리가 먼 것은?**

가. 객관적 태도와 정서적으로 격리된 태도
나. 있는 그대로를 받아들일 줄 아는 능력과 의욕
다. 개인에 대한 존중
라. 인간관계에 대한 자신감

7. **교류분석 상담론의 구조분석 중 자아분석이 아닌 것은?**

가. 부모의 자아상태 나. 어른의 자아상태
다. 대인의 자아상태 라. 어린이의 자아상태

8. **순기능의 가정에 대한 다섯 가지 특징이 아닌 것은?**

가. 자기의 삶을 규제할 수 있는 부모 나. 정신이 온전하고 균형 잡힌 부모
다. 중독 증세가 없는 가정 라. 성인 아이가 있는 가정

9. **〈보기〉는 성폭행을 당한 내담자가 TAT(주제통각검사)의 [도판 1]에 대한 반응으로, 바이올린의 활에 대하여 남성으로 동일시하는 현상이 나타났다. 이는 어떤 증세를 의심해 볼 수 있는가?**

가. 반사회성
나. 건강염려성
다. 강박증
라. 우울증

10. **다음 중 네 가지 교류분석과 거리가 먼 것은?**

가. 구조분석 나. 각본분석
다. 게임분석 라. 주관분석

11. 인간중심 상담론의 창시자는 누구인가?

가. 프로이트　　나. 엘리스
다. 로저스　　라. 번

12. 다음 중 상담의 진행방법과 거리가 먼 것은?

가. 개별상담　　나. 집단상담
다. 가족상담　　라. 분석상담

13. 다음 중 상담의 전개과정이 순서대로 옳게 나열된 것은?

가. 접촉－반사－대결－인지행동적 지원－종결
나. 접촉－대결－반사－인지행동적 지원－종결
다. 접촉－인지행동적 지원－반사－대결－종결
라. 접촉－인지행동적 지원－대결－반사－종결

14. A 상담자는 영수의 발달에 나쁜 영향을 미치는 환경요인을 제거하고자 한다. 행동주의 상담론에서 나쁜 요인을 제거하고 긍정적 프로그램을 필히 제공해야 하는 강화는?

가. 정적 강화　　나. 부적 강화
다. 소거　　라. 처벌

15. 〈보기〉의 B는 정신분석 상담론의 어떤 방어기제에 해당하는가?

> 영석이는 엄마가 동생을 본 후 자기의 사랑을 독차지한 동생이 미워졌다. 그래서 (A) 처음에는 엄마가 자리를 비우면 동생을 마구 괴롭혔다. 그러나 이런 행동은 엄마로부터 더 미움만 받는다는 것을 알고, (B) 자신의 나이와 어울리지 않게 동생처럼 응석을 부려 엄마의 사랑을 받고자 행동하였다.

가. 억압　　나. 퇴행
다. 합리화　　라. 치환

16. 상담활동 중 사후 점검을 위한 일련의 활동으로 내담자가 끝까지 원만한 적응생활을 잘할 수 있도록 지도하는 상담활동은?

가. 정치활동　　나. 추수활동
다. 조사활동　　라. 진로정보활동

17. 집단상담의 궁극적 목표로 가장 타당한 것은?

가. 개인으로 하여금 자기이해와 대인관계의 능력을 향상시켜 생활환경에 보다 건전하게 적응할 수 있도록 한다.

나. 개인으로 하여금 사회적으로 유용한 목표를 갖도록 격려하고 잘못된 동기를 변화시켜 타인과 동등한 감정을 갖도록 한다.

다. 개인으로 하여금 부적절한 생활자세와 생활각본으로부터 해방될 수 있도록 도와주어 자기긍정을 갖도록 한다.

라. 개인으로 하여금 자신의 단점을 보완하고 성숙된 인간이 되도록 도와준다.

18. 진로상담에서 개인적 요인과 거리가 먼 것은?

가. 직업흥미 나. 가치관
다. 직업유능감 라. 부모의 직업

19. 다음 중 상담의 형태와 거리가 먼 것은?

가. 위기상담 나. 촉진상담
다. 예방상담 라. 집단상담

20. 행동주의 상담론의 행동요법과 거리가 먼 것은?

가. 홍수기법 나. 체계적 둔감법
다. 주장훈련법 라. 자유연상

21. 한국상담윤리학회 윤리강령의 상담심리사로서의 전문가적 태도와 거리가 먼 것은?

가. 자신의 능력의 한계를 인정하고 주어진 상담활동만을 한다.

나. 자신의 활동분야에 과학적 · 전문적 지식을 유지하기 위해 지속적으로 노력한다.

다. 상담기관에 상담심리사를 고용할 때 상담기술만을 보고 채용한다.

라. 자신이 가진 능력 이상의 것을 주장하거나 암시해서는 안 된다.

22. 최초 상담 시에 내담자의 상담회기 및 시간, 프로그램 수준을 결정하는 고려요소와 거리가 먼 것은?

가. 지능 나. 기호도
다. 정서반응 라. 주의집중력

23. 상담기법 중 해석은 내담자의 말 속에 담긴 다른 의미를 내담자에게 적극적으로 전달해 주는 적극적 상담기술이다. 〈보기〉에서 내담자의 말 속에 담긴 숨은 메시지를 가장 잘 표현한 문장은?

> 내담자: 의사에게 현재 건강상태에 대한 걱정을 털어놓는 50세의 여성
> 의사를 진짜 찾아온 이유는 밤에 잠을 못 자기 때문이다.
> "다음 날 할 일을 잊으면 안 된다는 생각으로 밤을 꼬박 새우게 돼요. 건망증이 너무 심해지고 있거든요. 얼마 전 가스레인지를 안 꺼서 불을 낼 뻔 했어요. 저한테 무슨 일이 일어나고 있는지 모르겠어요."

가. 잠을 못 자는 것에 대한 걱정
나. 심각한 질병의 걱정
다. 일을 기억하지 못하는 것에 대한 걱정
라. 건망증에 대한 걱정

24. 교류분석 상담론을 주장한 심리학자는 (   )이다.

25. 엘리스의 REBT의 기본절차는 'ABCDE모형'으로 설명된다. D는 긍정적 문제해결 관점을 의미하는 (   )을(를) 말한다.

26. 상담기법 중 '상담과정의 본질, 제 조건 및 목적에 대하여 상담자가 정의를 내려주는 것'은 무엇인가?

가. 명료화　　나. 조언과 충고하기
다. 해석　　라. 구조화

27. 다음의 행동수정기법 중, 바람직한 행동을 할 때마다 보상을 하여 그 행동의 빈도수를 높이는 것이 목적인 것은 어느 것인가?

가. 혐오치료　　나. 강화
다. 토큰강화　　라. 둔감법

28. 다음의 상담기법 중, 내담자의 입장에서 듣고 반응하는 것을 무엇이라고 하는가?

가. 무조건적 긍정적 배려　　나. 공감
다. 진실성　　라. 나-전달법

29. 다음의 내용 중 인간중심 상담의 3대 전제가 아닌 것은?

가. 무조건적 긍정적 존중　　나. 공감
다. 구체성　　라. 진실성

30. 투사적 성격검사에 속하는 것이 아닌 것은?

가. TAT 검사　　나. MMPI 검사
다. SCT 검사　　라. Rorschach 검사

31. 아동기 장애 중 전반적 발달장애에 해당하는 것은?

가. 틱 장애
나. 투렛 장애
다. 주의력결핍 및 과잉행동장애(ADHD)
라. 레트 장애

32. 자기효능감에 영향을 미치는 네 가지 요인에 해당하지 않는 것은?

가. 수행 성공 경험　　나. 인지능력
다. 언어적 설득　　라. 정서적 각성

33. 심리검사 활용 시 주의사항이 아닌 것은?

가. 하나의 검사로 개인을 다 설명해서는 안 된다.
나. 검사결과로 개인을 낙인찍으면 안 된다.
다. 검사결과의 비밀을 보장하지 않아도 된다.
라. 검사결과를 기계적으로 해석하지 않는다.

34. 상담자는 영수의 발달에 나쁜 영향을 미치는 환경요인을 제거하고자 한다. 행동주의 상담론에서 나쁜 요인을 제거하고 긍정적 프로그램을 필히 제공해야 하는 강화는?

가. 정적 강화　　나. 부적 강화
다. 소거　　라. 처벌

35. 상담의 초기단계의 과업에 해당하지 않는 것은?

가. 상담의 기틀 잡기　　나. 친밀감 형성
다. 증상행동 제거　　라. 상담의 구조화

36. 다음 중 상담과정의 방향과 제한조건 등에 대한 체계를 잡는 것을 무엇이라 하는가?

가. 직면 나. 요약
다. 구조화 라. 명료화

37. 상담의 종결과 관련하여 유의해야 할 사항이 아닌 것은?

가. 상담자에 대한 내담자의 의존성의 문제를 따른다.
나. 상담종결에 대한 내담자의 부정적 정서반응을 다룬다.
다. 내담자에게 종결통보를 하지 않고 상담자 임의로 종결을 통보한다.
라. 추후 상담을 약속하고 점진적 상담종결을 한다.

38. 다음의 내용 중 상담업무의 시작이면서 '정식' 상담의 다리 역할을 하는 절차는?

가. 상담종결 나. 상담 첫 회기
다. 접수면접 라. 신청서 작성

39. 다음 중 접수면접의 내용으로 적합하지 않은 것은?

가. 내담자에 대한 기본정보의 확보 나. 내담자의 주 호소 문제
다. 현재 생활 및 환경의 검색 라. 내담자의 문제해결

40. 다음 중 상담자의 책임에 해당하지 않는 것은?

가. 상담내용에 대한 비밀보장 나. 지도감독을 받을 책임
다. 상담기록의 책임 라. 내담자 문제해결에 대한 책임

41. 다음 중 투사법 검사가 아닌 것은 무엇인가?

가. 로르샤흐 검사 나. 인물화 검사
다. 성격유형검사 라. 문장완성검사

42. 성격유형검사(MBTI)의 설명으로 옳은 것은?

가. 정신과적 진단분류를 위한 검사이다.
나. 자신의 성격 특성 및 자기이해를 돕기 위한 검사이지 16가지 성격유형에 자신을 끼워 맞추거나 평가하는 검사가 아니다.
다. 잉크 반점을 통한 자신의 속마음을 알아보는 검사이다.
라. 내담자의 무의식과 성향을 알아보는 검사이다.

43. 내담자의 처한 상황, 원함, 감정을 듣고 나면 상담자는 전화상담(사이버상담)의 목표를 세워야 하며 구체적이고 현실적이며 오늘 여기에서 함께 다룰 수 있는 상담 방향을 설정해야 한다. 이러한 일련의 상담목표설정, 검토의 과정을 ( )라고 한다. ( ) 안에 알맞은 말은?

가. 사례관리 나. 상담의 구조화
다. 공감의 의사소통 라. 개별화

44. 인간관계에 영향을 미치는 요인에 관한 설명이다. 틀린 내용은?

가. 인간관계의 주체인 나의 심리적 요인이다.
나. 인간관계의 상대인 너의 심리적 요인이다.
다. 인간관계에 개입되는 주요한 성격적 특성은 대인동기뿐이다.
라. 나와 너 두 사람 사이에서 일어나는 상호작용의 요인이다.

45. 새로운 학습과제를 성공적으로 치료하기 위하여 가장 일반적으로 사용되는 것은?

가. 체계적 둔감법 나. 교류분석
다. 역할극 라. 사이코 드라마

46. 아래에 설명된 이론적 배경을 지닌 가족치료사는?

> ( )의 치료적 철학 개념은 체계론적 가족치료에 인본주의 영향을 부가하며, 인간의 잠재성 실현에 중점을 두었다. 그/그녀는 가족을 인간의 본성 가운데서 긍정적이고 사랑하는 능력을 키울 수 있는 장소로 보았다.

가. 보웬 나. 미누친
다. 사티어 라. 나기

47. 다음 가운데 보웬의 주요 개념이 아닌 것은?

가. 핵가족 정서체계 나. 정서적 단절과 융합
다. 다세대 전달 라. 충성심

48. 행동주의 상담론의 행동요법과 거리가 먼 것은?

가. 홍수기법 나. 체계적 둔감법
다. 주장훈련법 라. 자유연상

49. 다음 중 상담의 진행방법과 거리가 먼 것은?

가. 개별상담 나. 집단상담 다. 가족상담 라. 분석상담

50. 집단상담에 대한 내용 중 적합하지 않은 것은?

가. 정신분열증 상태인 내담자도 참여할 수 있다.
나. 편집증 성격장애인 내담자는 집단구성원으로 적절하지 않다.
다. 개인상담과 마찬가지로 집단상담은 상담자와 내담자 간의 신뢰관계 형성에서 시작된다.
라. 준비가 되어 있지 않은 상태에서 내담자는 집단의 압력으로 인해 자신의 속마음을 털어놓을 수 있다.

51. 치료로서의 미술(art as therapy)을 바르게 설명한 것은?

가. 나움버그의 주장 나. 미술작업과정의 중시
다. 심리치료의 강조 라. 미술의 예술적 기질 강조

52. 프로이트의 발달단계 중 배설을 통해 안도와 쾌감을 얻는 시기는 다음 중 어느 것인가?

가. 구강기 나. 남근기
다. 항문기 라. 잠복기

53. 순기능 가정의 특징이 아닌 것은?

가. 중독증세가 없는 가정 나. 자기의 삶을 규제할 수 있는 부모
다. 정신이 온전하고 균형 잡힌 부모 라. 성인 아이가 있는 가정

54. 역기능 가정의 특징이 아닌 것은?

가. 그들 문제를 부인한다.
나. 친밀감의 공백이 있다.
다. 피차 사랑과 고마움을 표현할 줄 안다.
라. 역기능 가정의 기반은 수치심을 두고 있다.

55. 노년기의 정신기능에 대한 설명으로 옳은 것은?

가. 문제해결능력은 지능지수에 따라 좌우된다.
나. 기억력은 감소하나 판단능력은 향상된다.
다. 지능지수는 저하된다.
라. 학습능력은 시간과 목표와 보상에 따라 좌우된다.

56. 고령화 사회의 특성으로 바른 것은?

가. 퇴직 이후 공공부조 의존 감소
나. 청장년층의 경제활동인구 유입 확대
다. 노인보호에 대한 사회적 책임 경감
라. 노인부양 부담으로 경제성장의 둔화

57. 정신분석 상담에서 자아방어의 불건전한 성격이 아닌 것은?

가. 불필요한 방어를 하는 사람
나. 방어할 필요가 없는데 방어하는 사람
다. 필요 이상으로 방어하는 사람
라. 필요 이하로 방어하는 사람

58. 정신분석 상담의 4단계를 제시하였다. ( ) 안에 들어갈 절차는 무엇인가?

시작단계 → (   ) → 작업단계 → (   )

59. 다음은 행동주의 상담을 설명하고 있다. 행동강화계획에서 다음은 무엇에 해당하는가?

> 영수는 매일 아침 6시에 일어나 1시간씩 수학문제를 풀고 있다. 엄마는 영수가 매일 아침 6시에 일어나 등교하기 전 1시간씩 5회 공부하면 한 번의 강화로 영수가 좋아하는 피자를 사 주었다.

가. 고정간격　　나. 고정비율　　다. 변동간격　　라. 변동비율

60. 다음은 상담자와 내담자 간의 상담진행내용이다. ( ) 안에 상담기법 중 '직면'에 해당하는 상담내용을 제시하시오.

> 상담자 1: 선생님은 영민이가 수업시간에 갑자기 소리를 지르며 화를 내서 깜짝 놀랐단다. 무슨 일이 있었니?
> 내담자 1: 선생님, 죄송해요.
> 상담자 2: 선생님은 지금 혼내려고 부른 것이 아니라, 영민이가 화가 난 이유가 궁금해서 이야기를 하자고 한 거야. 영민이를 화나게 만든 것이 무엇인지 이야기해 주겠니?
> 내담자 3: 짝꿍이 자꾸 툭툭 치잖아요.
> 상담자 3: 그랬구나. 짝꿍이 수업시간에 영민이를 자꾸 건드렸구나. 그래서 영민이는 화가 났고?
> 내담자 4: 네.
> 상담자 4: (   )

61. 노인상담 시 노인 내담자의 특성이 아닌 것은?

가. 내담자의 저항이 강하지 않다.
나. 가족 및 보호자의 의지가 약하다.
다. 죽음과 연결지으려는 경향이 있다.
라. 새로운 삶에 대한 의지와 변화욕구가 상대적으로 약하다.

62. 노인상담 시 상담자가 충실해야 할 역할이 아닌 것은?

가. 중요한 결정을 하는 데 도움
나. 노인문제를 예방 및 치료
다. 정서적 지지
라. 노후의 여가생활 지원

63. 인터넷상담의 장점이 아닌 것은?

가. 익명성이 보장된다.
나. 비용을 절감할 수 있다.
다. 정해진 시간에 상담이 가능하다.
라. 여러 회기 동안 상담할 수 있다.

정답 1. 라 2. 가 3. 다 4. 가 5. 라 6. 다 7. 다 8. 라 9. 다 10. 라
11. 다 12. 라 13. 가 14. 다 15. 나 16. 나 17. 가 18. 라 19. 라 20. 라
21. 다 22. 나 23. 다 24. 번 25. 논박 26. 라 27. 다 28. 나 29. 다 30. 나
31. 라 32. 나 33. 다 34. 다 35. 다 36. 다 37. 다 38. 다 39. 라 40. 나
41. 다 42. 나 43. 나 44. 다 45. 가 46. 다 47. 라 48. 라 49. 라 50. 나
51. 나 52. 다 53. 나 54. 다 55. 라 56. 가 57. 라 58. 발달 및 전이단계, 해결단계
59. 나
60. 선생님이 보기엔 영민이가 짝꿍을 더 많이 괴롭히는 것 같은데, 영민이는 오히려 짝꿍이 자꾸 건드린다고 말하네.
61. 가 62. 라 63. 다

참고문헌

권두승 · 조아미(2001). 『성인학습 및 상담』. 서울: 교육과학사.

권석만(2003). 『현대 이상심리학』. 서울: 학지사.

김동배 외(2007). 노년기 정신건강. 서울 : 학지사.

김유숙(2002). 『가족치료: 이론과 실제』. 서울: 학지사.

김인자(2007). 『노인현실요법. 노인복지시설 종사자를 위한 노인상담 워크숍 자료집』. 숭의여자대학 산학협력단.

김중술(2004). 『다면적 인성검사: MMPI임상적 해석』. 서울: 서울대학교 출판부.

김태현(1997). 노년기 부부의 상호 간 지지와 역할공유 및 결혼적응에 관한 연구. 『한국노년학』, 17(2), 167-182.

김충기 · 강봉규(2001). 『현대상담이론과 실제』. 서울: 교육과학사.

김환 · 이장호(2006). 『상담면접의 기초』. 서울: 학지사.

김희수(2017). 『교육심리학』. 서울: 동문사.

김희수 · 이정호 · 홍성훈(2008). 『상담과 건강 프로그램』. 서울: 일문사.

박경 · 최순영(2007). 『심리검사의 이론과 활용』. 서울: 학지사.

박경애(2004). 『인지행동치료의 실제: 인지행동치료 사례집』. 서울: 학지사.

박성수 · 이성진(1998). 『행동수정의 사례집』. 서울: 교육과학사.

박성희(2005). 『초등학교 현장 상담 대화기법』. 서울: 학지사.

박재간 외(2006). 『노인상담론』. 서울: 공동체.

박홍순(2000). 도시지역 저소득 노인에 대한 보건복지정책의 방향. 연세대학교 대학원 석사학위논문.

보건복지부(2002). 2001년 국민건강 · 영양조사－만성질병 편.

보건복지부(2006). 노인지원과 보도자료.

서현미 · 하양숙(2004). 노인의 건강증진 생활양식에 영향을 미치는 요인: Pender의 건강증진 모형 적용. 『대한간호학회지』, 34(7), 1288-1297.

신영백(2000). 『심리학 통이 되는 책』. 서울: 한국산업훈련연구소.

여미옥(2002). 노인학대에 영향을 미치는 요인에 관한 연구. 서울여자대학교대학원 석사학위논문.

유수정 · 김현숙 · 한규량(2002). 재가노인의 신체적 건강, 자아존중감, 사회적 지지 및 보건복지 욕구 조사: 치매 및 우울 의심 노인과 정상 노인의 비교를 중심으로. 『한국노년학』, 22(3), 115-133.

이민규(1999). 『생각을 바꾸면 세상이 달라진다』. 서울: 양서원.

이신숙 · 이경주(2002). 노인의 일상적 스트레스, 사회적 지지, 심리적 적응에 관한 연구. 『한국노년학』, 22(2), 1-20.

이영호(2006). 『정신건강론』. 서울: 공동체.

이장호(1995). 『상담심리학』. 서울: 박영사.

이장호 · 정남운 · 조성호(2005). 『상담심리학의 기초』. 서울: 창지사.

이호선(2005). 『노인상담』. 서울: 학지사.

정경희 · 조애저 · 오영희 · 변재관 · 변용찬 · 문현상(1998). 1998년도 전국 노인 생활실태 및 복지 욕구 조사. 한국보건사회연구원.

정문자(2007). 노인가족상담. 노인복지시설 종사자를 위한 노인상담워크숍 자료집. 숭의여자대학 산학협력단.

정옥분(2008). 성인 · 노인심리학. 서울 : 학지사.

정옥분 · 김동배 · 정순화 · 손화희(2008). 『노인복지론』. 서울: 학지사.

정현희 · 이은지(2007). 『실제 적용 중심의 노인미술치료』. 서울: 학지사.

통계청(2013). 사회통계조사.

통계청(2005a). 사회통계조사.

통계청(2005b). 고령화 통계.

통계청(2002). 정보화실태조사보고서.

추정선(2005). 『상담교육을 위한 이상심리학의 이해』. 서울: 교육과학사.

최광선(2001). 『한 길 사람 속 읽기』. 서울: 일빛출판사.

최정윤(2007). 『심리검사의 이해』. 서울: 시그마프레스.

한국노년학회 편(2000). 『노년학의 이해』. 서울: 대영문화사.

한국보건사회연구원(2009). 국민건강영양조사.

한국보건사회연구원(2005). 2004년도 노인생활실태 및 복지욕구 조사.

한국인터넷정보센터(2010). 한국인터넷통계집.

한정란(2001). 『교육노년학』. 서울: 학지사.

홍주연(2000). 성격과 자아통합감이 노인 회상 기능에 미치는 영향. 이화여자대학교 대학원 박사학위논문.

현외성 · 조추용 · 박차상 · 김혜정 · 김용환(1998). 『노인상담의 이론과 실제』. 서울: 유풍출판사.

현정환 · 후쿠시마 오사미(2002). 『상담이론 그리고 연습』. 서울: 학지사.

Adler, W. H.(1974). An "autoimmune" theory of aging. In M. Rockstein(Ed.), *Theoretical Aspects of Aging*. New York: Academic Press.

Anderson, B. L., Kiecolt-Glaser, J. K., & Glaser, R.(1994). A biobehavioral model of cancer stress and disease course. *American Psychologist*, 49, 389-404.

Bromley, D. B.(1992). 『노인심리학』. 서울: 도서출판 성원사.

Doherty, W. J. & Jacobson, N. S.(1982). Marriage and the family. In B. Wolman (Ed.), *Handbook of developmental psychology*. Englewood Cliffs, NJ: Prentice-Hall.

Gibson, R. C.(1995). Promoting successful and productive aging in minority populations, 279-288. In Bond, L. A., Cutler, S. J., & Grams, A. (Eds.), *Promoting successful and productive aging*. Thousand Oaks, CA: Sage.

Glasser, W.(1998). The choice theory: A new psychology of personal freedom. New York: Harper Collins.

Greenstone, J. & Leviton, S.(2001). *Crisis management*. New York: Wiley & Sons.

Levinson, D. J.(1986). A conception of adult development. *American Psychologist*, 41, 3-13.

Murphy, C.(1983). Age-related effects on the threshold psychophysical function, and pleasantness of menthol. *Journal of Gerontology*, 38, 217-222.

Myers, J. E.(1990). Aging: an overview for mental health counselors. *Journal of Mental Health Counseling*, 12, 245-259.

Myers, W. A.(1984). *Dynamic therapy of the older patient*. New York: Aronson.

Nystul, M. S.(1999). *Introduction to Counseling: An Art and Science perspective, Needham Heights*. MA: Allyn and Bacon.

Susan, C.(2005). 『청소년 집단치료기법』. 서울: 신정출판사.

Vaillant, G. E.(2002). *Aging Well*. New York: Little, Brown and Company.

Warren, W. G.(1989). *Death Education and Rearch: Critical Perspictives*. The Haworth Press.

Wellman, R. & McCormack, J.(1984). Counseling with older Persons: A review of outcome research. *Counseling Psychologist*, 12(2), 81-96.

Worden, J. W.(1991). *Grief Counseling and Grief Therapy*. Springer Publishing Company, Inc.

Yost, E. B., Beutler, L. E., Corbishley, M. A., & Allender, J. R.(1987). *Group cognitive therapy: A treatment approach for depressed older adults*. New York: Pergamon Press.

찾아보기

인명

내용

저자소개

■ **김희수**

중앙대학교 대학원 교육학박사(교육심리/상담전공)
단국대학교 대학원 교육학석사(상담심리전공)
상담심리사(1급), 청소년상담사, 노인상담사
시치료 & 인지행동치료 전문가
전) 평택중앙상담센터 센터장
　 송호대부설 지역카운슬링센터 소장
　 연세대학교 교육연구소 객원연구원
현) 동원과학기술대학교 교수
　 한국상담학회, 한국교육심리학회 등 정회원
〈저서〉 상담과 건강 프로그램(공저, 2008)
　　 노인상담의 이해(공저, 2009) 외 다수
〈프로그램〉 노인상담사 양성 프로그램(국가평생교육진흥원, 2009) 외 다수

노인상담의 이해

초판 1쇄 발행 / 2022년 2월 25일
초판 2쇄 발행 / 2025년 3월 5일

•

저　자 / 김　희　수
발행인 / 이　중　수
발행처 / **동　문　사**

•

서울특별시 서대문구 홍제원 1길 12
(홍제동 137-8)
Tel: 02)736-3718(대), 736-3710, 3720
Fax: 02)736-3719
등록번호: 1974.04.27 제9-17호
가격: 20,000원

•

ISBN: 979-11-6328-392-8(93330)
E-mail: dong736@naver.com
www.dongmunsa.com